한평생의
지식

생명의 기원과 마음의 조건, 인간의 현실을 지배하는 돈과 노동, 놀이와 예술, 그리고 언제 닥칠지 모를 재앙과 노년의 삶, 탄생에서 죽음까지 인간의 삶과 관련된 모든 지식의 최신 담론을 담은 첨단 지식의 놀이터

한평생의 지식

서동욱 : 김행숙 : 정영훈 : 강유정 편저

민음사

지식은
삶이 속삭이는
놀라운 이야기

한평생은 얼마나 많은 괴로운 의문 속에 우리를 던져 넣는가?

한평생은 위안 받을 수 없는 나무처럼 비바람 속에 서 있는데, 이때 지식의 나뭇잎은 드러난 뿌리를 덮어 주는 작은 이불이다. 한평생은 위안 없이 흘러가는데, 이때 지식의 품은 한평생이 흘린 눈물로 비틀린 종이의 표면처럼 인간의 역사를 새긴다.

그렇게 한평생의 의문은 지식의 부드러운 흙에서 조심스럽게 위안을 구하며 자신의 피곤한 뿌리를 펼친다. 돌과 물처럼, 서재와 난초처럼, 요란한 사랑을 나누지는 않더라도 조용히 함께하는 친구들이 있다. 인간의 한평생은 그렇게 지식을 만난다. 이 책은 인간의 한평생을 이야기하는 친구, 지식의 이야기다.

우리 시대가 이룩한 최첨단의 지식, 인간 정신세계의 프론티어라 할 수 있는 지식들이 있다. 각 분야에서 쏟아져 나오는 이 최첨단의 지식을 한 권의 책 안에 집어넣는 일이 가능할까? 모든 분야의 지식이 색종이처럼 어지럽게 흩어지지 않고 하나의 형태 속에 모이는 일이 가능할까? 만일 그렇게 할 수 있다면, 그것은 파우스트의 책이 될 것이며, 우리 시대 지식의 초상화를 창조하는 일이 될 것이고, 그리하여 우리는 우리가 누구인지를 알게 될 것이다.

이 책은 이런 예감의 불꽃이 기획자의 마음 위에서 심지를 건드리듯 어른거리며 시작되었다. 우리 시대 지식이 비추어 주는 우리 자신의 모습이 무엇인지 알고 싶은 욕심에 먹이를 던져 주는 일은 참으로 해볼 만한 일이 아닌가? 인간의 역사에선 이런 욕심이 학문의 무쇠 솥 밑에서 장작의 머리를 밟고 있는 불꽃처럼 늘 이글거려 왔는데, 학문의 본성을 잘 알고 있던 고대인들, 가령 아리스토텔레스 같은 이는 이 욕심을 호기심이라 불렀다.

수분의 공급을 위해 물을 마시는 것이 아니라 시원함 때문에 마시듯, 인류의 영속성을 위해 출산하는 것이 아니라 에로스의 종용에 따라 출산하듯, 지식은 호기심이라는 인간 욕심의 생김새를 닮은 채 산파의 손바닥을 향해 굴러 떨어져 나온다. 이런 호기심이라는 인간 심성의 생김새가 변하지 않으니, 가령 실용성 같은 어처구니없는 우리 시대의 감시자를 아랑곳 하지 않은 채 지식은 태어나고 또 태어나 지구와 시간을 가득 채울 것이다. 이것이 우리가, 지식이 비추어 주는 우리 자신의 모습을 보고 싶은 욕심을, 강의 수원(水源)을 사랑하듯 존중하는 까닭이다.

그러나 무슨 수로 수만 갈래 뻗어 나가는 이 시대 첨단의 지식을 하나의 화첩으로 엮는단 말인가? 그것은 출퇴근 길 교통 방송의 카메라가 맹한 눈길로 출현했다 사라지고 반짝였다 어두워지는 자동차 전조등을 바라보는 듯한, 처음도 마지막도 계획도 도달점도 없는 그런 시선의 과업이 되기 십상 아닌가? 한마디로, 창세기의 무대 뒤에 어둡고도 장대하게 펼쳐져 있는 하느님의 작업장 같은 창조되다 말다 한 무질서한 쓰레기 더미에 불과하지 않겠는가?

그러나 생각해 보라. 만일 지식에 관여하는 것이 인간이라면, 지식의 처음과 끝은 인간에게 생명이 들어선 순간과 인간의 최후 완성이라는 두 지점 사이의 범위와 꼭 맞게 겹쳐질 것이다. 요컨대 인간의 한평생이 인간이 창조한 모든 지식을 배열하는 질서일 것이다. 그래서 '한평생의 지식'은 지식이 스스로를 정리하는 원리 그 자체가 된다.

이렇게 하여 이 책은 인간의 한평생의 흐름에 따라 지식을 구성한다. 전체 여섯 개의 부는 각각 한평생의 근본 국면들을 깨워 내는 작은 노랫소리 같은 제목들을 머리에 이고 있다. 한평생의 그 근본 국면들이란 생명의 시작, 몸과 마음, 경제 활동 또는 노동, 놀이, 삶의 재앙, 그리고 노년이다.

1부 "생명, 우리는 어디서 왔는가?"는 우리의 기원, 우리의 시작에 대해 생각한다. 귀를 먹게 하는 음악 소리처럼 울려 퍼지며 인간 안으로 입장하는 생명에 대한 명상에서부터 언어, 아동기라는 중요한 한 시기, 밈, 합성생명 같은 낯선 생명의 기원 등에 대해 물음을 던지고 지식이 응답한다.

2부 "우리 삶은 몸과 마음 사이에 있다"는 몸과 마음, 또는 지성적 세계와 육체적 세계 사이에 놓여 있는 인간됨의 조건을 둘러싼 다양한 지식에 관한 이야기다. 인간의 머리를 대신하고 있는 클라우딩

지식은 삶이 속삭이는
놀라운 이야기

이나 빅데이터, 그 주변 바다를 위협적으로 잠식하는 해킹 등이 호기심의 중심에서 머리를 내밀고, 또 사이보그 같은 새로운 몸의 형태, 중독 같은 몸과 마음의 현상을 우리는 목격하게 된다.

3부 "너는 죽도록 노동해야 살리라"는 경제와 노동이라는 인간의 너무도 현실적이며 절박한 조건에 대한 이야기다. 돈이나 아르바이트 같은 우리 현실의 가장 구체적인 문제들에 다가가면서도 성서에서의 노동 같은 일의 기원에 관한 문제, 소설의 창문을 통해 바라보는 노동, 도박처럼 노동도 여가도 아닌 흥미로운 영역의 의미 등으로 사유를 인도한다.

4부 "삶의 꽃은 놀이의 화분에서 피어난다"는 노동과 같은 인간 삶의 불가결한 천형 위에 한 줄기 바람이나 노래 또는 정체를 알수 없는 어떤 그리운 향기처럼 퍼져 나가는 인간의 각종 놀이에 대한 이야기다. 이 놀이에는 바둑이나 주말의 스포츠뿐 아니라 문학이나 영화 같은 이른바 예술이라는 것도 들어간다. 이는 예술이 놀이로 강등된다는 뜻이 아니라 인생의 한 국면으로서 놀이가 얼마나 소중하고 고귀한 것인지를 알려 준다. 이 4부의 글들은 인생을 바쁘게 관통하는 인간에게 잠시 따뜻한 말을 건네는 놀이의 귀중함에 대한 기록이다.

5부 "삶은 재앙을 통과하는 긴 여정이다"는 4부 '놀이'의 거꾸로 된 거울로서, 비운, 우연한 사고 속에 던져진 인간의 운명에 관한 비가이다. 화산이나 쓰레기 같은 재앙은 인간의 운명 자체에 속하는 재앙이며, 이 재앙의 고통을 지식을 통해 다루어 나가는 인간의 솜씨 속에서 인간은 스스로 빛나며 위대해진다. 경제학상의 재난, 사이버스페이스의 재난, 우주에서 찾아올 재난 등등 무수한 재난이 지구를 노리고 있으며, 인생은 그 파멸의 예고 앞에서 살아남아 꽃이 되고 빛난다. 5부의 글들을 통해 우리는 재난의 비가와 그 안에서도 영광을 찾는 인간을 만나리라.

6부 "그리고, 생은 계속된다"는 노년의 성숙한 시간으로 펼쳐지는 인간의 모습을 새긴 지식의 기록이다. 늙어 간다는 것은 죽어 간다는 것이 아니라 더없이 평온해지며 걸림돌들이 빠르게 사라진다는 이야기다. 노년은 젊어서는 초초함의 형태로, 역사상에서는 혁명의 실패 등의 모습으로 '불화하던 시간과 삶'이 부부처럼 평화롭게 얽히는 지점이다. 그것은 해변의 머리에 떠 있는 찬란한 놀이며, 그 저녁 놀은 이상하게도 아침의 서광 같다. 6부는 인간이 누리는 이 특별한 시간, 노년의 시간에 관한 이야기다. 비아그라 같은 현실적 알약부터, 늙는다는 것, 종말을 맞는다는 것, 불멸한다는 것 등등에 대해 우리는 이야기를 듣게 된다.

이렇게 우리는 '한평생의 지식'을, 그러니까 인생 전부의 얼굴을 여러분께 건넨다. 이 책은 민음사 박맹호 회장님의 팔순을 기념하는 책이기도 하다. 팔순이라는 세월의 탑이 건축되는 동안 책이라는 환등기를 통해 수많은 지식이 세상에 비추어졌으며, 그래서 저 세월은 『한평생의 지식』의 상징이라 할 만하다.

아울러 이 책의 탄생을 가능케 해 주신 각 분야 첨단의 자리에 선 필자들께 감사의 말씀을 드린다. 최첨단의 전문가들이 이렇게 함께 모인 자리도 흔치 않은 것 같다. 그런데 이 책에서 인간의 한평생의 모양대로 나타난 지식을 보고 있자니, 이것은 지식이 아니라는 생각부터 든다. 그러니까 애써 익혀야 할 지루한 공부거리가 아니다. 세상에 태어난 날부터 요람 밖으로 넘쳐나기 시작하며 굽이굽이

지식은 삶이 속삭이는
놀라운 이야기

물고기처럼 뛰어 오르는 나와 당신의 이야기, 쿵쿵 심장의 벽을 치는 삶의 놀라운 이야기다.

2012년 겨울

서동욱, 김행숙, 정영훈, 강유정

차례

1부   생명,
　　　　　우리는 어디에서
　　　　　왔는가

지난여름에 개봉한 리들리 스콧의 영화 「프로메테우스」의 홍보 문구에는 "인류의 기원을 찾는 태초로의 탐사 여행"이라는 구절이 적혀 있다. 관객 입장에서는 이 영화가 영화사에 길이 남을 작품인 「에이리언」의 프리퀄이라는 사실도 가슴 설레게 했겠지만, 이 구절이 불러일으키는 호기심 역시 만만치 않게 매력적인 것이었다. 왜 아니겠는가? 기원에 대한 물음만큼 우리를 흥미롭게 하고 아득하게 하는 것이 또 있을까? 기원을 묻는 순간은 언제나 너무 늦게 찾아온다. 시작이 언제인지 알 수 없는 때가 되어서야 비로소 기원이 궁금해지기 때문이다. 태초와 현재 사이의 이 가늠할 수 없는 거리를 메워 온 것은 무엇이었던가? 신화와 설화, 위대한 종교적 전통이 들려준 크고 놀라운 이야기들로부터 과학의 외피를 입거나 어딘지 음모론의 냄새를 풍기는 상상 속 이야기에 이르기까지 우리 앞에 놓인 대답들은 양적으로, 또 질적으로도 풍성하지만 여전히 우리는 배가 고프다. 한평생의 지식을 여는 출발점에 서서 우리는 다시금 기원에 관한 물음을 던지려 한다. 생명, 언어, 어린아이, 밈, 합성생명이 우리가 다루려는 주제들이다. 이제 여행이 시작된다.

1부 생명, 우리는
어디에서 왔는가

모든 생명은
질서를 추구한다

이정모
서대문 자연사박물관장

"바람은 왜 불어요?", "비는 어디에서 내려요?", "돌아가신 할아버지는 어디로 가셨어요?", "왜 영희 이모는 예쁜데 수영이 이모는 안 예뻐요?", "하늘은 얼마나 커요?", "아기는 어떻게 생겨요?" 두 딸이 초등학교에 들어가기 전에 내게 했던 질문들이다. 나도 아버지와 비슷한 대화를 했었다. 다른 사람들도 마찬가지일 것이다. 아마 어린 시절에 하는 질문은 태곳적부터 인간들이 품어 온 질문일 게다.

질서, 생명을 규정하는
본질적인 특성

'생명이란 무엇인가?'라는 질문은 어떠한가? 이런 질문을 하는 어린

아이를 본 적이 없다. 아무리 생각해도 이 질문은 그리 오래된 것 같
지 않다. 구식기인들이 화롯불 주변에 들러앉아 어른들에게 지혜를
구할 때 이런 질문을 했을 것 같지는 않다. 그들이 했던 질문은 우리
아이들이 하던 질문과 같았을 것이다. 나는 생명이 무엇인지 스스로
궁금해한 적이 없다. 서점에서 우연히 『생명이란 무엇인가?』라는 에
르빈 슈뢰딩거(1933년에 노벨 물리학상을 탄 영국 과학자)의 책을 발견한
후에야 처음으로 생명이 무엇인지 궁금해졌다. 그러나 아쉽게도 이
책을 읽고 배운 것은 거의 없다.(이유는 간단하다. 책이 어렵기 때문이다.)

그렇다고 해서 우리가 생명이 무엇인지 모른 채 어른이 되는 것
은 아니다. 고등학교 1학년 생물 첫 시간에 선생님은 '생명의 특징'
이라는 제목으로 판서를 하셨고, 우리는 그것을 베껴 쓴 적이 있다.
(1) 조직, (2) 물질대사, (3) 번식과 유전, (4) 반응과 운동, (5) 진화.

설명을 붙이자면 이렇다. 생명은 조직되어 있다. 즉 '세포-조직
(계)-기관(계)-개체'와 같은 짜임새가 있다는 말이다. 물질대사를 한
다는 말은 외부에서 공급된 물질과 에너지를 이용하여 생존하고 노
폐물을 배설하면서 성장한다는 뜻이다. 생명은 번식한다. (선생님은
이것이야말로 생명에게 주어진 절체절명의 사명이라고 말씀하셨고, 나는 선생
님의 말씀에 따라 번식하기 위해 결혼했다. 하지만 선생님께서 말씀하신 생명
이 굳이 각 개체를 의미하는 것은 아니라는 사실을 애를 둘이나 낳은 다음에야
깨달았다.) 이때 생명은 자신의 특성을 후손들에게 물려주는 유전 현
상을 보인다. 생명은 빛과 온도 같은 외부 자극에 반응하며 운동한
다. 또한 생명은 환경에 적응하면서 스스로 변화한다. 모든 생명체는
DNA와 RNA 같은 핵산에 유전정보를 보관하고 스무 가지 아미노
산으로 구성된 단백질을 이용하여 물질대사를 한다는 공통점이 있지

만, 생명은 이 한계 안에서 끊임없이 변화하고 있다. 이것을 진화라고 한다. 다섯 가지 특징 가운데에는 무생물에서도 관찰되는 것이 있다. 하지만 다섯 가지 특징을 모두 지녔을 때만 생명이라고 한다. 이 정도만 기억하고 있으면 대학 가는 데 큰 무리가 없었다.

그런데 이 다섯 가지 특징을 한 단어로 정리하라고 한다면 어떻게 해야 할까? 이때 우리는 어쩔 수 없이 에르빈 슈뢰딩거에게 의존해야 한다. 슈뢰딩거는 먼저 무생물에서 그 특징을 찾았다.

예를 들어 보자. 우리 주변에는 운동하고 있는 것들이 많다. 그런데 이런 것들은 시스템에서 분리하면 금방 멈춘다. 자동차는 연료를 공급하지 않으면 선다. 전위차에 따른 전류의 흐름은 전위차가 사라지면 없어지고, 열전도 현상도 양쪽의 열이 같아지면 멈춘다. 격렬하게 일어나던 화학 반응도 평형에 도달하면 아무것도 관찰되지 않는다. 물리학자는 이런 상태를 열역학적 평형상태 또는 '최대 엔트로피 상태'라고 한다. 엔트로피가 높다는 것은 '무질서도'가 높다는 뜻이다. 무질서, 이것이 바로 무생물체의 특징이다.

무질서란 골고루 흩어진 상태를 말한다. 방에 장난감이 흩어져 있으면 무질서도가 높은 것이고 장난감통에 정리되어 있으면 무질서도가 낮은 것이다. 무생물체는 무질서도가 높아지는 경향이 있다. 물잔에 잉크를 한 방울 떨어뜨리면 잉크는 한곳에 머물지 않고 물 전체로 골고루 퍼진다. 이것을 무질서도가 높다고 하는 것이다. 방 한구석에서 방귀를 뀌면 방귀 분자가 온 방에 퍼지는 것, 이것 역시 무질서도가 높아지는 현상이다. 모든 것은 가만히 두면 저절로 무질서도가 높아진다.

무질서가 무생물의 특징이라면 생명의 특징은 '질서'여야 한다. 우리가 무생물계에서 관찰하는 것과는 정반대의 일이 일어나는 곳이 비로 생명이다. 공기 중의 질소, 탄소, 산소가 생명체 안에 들어왔을 때 골고루 퍼져 있지 않고 세포 안에 불균일하게 놓인다. 무질서도가 낮아지고 질서도는 높아진다. 이것을 위해서는 끊임없이 에너지가 투입되어야 한다. 에너지가 투입되지 못하고 무질서도가 높아지면 그것이 바로 죽음이다.

우리는 '자연'이라고 하면 으레 '생명'을 떠올린다. 나도 생명이 있는 존재로서 고백컨대 생명이 결코 자연을 대표할 수는 없다. 오히려 자연의 이단아에 가깝다.

우주의 긴 역사, 생명 캘린더의 짧은 역사

오죽하면 137억 년의 우주 역사에서 생명의 역사는 기껏해야 36억 5000만 년에 불과하겠는가! (길게 보는 학자들은 38억 년 전까지 거슬러 올라간다. 또 외계 행성에는 지구 생명체보다 오래된 생명이 존재할 가능성이 무지 크지만 아직 아무도 못 봤으니까 일단 없는 것으로 치자.) 3,650,000,000년이라는 햇수는 우연히도 꽤 편리한 숫자다. 생명의 역사를 1년으로 축소하여 달력을 만들면 달력의 하루는 실제 생명의 역사 1000만 년을 나타낼 수 있기 때문이다.

생명 캘린더 1월 1일 0시에 바다 어디에선가 어떤 세포가 생겼다. 세포는 주변과 자신을 분리하는 세포막이 있는 작은 주머니다. 이 주머니에서는 바닷속에서 일어나는 모든 현상과 다른 일이 일어났다. 육지의 염류가 바다에 흘러오면 염류는 곧 바다 전체에 골고루 흩어졌지만 세포막 안으로는 맘대로 들어가지 못했다. 세포막은 자신이 필요한 염류는 받아들이고 필요 없는 것은 바깥으로 내보냈다.

세포 안에는 바다에서는 찾아보기 힘든 엄청나게 큰 분자가 들어 있었다. RNA도 그 가운데 하나였다. RNA는 최초 생명체의 생명 정보를 보관하는 청사진이자 에너지를 이용하여 물질대사를 하는 도구였다. 이 역할은 나중에 분리된다. 생명 정보는 DNA에 저장하고 물질대사는 단백질이 맡게 되었다.

지구는 탄생한 지 거의 10억 년이 지난 후에야 생명을 갖게 되었지만 생명의 변화는 더디게 일어났다. 생명 캘린더의 그림은 8월까지 변하지 않는다. 그저 파란 바닷물만 보일 뿐이다. 그러다가 9월이 되자 큰 변화가 일어났다. 성(性)이 발생한 것이다. 즉 암컷과 수컷이 생겼다. 이전까지는 한 생명체가 둘로 나뉘어 번식했다. 선대와 후대 사이에 유전정보의 차이가 거의 발생하지 않았다. 이제 서로 다른 암컷과 수컷이 만나서 후손이 생겼다. 이 과정에서 유전자의 교환과 새로운 조합이 엄청나게 많이 일어났다. 그 덕분에 다양한 생명체가 발생할 조건이 마련된 것이다.

암컷과 수컷은 어떻게 구분할까? 정자와 난자 같은 배우자(생식세포)의 크기로 나눈다. 암컷은 큰 배우자를 만들고 수컷은 작은 배우자를 만든다. 이것은 선택된 것이다. 만약에 두 배우자가 모두 크다면 수정란에는 양분이 충분해서 잘 자랄 것이다. 하지만 둘 다 덩치가 커서 잘 움직이지 못하므로 수정될 확률은 낮아진다. 반대로 두 배우자 모두 작아서 운동성이 좋다면 수정될 확률은 높지만 수정 후 잘 자라기 위한 양분이 부족하다. 결국 자연은 양분이 많은 큰 배우자(난자)와 덩치는 작지만 대신 운동성이 큰 배우자(정자)가 결합되는 방식을 선택했다.

10일에는 다양한 생명체들이 보인다. 모두 작은 생명체들이지만 숫자가 엄청나게 많았다. 이 미생물들은 산소를 노폐물로 배출했다. 바다에 녹아 있는 산소의 농도가 급격히 높아졌다. 커다란 동물이 탄생할 준비가 시작된 것이다. 마침내 11월이 되자 지구의 바다에 대폭발이 일어났다. 엄청나게 많은 생명체들이 등장했다. 이것을 캄브리아기 대폭발이라고 한다. 이때 발생한 생명체가 얼마나 많았는지 아직도 삼엽충이 쏟아져 나온다. 11월에는 어류도 등장했다.

생명 캘린더에서 1~11월은 각각 한 칸에 배치하면 된다. 하지만 12월은 그렇지 않다. 이제는 하루를 한 칸에 배치해야 한다. 12월 1일, 어떤 동물이 육상으로 진출했다. 육상에는 많은 식물들이 광합성을 하면서 산소를 배출하고 있었다. 양서류와 파충류들이 나타났다.

12월 10일이 되자 작은 공룡이 등장하더니 육상은 이내 거대한 파충류가 지배하는 낯선 세계가 되었다. 포유류도 있었지만 그들은 아직 지구의 지배자가 아니었다. 공룡의 시대는 언제까지나 계속될 것처럼 보였다. 하지만 지구는 우주의 외딴 섬이 아니었다. 12월 24일 우주를 떠돌던 거대한 운석이 지금의 멕시코 유카탄 반도에 떨어졌다. 그 누구도 원하지 않은 일이 일어났고 보름 동안 지구를 지배하던 공룡은 바로 그날 순식간에 사라졌다. 거대한 공룡의 유전자는 작은 새에 흔적으로만 남아 있으며 이제 포유류의 세상이 되었다.

12월 31일 오전 10시. 인류의 조상은 침팬지의 조상과 갈라섰다. 오후 4시 30분에는 두 발로 서서 걷기 시작했다. 그러다가 저녁 11시 30분쯤 최후의 인간 종인 호모사피엔스가 아프리카를 벗어났다.

그러면서 지구는 난관에 봉착했다. 지구라는 무생물은 무질서를 지향한다. 거기에 사는 생명체는 내부에서는 평형에 역행하는 질서를 유지하며 진화했다. 하지만 생명은 스스로 정한 길을 가지 않고 자연의 선택을 기다렸다. 그리하여 무생물과 생물의 균형이 있었다. 그런데 호모사피엔스는 달랐다. 이들은 자연의 선택을 기다리는 대신 자연을 선택했다. 자연에게 자연스러운 무질서를 허락하지 않고 자연에게마저 질서를 강요하면서 지구 생태계가 경험하지 못한 혼란을 주고 있다. 자연이 이길지 인간이 이길지는 두고 볼 일이다.(사실 결과는 뻔하다.)

수소, 모든 원소의 근원이자
생명 탄생의 으뜸 원소

우주는 73퍼센트의 암흑 에너지와 23퍼센트의 암흑물질(여기서 '암흑'이라는 것은 우리가 그 정체를 '모른다'는 뜻이지 검은 색깔이라는 것은 아니다. 블랙홀이 '검은' 구멍이 아닌 것과 같다.) 그리고 4퍼센트의 원소로 구성되어 있다. 생명이나 무생명이나 모두 원소로 구성되어 있다. 우주의 원소는 단 아흔두 가지뿐이고 이 가운데 지구에는 아흔 가지가 있다.(가장 작은 원소는 1번인 수소(H)이며 가장 큰 원소는 92번인 우라늄(U)이다. 37번 테크네튬(Tc)과 60번 프로메튬(Pm)은 지구에 없으며 85번 프란슘(Fr)은 지구에 약 열아홉 개 정도의 원자가 있을 것으로 추정된다.)

137억 년 전 빅뱅의 순간에 1번과 2번 원소인 수소(H)와 헬륨(He)이 발생했다. 이 두 원소가 우주 원소 대부분을 차지하고 있다.

빅뱅 후 10억 년이 지나자 별과 은하가 형성되었다. 별에서는 핵융합 반응이 일어나서 빛과 열이 발생한다. 3번 리튬(Li)에서 26번 철(Fe)까지의 원소가 별에서 탄생했다. 나머지 원소들은 늙은 별이 죽음을 맞이하는 초신성 폭발의 순간에 만들어졌다. 따라서 수소와 헬륨을 제외한 모든 원소는 별에서 온 것이며 이 모든 원소의 근원은 수소다.

흔히 탄소(C), 질소(N), 산소(O)를 생명의 원소라고 한다. 생명체에 꼭 필요한 탄수화물, 지방, 단백질, 핵산을 구성하는 원소이기 때문이다. 그런데 우주에 탄소, 질소, 산소가 모두 있는 곳은 그리 흔하지 않다. 우주에서 생명체를 쉽게 발견하지 못하는 이유다. 그러나 정작 중요한 것은 빅뱅 때 생겨났으며 아무 데나 있는 수소다.

생명의 정보는 DNA에 있고 모든 생명 활동은 단백질이 주관한다. DNA가 생명의 설계도일 수 있는 까닭은 거기에 들어 있는 수소들이 산소, 질소와 약한 수소 결합을 이루기 때문이다. 단백질이 생명 활동의 근원인 까닭 역시 수소 결합으로 인해 아미노산 사슬이 필요한 모습으로 구부러지기 때문이다.

생명은 질서를 추구한다. 그래서 지구라는 무생물의 환경 속에서 자연의 이단아처럼 보인다. 하지만 빅뱅으로 탄생한 우주가 질서를 갖추고 있는 모습을 보면 생명의 진화는 우주 진화의 축소판이라는 것을 알 수 있다. 또 생명의 발생은 137억 년 전 빅뱅의 순간에 이미 예고된 것처럼 보인다. 46억 살의 지구가 발생한 지 겨우 수십만 년에 불과한 호모 사피엔스에게 굴복할 리는 만무하다. 우리 종(種)의 지속가능성을 위해 해야 할 일은 다른 생명, 무생명, 그리고 우주와 공생하는 길을 찾는 것이다.

인간은 어떻게
언어를 가지게 되었나

박진호
서울대 국문학과 교수

인류의 진화 과정에서 언어는 언제 어떻게 발생했을까? 이 질문은 답하기가 쉽지 않다. 언어는 화석 등의 형태로 흔적을 남기지 않기 때문이다. 인간이 언제 농업을 시작했는가, 인간이 언제부터 불을 사용하기 시작했는가 같은 질문은 유적, 유물, 화석 등의 실물 증거를 바탕으로 원칙적으로 해답을 제시할 수 있는 데 비해, 언어 탄생의 역사는 재구성해 내기가 훨씬 어렵다.

언어의 탄생에 대해 확실하게 답하기 어려운 또 다른 원인은 언어의 복잡성과 언어라는 개념의 모호성에 있다. 인간이 언어를 통해 무한한 생각을 표현하고 서로 원활하게 의사소통하기 위해서는 매우 다양한 능력들이 요구된다. 수십만 개에 달하는 단어들을 저장할 수 있는 기억 능력이 필요하고, 이 많은 단어들을 효율적으로 구분하

1부   생명, 우리는
어디에서 왔는가

기 위해 말소리를 분절적으로 조합하여 발음할 수 있어야 하고, 단어들을 일정한 규칙에 따라 결합하여 문장을 만들어 내고, 각 단어들의 의미를 결합 양상에 따라 적절히 조합하여 문장의 의미를 도출해 내고, 문장의 의미뿐 아니라 세계에 대한 지식과 맥락 정보를 활용하여 상대방이 의도한 메시지를 추론해 낼 수 있어야 한다. 즉 언어는 어휘부, 음운부, 통사부, 의미부, 화용부 등의 여러 부문들로 이루어진 매우 복잡한 체계이다.

현재의 인류는 이 모든 부문들이 협력하여 언어를 통한 의사소통을 훌륭하게 수행하고 있지만, 인류의 먼 조상이나 인간 이외의 다른 동물은 그 여러 부분 중 일부만 지니고 있을 수 있고, 그것도 인간에 못 미치는 형태로 지니고 있을 수 있다. 일부 부문이 누락되거나 미흡하다 하더라도 의사소통이 불가능하리라는 법은 없다. 인간의 언어보다 단순하고 원시적인 형태로 의사소통을 할 수 있을 것이다.

그렇다면 일부 부문이 누락되거나 미흡한 형태로 이루어지는 의사소통 체계를 언어라고 부를 수 있을까? 인간과 동물 사이의 구분선을 엄격하게 긋고 싶어 하는 이는 아마도 그것을 언어라고 부르지 않을 것이고, 인간과 동물 사이의 연속성을 강조하고 싶어 하는 이는 그것을 좀 미흡한 형태의 언어라고 부르고 싶을 것이다. 하지만 언어인 것과 언어 아닌 것 사이에 명확한 경계선이 존재한다기보다는 인류의 진화 과정에서 의사소통 체계가 점진적으로 발달하여 오늘날의 언어가 되었고, 그러한 발달 과정상에 있는 의사소통 체계는 언어의 모습을 50퍼센트 갖추었다, 80퍼센트 갖추었다는 식으로 말하는 것이 적절하지, "이것은 단연코 언어이다, 이것은 절대로 언어가 아니다."라는 식으로 이분법적으로 판단할 문제는 아닐 것이다. 그렇다면 언어가 정확히 언제 '탄생'했는가는 적절한 질문이 아니고, 그보다는 언어를 구성하는 여러 부문들이 각각 점진적으로 어떻게 발달해 왔는가를 살피는 것이 훨씬 더 유용한 접근법일 것이다.

진화 과정에서
후두가 하강한 이유

언어의 진화 과정을 살필 때는 화석 같은 실물 자료에 의존하기 어렵기 때문에 비교생물학적 접근법이 유용하다. 인간 이외의 다른 종(種)들 가운데 인간처럼 언어를 이루는 모든 부문을 완전히 갖춘 것은 없지만, 그중 일부를 상당히 발달된 형태로 가지고 있는 것은 꽤 있다. 이 동물들이 언어의 일부 부문을 어떠한 형태로, 또 어느 정도로 지니고 있는가를 살펴보면 이들과 인간의 공통 조상으로부터 현재의 다양한 종으로 분화되어 오는 과정에서 이 부문들, 능력들이 언제 어떻게 발달해 왔는지에 대한 단서를 얻을 수 있을 것이다.

우선 음운부터 살펴보자. 인간의 언어는 이중 분절 구조로 이루어져 있다. 그 자체로서는 아무런 의미가 없는 비교적 적은 수의 음소들이 있고, 이 음소들이 결합하여 의미를 지닌 매우 많은 수의 형태소나 단어들을 만들어 낸다. 동물들이 의사소통에 사용하는 소리나 제스처가 연속적인 데 비해 인간의 언어는 분절적인 것이 매우 중요한 특징인데, 이는 언어의 이중 분절 구조 덕분에 가능한 것이다.

분절적인 음소들을 서로 뚜렷하게 구별해서 발음하는 데에는 인간의 발음기관 구조가 한몫을 하고 있다. 다른 동물들, 특히 영장류에 비해 인간은 성문(두 성대 근육 사이로 공기가 통과하는 틈) 및 그 주위,

즉 후두가 훨씬 밑에 있다는 특징을 보인다. 후두가 위에 있으면 발음 기관의 모양이 일자형 튜브에 가깝기 때문에 많은 소리를 구분해서 내기 어렵지만 후두가 아래에 있으면 발음기관의 모양이 ㄱ자형 튜브이기 때문에 훨씬 더 많은 소리를 구분해서 낼 수 있다. 인류의 진화 과정에서 후두가 점차로 하강했는데, 이것이 언어를 가능케 한 매우 중요한 요인인 것이다.

후두가 하강하면 단점도 있다. 후두가 위에 있으면 음식물이 기도로 들어오는 것을 효과적으로 차단할 수 있는데 아래에 있으면 음식물이 기도로 들어와 질식할 위험이 커진다. 이런 위험을 상쇄하고도 남을 만한 이득이 있기 때문에 후두가 하강했을 것이고, 그 이득이 바로 언어라고 많은 이들이 생각해 왔다. 그러나 최근 연구에 따르면 인간뿐 아니라 후두가 하강한 동물들이 여럿 있으며, 후두가 하강함으로써 이들이 얻게 되는 이득은 언어가 아니라 다른 데 있다. 후두가 하강하면 발성기관 튜브의 길이가 길어져 소리가 낮아진다. 대개 몸집이 큰 동물은 낮은 소리를 내는 경향이 있으므로, 낮은 소리를 내면 자신의 몸집을 천적이나 경쟁자가 실제보다 더 크게 느끼도록 하는 효과가 있다. 요컨대 후두 하강의 애초 동기를 언어에서 찾는 것은 현대인의 편견일 가능성이 크고, 처음에는 다른 동기에서 후두가 하강하기 시작했는데 그로 인해 다양한 소리를 낼 수 있게 되었고, 이것이 언어의 발달을 이끈 한 요인이라고 생각하는 것이 좋을 것이다.

마음이론,
의사소통의 비밀

인간은 의사소통을 할 때 상대방이 한 말의 축자적인 의미를 곧이곧 대로 받아들이기보다는, 축자적인 의미와 세계에 대한 지식, 맥락 정 보 등 이용할 수 있는 수단을 총동원해서 상대방이 의도한 메시지를 추측하고 추론해 낸다. "우리 그만 헤어져."라는 여자 친구의 말에 남 자가 "그놈 누구야?"라고 말하는 경우를 생각해 보자. 여자의 말에 '그놈'으로 지칭될 만한 사람은 전혀 등장하지 않지만, 우리는 남자 의 말을 쉽게 이해할 수 있다. 의사소통 과정에서 그런 추론이 원활 하게 이루어지기 위해서는 상대방이 어떤 의도로 나에게 말을 건네 는지를 추측하는 능력도 필요하고, 화자와 청자가 의사소통에 협조 적으로 임하고 있다는 전제조건도 필요하다. 전자의 능력은 다른 사 람의 생각을 추측하고 읽어 내는 능력인데, 이것을 '마음이론'이라고 한다.

성인은 마음이론을 훌륭하게 지니고 있지만 어린아이는 그렇지 않다는 것이 발달심리학자들의 실험으로 밝혀졌다. 영희가 장난감을 가지고 놀다가 파란 상자 안에 넣어 두고 잠시 방을 나갔다. 그 사이 에 철수는 그 장난감을 꺼내어 빨간 상자 안에 넣었다. 그 뒤에 다시 방에 들어온 영희는 장난감을 찾기 위해 파란 상자를 열어 볼까, 빨간 상자를 열어 볼까? 이 질문에 만 네 살 미만의 아이들은 거의 예외 없 이 빨간 상자라고 대답한다. 자기는 일어난 일을 모두 지켜보고 있었 으니까 장난감이 빨간 상자에 들어 있다는 것을 알지만, 영희는 철수 의 행위를 못 보았으므로 장난감이 여전히 파란 상자에 들어 있으리라고 생각하는 것이 마땅하다. 그러나 이것은 성인들의 상식이고 어린아이는 영희의 생각, 지식, 정신표상이 자신의 그것과 다를 수 있다는 점을 이해하지 못한다. 즉 마음이론을 온전히 지니지 못했다고 할 수 있는 것이다. 대부분의 동물들과 마찬가지로 인류의 진화 과정에서 어느 시기엔가 마음이론이 발달했을 것이다. 이것이 언어 및 이를 통한 의사소통을 가능케 한 또 하나의 주춧돌이 된 것이다.

영장류 등 몇몇 동물 종들은 어느 정도의 마음이론을 지니고 있다. 다른 개체의 시선이 무엇을 향하고 있는지 살피고, 이로부터 그 개체가 어떤 행동을 하려는지 어느 정도 짐작할 수 있는 것이다. 이들에게 없는 것은 자신의 생각을 다른 개체에게 협조적으로 표현하려는 욕구이다. 인간은 이들 동물들에 비하면 엄청나게 수다스럽다. 상대방이 듣고 싶어 하든 아니든 쉴 새 없이 뭔가를 조잘대는 사람들이 꽤 있으며, 어린아이 중에는 훨씬 더 많다. 인간은 자기가 아는 것, 자기가 생각하는 것을 주위 사람들에게 말하고 싶어 하는 본능이 있다고도 할 수 있다. 다른 동물들과 현저하게 다른 점이다.

인간은 진화 과정에서 왜 그렇게 말하기를 좋아하는 속성을 지니게 되었을까? 진화 이론에서는 이 사실이 수수께끼로 여겨질 수 있다. 물론 정밀한 의사소통 수단을 갖춘 것은 그렇지 못한 것에 비해 생존 확률을 높이므로 적응적이고, 따라서 진화 과정에서 그 속성은 점차 번성하게 된다. 예컨대 100미터 앞에 사자가 달려오고 있다는 사실을 정확하게 동료들에게 알려 주고 그런 메시지를 정확하게 입수하는 개체는 그렇지 못한 개체에 비해 사자에게 잡아먹히지 않고 오래 생존해서 자손을 남길 가능성이 더 높다. 문제는, 그렇게 말을 정확하게 하는 능력은 자신이 아니라 남의 생존 확률을 높인다는 점이다. 내가 아는 유용한 정보를 남에게 정확하게 알려 주는 능력이 자신의 생존 확률을 높여야만 그 능력이 다윈의 자연선택 기제에 의해 발달할 수 있다. 아무리 남에게 도움이 돼도 자기에게 도움이 안 된다면, 발달할 수 없는 것이다.

이 문제는 인간에게서 찾아볼 수 있는 호혜적 이타주의 및 협력의 발달, 이기적인 유전자가 이타적인 개체를 낳을 수 있는 가능성과도 관계가 있다. 자기 생각과 정보를 말하고 싶어 하는 속성은 자신과 유전자를 공유하는 친족들에게 도움이 되며, 친족의 생존 확률이 높아지는 것은 이기적인 유전자 이론에 따르면 훌륭한 적응이다. 이렇게 처음에는 친족 간의 협력과 도움의 수단으로서 발달한 언어가 나중에는 친족의 범위를 넘어서 공동체 전체로 확대된 것이다.

타자를 통해 나를 이해하는
생물학의 지혜

단어들을 결합하는 통사적 능력의 문제로 넘어가 보자. 일부 침팬지들은 실험실 환경에서 자의적인 기호와 지시 대상(의미)을 연결 짓는 훈련을 한 결과 100~200여 개의 기호들을 습득할 수 있었고, 둘 이상의 기호를 결합할 수도 있었다. 매우 초보적인 형태의 어휘부와 통사부를 지녔다고 할 수 있는 것이다. 인간 언어의 통사부가 지닌, 다른 동물들에서는 전혀 찾아볼 수 없는 중요한 특징은 순환성이다. 예컨대 명사구 속에 다시 명사구가 내포될 수 있고, 문장 속에 다시 문장이 내포될 수 있다는 점이다. 인간의 언어는 이 순환성 덕분에 유한한 수의 단어로도 무한한 수의 문장을 만들어 낼 수 있다. 순환성은 인간이 유한한 두뇌 자원으로도 무한한 수열과 무한집합 등에 대한 수학적 사유를 할 수 있는 기반이기도 하다. 현대의 컴퓨터 과학도 이 점에 기반을 두고 있다. 그렇다면 순환성은 언어뿐 아니라 인간이 이룩한 눈부신 지적 금자탑의 핵심 고리라고도 할 수 있다.

예전에는 인간만이 지녔다고 생각했던 많은 속성들을, 최근 생물학자들의 연구에 따르면 여러 동물 종들도 상당한 정도로 지니고 있음이 속속 밝혀지고 있다. 언어라는 복잡한 체계를 이루는 여러 부문들도 마찬가지이다. 어떤 새들은 인간 못지않게 다양한 소리를 낼 수 있으며, 부모나 같은 종의 다른 개체가 내는 소리를 듣고 모방하는 학습 능력 내지 학습 본능을 지니고 있다. 이 새들은 음운부에서는 인간에 버금가는 것이다. 앞서 말했듯이 일부 침팬지들은 매우 초보적인 형태의 어휘부와 통사부를 지니고 있다. 일부 영장류와 조류는 어느 정도의 추론 능력도 갖추고, 다른 개체의 마음을 읽는 능력도 초보적이나마 갖추고 있다. 이들 동물은 원시적인 화용부를 지닌 셈이다. 다만 이들은 인간처럼 음운부, 통사부, 어휘부, 의미부, 화용부를 모두 갖추고 있지는 못하다.

언어라는 신비로운 능력은 인류의 진화 과정에서 어느 날 갑자기 나타난 것이 아니라 수백만 년, 수천만 년 전부터 인간과 다른 동물 종들의 공통 조상 때부터 서서히 발달하고 있었던 다양한 능력들이 축적되고 서로 상호작용하면서 생겨난 것이다. 따라서 인간을 인간 이외의 타자, 즉 다른 생물 종과 비교하여 바라볼 때에야 비로소 인간의 특성을 더 잘 이해할 수 있다는 생물학의 지혜는 언어에도 해당된다.

스마트미디어 시대의
아이들

이동후
인천대 신문방송학과 교수

지난여름 아이가 아파 병원에 입원했다. 입원실에는 돌이 갓 지난 아이부터 초등학교 아이까지 모두 네 명의 아이들이 치료를 받기 위해 와 있었다. 흥미롭게도 아이들은 하루의 많은 시간을 개인용 미디어를 이용하면서 지내고 있었다. 입원실에 공용으로 설치된 텔레비전이 사라지고, 아이들은 각자의 침대에서 개인용 핸드폰이나 태블릿PC로 시간을 보내고 있었다. 방금까지만 해도 아파서 울던 돌쟁이가 울음을 멈추고는, 엄마와 눈을 맞추기보다 태블릿PC를 물끄러미 바라보며 빠져 있는 모습은 신기하기까지 했다.

사실 어린아이들이 스마트폰과 태블릿PC 같은 뉴미디어를 손쉽게 다루는 모습은 전혀 새로운 풍경이 아니다. 방송통신위원회에서 발표한 「2011년 인터넷 이용 실태 조사 보고서」에 따르면, 2011년

7월 현재 10대 대부분(99.9퍼센트)이 인터넷을 이용하고 있고, 만 3~9세 아동의 인터넷 이용률도 86.2퍼센트에 이른다. 특히 만 3~5세 유아의 인터넷 이용률은 66.2퍼센트로서 전년 대비 3.2퍼센트가 증가했다. 아이들의 스마트폰 이용률도 결코 적은 수치가 아니다. 경기도교육청이 도내 초등, 중등, 고등학교 학생들을 대상으로 스마트폰 이용 습관을 조사한 결과, 초등학교 3~6학년생 가운데 스마트폰 보유율이 47.6퍼센트에 이르고, 이들 중 45퍼센트가 하루 평균 1~3시간을 스마트폰과 함께 보낸다고 했다. 이렇게 어린 시절부터 다양한 미디어와 많은 시간을 보내는 아이들은 도대체 어떤 아이들로 커 가는 것일까?

미디어는 공기와 같이 눈에 보이지 않는 환경으로서, 우리가 세상을 인지하고 경험하고 이해하고 해석하고 관계를 맺는 방식에 영향을 미친다. 미디어는 우리가 아이들을 개념화하고 인식하는 방식, 아이들이 아이들답게 성장하는 방식, 그리고 아이들이 경험하는 현실 세계를 구성하는 주요 배경이 된다. 닐 포스트먼은 『사라지는 아동기』라는 책에서 아동기는 인쇄문화의 산물이라고 말한다. 중세 시대까지만 해도 아동기라는 개념이 존재하지 않았고, 어린이는 아기와 노인 사이에 속하는 사람들의 일부였다. 그런데 인쇄문화가 확산되던 16세기 말과 17세기에 아동기 개념이 생겨나면서, 이러한 아동들은 학교에서 읽고 쓰는 법 혹은 인쇄문화가 요구하는 사람이 되는 법을 배워야 했고, 사회는 어른들의 세계로부터 아동을 보호해 줘야 했다.

닐 포스트먼은 인쇄문화의 확산이 아동기의 탄생에 기여한 데 반해, 텔레비전 환경은 아동기의 '소멸'에 기여한다고 말한다. 아이들이 텔레비전을 통해 별다른 인지적, 지적 훈련 없이도 어른들의 세계를 손쉽게 접하고 받아들일 수 있게 된다. 인쇄문화가 어린이를 가정과 학교에서 보호하고 교육시켜야 할 순수하고 특별한 존재로 여겼다면, 텔레비전 문화에서 어린이와 어른의 구분은 별로 의미가 없다. 그가 보기에 텔레비전은 어른들의 비밀을 노출하는 "완전 폭로 미디어"로서 그동안 교육 제도를 통해 통제되었던 정보 흐름의 체계, 특히 어른과 어린이를 분리하여 관리했던 정보 조절 체계를 허물어뜨리고 있다. 아이들은 전쟁, 죽음, 폭력, 범죄, 연애, 파티 등의 현장을 목격하며 어른들의 비밀 혹은 무대 뒤의 모습에 어려움 없이 다가갈 수 있다.

닐 포스트먼의 주장대로 과연 아동기가 사라졌는지에 대해서는 의문이 들 수 있다. 왜냐하면 여전히 학교는 아동기를 보내는 중요한 장소 역할을 하고 있고, 읽고 쓰기는 지식과 정보가 전달되는 중요 수단이 되고 있기 때문이다. 그러나 문자 중심의 문화에서 텔레비전 문화로 중심축이 옮아가면서 어린이가 접근하고 수용하는 정보의 범위가 달라지고 이러한 정보 흐름의 체계에 대한 어른들의 통제력에도 변화가 생긴다는 시각은 미디어 환경과 어린이의 관계를 이해하는 데 중요한 통찰력을 준다. 미디어의 변화가 아동기에 대한 인식이나 아동기를 구성하는 경험의 내용에 영향을 미치고 있다면, 지금의 미디어 환경은 어린이 되기 혹은 어린 시절의 경험을 어떻게 재구성하고 있는 것일까?

새로운 미디어 환경,
새로운 미디어 리터러시

1990년대 이후 디지털 커뮤니케이션 기술이 발달하면서, 정보의 압축, 저장, 전송 방식의 혁신이 이루어진다. 기존 미디어에서 별개로 취급되었던 문자, 소리, 영상 등의 정보를 복합적으로 처리하는 멀티미디어 환경이 만들어지고, 다양한 커뮤니케이션 양식과 정보의 흐름을 가능하게 한 유무선 커뮤니케이션 네트워크가 발전하였으며, 이러한 연결성에 기반을 두어 정보를 공유하고 관계를 맺을 수 있게 해 주는 소셜미디어가 발달한다.

　이러한 디지털 커뮤니케이션 환경에서는 하나의 미디어 기기가 다양한 미디어 기능을 수행할 수 있고, 또한 하나의 미디어 기능을 다양한 형태의 미디어 기기를 통해 이용할 수 있다. 예를 들어 우리는 스마트폰을 통해 통화나 문자를 할 뿐만 아니라 메신저, 이메일, SNS 등을 이용할 수 있고, 게임, 영상물, 음악, 뉴스 등을 즐길 수 있다. 또 과거에는 텔레비전 수상기를 통해서만 텔레비전 프로그램을 시청할 수 있었지만, 지금은 텔레비전 수상기 외에도 컴퓨터나 핸드폰 혹은 각종 개인용 모바일 기기를 통해 접할 수 있게 됐다. 시청하는 프로그램 내용이나 시청 시간 혹은 장소도 편의적으로 선택할 수 있고, 더 나아가 카카오톡이나 페이스북 같은 소셜미디어를 통해 자신의 시청 경험을 공유한다. 개인용 모바일 단말기에 다양한 멀티미디어 기능이 들어오고, 언제 어디서든 사용할 수 있게 되면서 개인은 각종 미디어 형식을 넘나들며 활용하는 이른바 '트랜스 미디어 이용자'가 된다. 이렇게 디지털 네트워크 환경이 제공하는 기술적 가능성은 아이들이 배우고 노는 방식, 혹은 세상과 교류하고 관계 맺는 방식에 영향을 미칠 수 있다.

우리사회에는 이렇게 변화하는 미디어 환경과 어린이의 관계를 긍정적으로 바라보는 시각이 존재한다. 예를 들어 스마트폰, 태블릿PC, 스마트 텔레비전 등이 대중화하고 기능이 다양해지면서 아이 교육이 한결 편리해지고 있다, 스마트 기기를 통해 아이들은 스스로 흥미를 느끼며 공부하는 자기주도적 학습 주체가 될 수 있다, 스마트 기기의 콘텐츠는 아이들의 상상력과 창의력을 자극할 수 있다, 식의 사회적 담론을 들 수 있다.

이와 같은 사회적 담론은 디지털미디어 이용능력의 긍정적 효과를 강조하는 일군의 학자들이 주도한다. 『디지털 네이티브』를 쓴 돈 탭스콧은 어린 시절부터 컴퓨터와 인터넷을 이용하면서 성장한 이른바 '넷 세대'가 디지털 기술과 직관적이고 자연스러운 관계를 맺으며 기존 세대와는 다른 태도를 보인다고 한다. 이러한 넷 세대는 능동적이고, 자기표현이나 개발에 적극적이며, 자립적이고, 분석적이며, 창조적이고, 호기심이 많으며, 다양성에 개방적이고, 전 지구적인 차원으로 사고할 수 있는 능력을 갖추었다고 보았다. 아이들이 미디어 이용에 대한 통제력과 선택권을 지니게 되면서 새로운 행위성을 갖추고 전통적 지식과 권력의 위계질서에 도전할 수 있다고 본 것이다.

『컨버전스 컬처』의 헨리 젠킨스도 디지털미디어 환경에서 '미디어를 넘나드는 항해'를 통해 수용자들의 '소비 활동의 영역과 범위가 확장되고' 콘텐츠의 공유, 제작, 유통에 참여할 수 있는 문턱이 낮아졌다고 본다. 디지털미디어 이용자의 능동적 참여성, 창의력, 상호작용성, 주체적 선택성을 주목한 것이다. 이들이 보기에 디지털미디어 환경에서 자라난 세대는 민주적이고, 다양하며, 참여적이고, 창의적인 '똑똑한' 이용자들이다. 따라서 자라나는 아이들에게 창의적이고 해방적인 미디어 환경은 희망과 꿈의 공간이 될 수 있다. 그런데 아이들의 디지털미디어 이용능력은 마냥 긍정적으로 바라볼 수 있는 것일까? 이러한 능력 때문에 치러야 하는 문화적 대가가 있는 것은 아닐까? 최근 아이들의 디지털미디어 이용이 일상화되면서 긍정론보다는 오히려 부정론에 힘이 실리기 시작했다.

똑똑한 아이들 vs.
위험에 처한 아이들

지금의 미디어 환경이 아이들에게 미칠 부정적 영향력을 우려하는 목소리가 커지고 있다. 스마트폰을 사용하는 초등학생들이 많아지면서 점심시간에도 운동장에 나가지 않고 자리에 앉아 스마트폰을 만지작거린다. 스마트폰의 메신저를 통해 친구를 왕따시키는 새로운 학교 폭력 현상이 나타난다. 아이들의 스마트폰이나 인터넷 중독이 아주 심각하다, 류의 기사가 종종 언론에 보도된다.

　　미디어 학자인 셰리 터클은 컴퓨터가 인간의 사고방식과 행위에 미치는 방식을 연구한 『제2의 자아』와 『스크린 위의 삶』 등의 전작에서 컴퓨터 매개 커뮤니케이션이 지닌 새로운 정체성 실험의 가능성을 언급했으나, 최근작 『외로워지는 사람들: 테크놀로지가 인간관계를 조정한다』에서는 비판적인 시각을 견지한다. 네트워크 미디어 시대에 사람들이 실제 대화보다는 미디어 기기로 매개되는 메시지에 의존하고, 같이 있는 사람들보다 다른 장소에 있는 누군가와 메시지를 주고받는 "함께 있지만 혼자 있는" 현상이 나타난다고 보았다. 그리고 이러한 현상은 늘 고독감을 안겨 주고 사람에 대한 갈증을 불러일으키기에, 다시 미디어에 '매이게 되는(tethered)' 악순환으로 이어진다. 물리적으로 함께 있지만 정신적으로는 함께하지 않는 '부재하는 현존' 현상이나 미디어를 가까이 두며 사적인 '가상 고치'를 만드는 현상은 이동전화가 상용화되기 시작할 때부터 우려되었다.

네트워크 커뮤니케이션 미디어를 통해 한곳에 있으면서 다른 곳에 있을 수 있는 아이들은 실제로 자신이 대면하는 상황이나 상호작용보다는 매개된 것에서 편안함과 친밀감을 느낄 수 있다. 그런데 이러한 경험은 스스로를 더욱 고독하게 만들고 소외시킬 수 있다. 더군다나 SNS를 통해 대화하는 상대가 실제 친구부터 친구로 등록된 사람까지 다양한 범주로 구성되면서 대화를 나누는 맥락의 경계가 모호해지고 머릿속에 다양한 '친구'들을 염두에 두며 이야기하는 자기-검열이 일상적으로 일어날 수 있다. 자율적이고 진정한 자아의 모습이 설 자리를 찾지 못한다.

하지만 이렇게 디지털미디어의 이용과 어린이의 관계를 부정적으로 바라보는 시각은 앞서 언급된 긍정적 시각과 마찬가지로 한계를 지닌다. 긍정적 시각은 새로운 미디어 기술을 만병통치약으로 간주하며 미디어 이용을 통해 새로운 행위성을 획득할 수 있다고 찬양한다. 이는 '기술은 숭고하고 문제를 해결해 준다.'는 기술 사회의 신화를 재생산할 수 있다. 더군다나 개인의 맞춤화된 선택이나 혁신성을 강조하는 경향은 새로운 미디어 기기의 구매를 부추기는 소비주의와 개인을 끊임없는 자기계발 및 유연한 노동력의 주체로 만드는 신자유주의와 궁합이 잘 맞는다. 반면 부정적 시각은 네트워크 미

디어 환경에서 자라나는 아이들에 대한 어른들의 불안감과 두려움을
일정 부분 반영한다. 그런데 매개된 메시지 교환이 실제 대화를, 혹은
기계가 살아 있는 사람을 대체한다는 식의 논의는 좀 더 조심스럽게
이루어질 필요가 있다.

　네트워크 미디어 환경의 등장으로 개인의 커뮤니케이션 체계
가 변화하고 있는 것은 사실이나, 기존의 커뮤니케이션이나 교류 방
식이 사라지지는 않는다. 새로운 방식과 기존의 방식이 대체나 경쟁
관계라기보다는, 새로운 미디어 환경 속에서 각각의 방식이 지닌 문
화적 의미나 중요도가 달라지는 것이다. 또한 소셜미디어를 통해 활
발한 친교 활동을 펼치는 사람이 실제 친교 활동에서도 적극적일 가
능성이 높다. 긍정적 시각, 부정적 시각 어떤 한쪽에 손을 들어 주기
보다는, 두 시각 모두에 귀를 기울일 때 아이들의 삶에 미치는 미디어
환경의 영향력에 관한 균형 잡힌 통찰력을 얻을 수 있다고 본다.

어린이, 우리가 미래에 보내는 살아 있는 메시지

닐 포스트먼은 "어린이는 우리가 미래에 보내는 살아 있는 메시지"
라고 말한다. 어린이는 생물학적 현실이기도 하지만 문화적 인공물
로서 사회적 재생산에 대한 우리의 생각을 투사하는 메시지인 것이
다. 부모나 학교가 아이의 미디어 활용을 적극 지원해야 한다거나 통
제하고 감독해야 한다는 태도 모두 아이들을 바라보는 우리의 시각
을 반영하는 동시에 아이들의 경험에 영향을 미치는 중요한 조건이
된다. 디지털미디어는 편리하고 안전하게 학습, 놀이, 친교 등을 할

수 있게 해 준다. 더 나아가 창의적이고 참여적인 행위 주체가 되는 법을 배우는 수단이 될 수 있다. 반면 아이가 혼자 노는 데 익숙하게 만들고, 직접적이고 실제적인 경험보다 가상적이고 미디어 화면이 중심이 된 경험을 제공하면서 아이들의 경험을 제한할 수 있다. 미디어를 통한 다양한 정보에 노출된 아이들은 유용한 정보를 제공받아 사회적 의식을 갖출 수 있지만, 산만함과 피상적인 지식만을 갖출 수도 있다. 미디어 환경에 대한 우리의 의식과 개입의 성격에 따라 "미래에 보내는 살아 있는 메시지"가 다를 수 있다.

닐 포스트먼은 인쇄문화에서 출발한 교육제도가 그동안 일종의 '자동 온도 조절 장치'로서 어린이들이 접하는 정보 흐름 체계를 제어하는 역할을 해 왔다고 말한다. 그러나 전자 미디어 시대로 넘어오면서 이러한 제어활동에 심각한 문제가 생겼다고 주장한다. 기술이 이끄는 문화는 아이들에게 독이 된다는 식의 시각은 극단적인 비관론에 속하지만, 그가 말한 '자동 온도 조절 장치' 개념은 재고할 필요가 있다. 이성과 합리적 추론을 강조하는 인쇄 미디어 문화만이 어린이를 어린이답게 만든다는 시각은 분명 한계가 있다. 그러나 현재의 미디어 환경과 어린이들이 맺는 관계에 의식적으로 개입하며 '자동 온도 조절 장치'의 제어 능력을 새롭게 회복하고 문화적 균형과 지속성을 꾀하는 것은 의미가 있다.

기계와 눈을 맞추는 아이를 새로운 능력을 지닌 신세대라고 부추기고 방치하는 태도나, 미디어 이용에 대한 강력한 감독과 정보 흐름의 차단을 통해 아이를 보호해야 한다는 태도 모두 균형 잡힌 태도는 아니다. 이것 아니면 저것을 선택해야 하는 문제가 아니라, 아이들의 경험에서 전통 미디어가 지녔던 긍정적 측면을 보전하고 새로운 미디어가 제공하는 가능성을 다면적으로 점검하는 작업이 필요하다. 예를 들어 가족과 함께 텔레비전 수상기 앞에 앉아 있으면서도 자신의 스마트폰을 통해 다른 미디어 콘텐츠를 이용하고 물리적으로 부재한 다른 장소의 누군가와 대화하는 모습은 지극히 개인적인 행위이다. 하지만 다른 한편으로는 공동 경험을 만들어 가는 집단적 행위일 수 있다. 단순히 소외의 현장이 아니라 감정 공유와 의견 교류를 통해 새로운 사회적 동학이 만들어지는 현장일 수 있다.

중요한 것은 무엇을 미디어 이용의 의미와 가치로 삼으며 이용의 맥락에 적용할 것인가이다. 어린이 미디어 환경에 대한 '자동 온도 조절 능력'은 아이들이 최신 미디어 기기나 서비스를 능숙하게 이용하는 능력을 갖추도록 돕는 데, 혹은 이용 시간을 통제하거나 '○○는 하지 마라.' 식으로 규제하는 데 있지 않다. 오히려 미디어 이용이 지닌 의미와 가치를 의식하고 미디어 환경이 지닌 다면적 효과를 성찰하는 데서, 그리고 미디어로 구현되는 아이들의 새로운 행위성을 주의 깊게 관찰하는 데서 출발할 수 있다. 우리가 미래에 보내는 살아 있는 메시지는 고정된 것이 아니라 미디어 환경과의 관계 속에서 그리고 우리의 의식적인 성찰과 개입을 통해 진화하는 것이다.

밈 이론이 제시하는
도발적인 세계관

장대익
서울대 자유전공학부 교수

저녁 무렵 슬그머니 풀잎의 정상을 향하는 개미들이 있다. 그들은 새벽까지 풀잎을 꽉 깨물고는 꼼짝도 하지 않는다. 뭔가 이유가 있는 행동이지 않을까? 하지만 그 행동 때문에 개미는 풀을 뜯기 시작한 양이나 소에게 잡아먹힌다. 마치 '나 잡아 드세요.'라는 자살 행동 같다. 개미의 관점에서는 도저히 납득이 되지 않는 행동이다. 비밀은 '창형흡충'이라는 기생충에 있다. 이 기생충의 '꿈'은 번식의 파라다이스인 양의 위장에 도달하는 것이다. 하지만 혼자서는 그 꿈을 이룰 능력이 없다. 그래서 개미의 뇌를 감염시켜 양에게 쉽게 잡아먹히도록 개미를 조종하는 것이다.

이 무서운 이야기는 곤충을 넘어 포유동물까지 이어진다. 톡소포자충에 감염된 쥐는 심하게 용감해진다. 대개 고양이 오줌 냄새를 맑은 쥐는 고양이의 존재를 느끼고 도망가는데 이 감염 쥐에게는 그런 공포심이 발현되지 않는다. 고양이의 위장에 가서 맘껏 번식하는 것이 최종 목표인 톡소포자충이 쥐의 행동을 조종하고 있기 때문이다. 사람에게도 이런 일이 일어날까?

인간의 뇌를 감염시켜 행동을 조종하는 것이 기생충은 아닐 것이다. 『이기적 유전자(The Selfish Gene)』에서 유전자의 관점으로 동물의 행동을 이해하고자 했던 동물행동학자 리처드 도킨스는 이 책의 11장에서 인간의 행동을 조종하는 무언가에 대해 매우 흥미로운 이론을 제시한다. 그것은 '밈(meme)', 즉 새로운 복제자(replicator)에 관한 이야기였다.

나는 새로운 종류의 복제자가 지구상에 최근에 출현했다고 생각한다. 이것은 우리 눈앞에 있다. 아직은 유아기에 있으며 원시 수프 속에서 서투르게 헤매고 있는 중이다. 하지만 낡은 유전자들이 따라잡을 수 없는 속도로 진화적 변화를 겪고 있다. 이 새로운 수프는 인간 문화의 수프이다. 우리에겐 새로운 복제자의 이름이 필요한데, 그것은 문화 전달(transmission)의 단위, 혹은 모방(imitation)의 단위라는 개념을 표현해 줘야 한다. 이에 관한 그리스어 어원은 '미메메(mimeme)'이지만, 나는 'gene'과 같은 단음절을 원한다. 내가 mimeme를 meme으로 줄여 부를 때 고전학자 동료들이 나를 용서해 줬으면 한다. 이를 양해해 준다면, 이것은 'memory' 혹은 프랑스어의 'même'와 연관된 것으로 간주될 수도 있을 것이다.

— 리처드 도킨스, 『이기적 유전자』(을유문화사, 2010)

'강남 스타일'을
글로벌 스타일로 진화시킨 엔진

구체적으로 어떤 것들이 밈에 해당될까? 도킨스는 사람에서 사람에게로 복제되고 전달되는 "어떤 선율, 아이디어, 캐치프레이즈, 패션, 주전자 만드는 방법, 문 만드는 기술" 등이 밈의 사례들이라고 말한다. 그리고 그는 독신주의와 유신종교의 기원과 전파를 밈의 관점에서 분석하기도 했다.

그렇다면 밈을 유전자처럼 복제자로 간주할 수 있는 근거는 무엇인가? 밈이 또 하나의 복제자로 간주되기 위해서는 그것이 복제자의 세 가지 요건들, 즉 수명(longevity), 산출력(fecundity), 높은 복제 충실도(copying-fidelity)를 충족시키고 있는지를 점검해 봐야 한다. 그리고 그 충족이 유전자의 경우와 어떻게 유사하고 다른지도 비교해 봐야 한다. 즉 밈이 복제자라면 유전자가 복제자인 이유와 똑같은 이유에서 그래야 한다는 것이다. 그런데 여기서 문제가 되는 요건은 복제 충실도다. 유전자는 복제 충실도가 매우 높지만 문화 복제자의 경우에는 그렇지 않아 보이기 때문이다. 실제로 유전자가 복제되고 전달되는 과정에서 발생하는 에러는 거의 무시할 만한 수준인 반면, 어떤 행동이나 사상이 사람에서 사람으로 전달되는 과정에서는 원본과 복제본은 너무도 다를 수 있다.

따라서 이 비판은 정당해 보인다. 하지만 문화 전달의 경우에도 복제 충실도가 매우 높은 경우들이 존재한다는 사실을 간과해서는 안 된다. 밈의 복제 충실도가 상당히 높아서 문화적으로 엄청난 성공을 거둔 경우를 예로 들어 보자. 2012년 여름에 처음 공개된 이후 불

1부 생명, 우리는
어디에서 왔는가

싸이의「강남 스타일」
(뉴욕 맨해튼 콘서트)

싸이의 말춤이 인종과 국경, 그리고 언어와 문화의 장벽을
뛰어넘어 전 세계인의 뇌와 몸을 통해 계속 복제되는 주된 이유는
춤 자체가 쉬워서가 아니다. 오히려 춤의 지침(의미)이 보편적이기
때문일 것이다.

과 두 달 만에 2억 번의 유튜브 조회수를 기록한 가수 싸이의 「강남 스타일」을 글로벌 스타일로 진화시킨 엔진은 무엇일까? 우선 이 뮤직비디오는 너무 웃기다. 우리에게만 웃긴 것이 아니라 다른 문화권에 살고 있는 이들에게도 통한다. 일반적인 가수의 이미지와는 살짝 어긋난 외모의 소유자가 예측 불허의 상황에서 희한한 춤을 추고 있는 것이 세계 곳곳의 사람들에게도 웃기는가 보다. 또한 요즘 유행하는 일렉트로닉 사운드도 웃음 코드만큼이나 만국 공통이다. 게다가 이 매력 덩어리를 소비하고 전파하는 사회연결망서비스가 늘 우리의 손안에 있으니, 삼박자가 딱 맞은 결과라 할 수 있다.

하지만 이런 분석에는 뭔가가 빠져 있다. 웃기고 흥겹다는 이유만으로 마우스를 수억 번씩이나 누르지는 않기 때문이다. 다른 요인이 있어야 한다. 자, 이제 밈의 관점에서 「강남 스타일」의 글로벌화를 해석해 보자. 우선 「강남 스타일」의 특이한 춤동작부터 보자. 사실 이 춤을 특이하다고는 할 수 없다. 참신하긴 하지만 말을 타고 가는 동작이기에 전혀 낯설지 않기 때문이다. 누가 봐도 '말춤'인 것이다. 이 춤은 K-POP의 상징인 아이돌 그룹의 현란하고 세련된 춤에 비하면 정말 보잘것없지만, 몇 번만 봐도 누구나 금방 이해할 만하다. 그래서 쉽기 때문에 싸이의 춤이 국경을 넘은 것이라는 분석도 많다.

하지만 단지 쉽기 때문일까? 쉬운 것으로 따지자면 '막춤'만 한 것이 없다. 규칙 없이 그냥 흔들기만 하면 그만이다. 하지만 규칙이 없다는 바로 그 이유 때문에 막춤은 남들이 따라 하기에 가장 힘든 춤이다. 싸이의 춤이 전 세계로 빠르게 전파되는 이유는 그것이 막춤이어서가 아니다. 누구나 이해하고 있는 동작을 구현한 말춤이기 때문이다.

막춤과 말춤의 차이를 명확히 알 수 있는 간단한 실험을 해보자. 맨 처음 사람에게 아무렇게나 그림을 그리라고 해보라. 그리고 두 번째 사람이 그것을 따라 그리게 하고, 또 두 번째 사람의 그 그림을 세 번째 사람이 따라 그리게 해보는 게임을 해보자. 이런 식으로 하다 보면 틀림없이 스무 번째 정도의 사람은 처음 그림과는 전혀 다른 형태의 그림을 그리고 있을 것이다. 반면 맨 처음 사람이 별 모양 그림으로 시작을 했다면 어떻게 될까? 결과는 완전히 달라질 것이다. 설령 중간에 어떤 사람들이 세부적으로 다르게 복제를 해 놓아도 맨 마지막 사람이 엉뚱한 그림을 그릴 개연성은 높지 않다. 왜냐하면 모든 참여자가 그것이 별 모양이라는 사실을 알고 매번 어느 정도의 교정을 할 수 있기 때문이다. 이런 의미에서 막춤이 아무렇게나 그린 그림이라면 말춤은 별 모양의 그림이다. 싸이의 말춤이 인종과 국경, 그리고 언어와 문화의 장벽을 뛰어넘어 전 세계인의 뇌와 몸을 통해 계속 복제되는 주된 이유는 춤 자체가 쉬워서가 아니다. 오히려 춤의 지침(의미)이 보편적이기 때문일 것이다. 이렇게 지침(instruction)을 복제하는 경우(별 모양 그림)는 산물(product)을 복제하는 경우(아무렇게나 그린 그림)와는 달리, 복제 충실도가 훨씬 더 높은 경우에 해당된다.

누가 수혜자인가?
Qui Bono?

그러면 밈은 어떻게 작동할까? '독신(獨身)주의'라는 밈에 대해 생각해 보자. 결혼을 하지 않기로 작정하는 것은 유전적 적응도의 관점에서 보면 이해되기 힘든 이상한 행동이다. 왜냐하면 독신주의를 고수하는 이들은 자손을 낳지 않을 가능성이 현저히 높기 때문이다. 하지만 특정 종교나 세계관은 독신주의를 매우 매력적인 밈으로 만들어 일부 사람들을 감염시키기도 한다. 이런 현상은 이기적 유전자의 관점에서는 이해되기 힘들지만, 문화적 적응도 관점에서 보면 충분히 납득되는 것들이다. 이렇게 문화를 만들고 전파하는 인간의 행동은 유전자와 (다른) 유전자 사이, 유전자와 밈 사이, 그리고 밈과 (다른) 밈 사이의 이해 충돌로 설명될 수 있다. 예컨대 독신주의가 유전자와 밈 간의 충돌이라면, 자본주의와 공산주의 간의 대결은 밈들 간의 충돌이라고 할 수 있다. 이런 맥락에서 밈과 유전자가 서로를 강화하기도 하고 충돌하기도 한다는 도킨스의 설명은 은유를 넘어선다.

밈의 관점은 인간과 세상을 이해하는 데 어떠한 새로운 통찰을 주는가? 밈 이론이 급진적인 이유는 그것이 이른바 '수혜자(Qui Bono) 질문'을 던지기 때문이다. 이 질문이란 말 그대로 "결국 무엇이 이득을 얻는가?"라는 물음이다. 사람들은 대개 유기체 중심적 사고를 갖고 있어서 스스로 자기 자신의 이득을 위해 행동한다고 생각하는 경향이 강하다. 하지만 도킨스는 유전자가 자신의 복사본을 더 많이 퍼뜨리기 위해 운반자인 유기체를 만들어 냈다는 진화의 사실을 드러내 보임으로써, 그리고 때로는 유전자 수준에서의 '욕구'와 개체 수준에서의 '욕구'가 충돌할 수 있음을 보임으로써, 수혜자 질문을 다시 철학의 테이블 위에 올려놓았다. 앞에서 언급된 창형흡충과 톡소포자충의 사례들도 이런 수혜자 질문을 던지지 않고서는 도저히 이해될 수 없는 현상이다.

그런데 수혜자 질문의 파괴력은 오히려 밈에 대한 논의에서 더 커진다. 왜냐하면 만일 밈도 유전자와 마찬가지로 복제자이고, 유전자가 자신의 유전적 적응도를 높이는 방식으로 행동한다면, 밈도 자신의 밈직 적응도(memetic fitness)를 높이는 방식으로 행동한다는 결론이 나오기 때문이다. 이런 결론이 왜 도발적이란 말인가?

밈은 문화의 전달 단위이다. 특정 단어, 아이디어, 인공물 등도 밈이 될 수 있다. 그런데 이 밈들은 원칙적으로 그것의 창시자나 운반자(vehicle)의 적응도를 위해서가 아니라 그 자신의 적응도를 높이게끔 행동한다. 즉 '정신 바이러스' 같은 존재다. 예를 들어 보자. 아마 이런 광경을 본 적이 있을 것이다. 매년 한 번씩 100만이 넘는 이슬람 신자들이 메카 주변에 '하즈' 순례를 하기 위해서 모인다. 이슬람뿐만 아니라 기독교든 불교든 대규모 집회가 있다. 이런 광경 자체는 우리에게 친숙한 것이어서 그리 놀랄 만한 일이 아니다.

그러나 당신이 외계인 과학자라고 생각해 보자. 그는 지구에 가서 호모사피엔스라는 인간 종을 연구해서 보고서를 써야 한다. 그런데 외계인 과학자가 인간의 저런 행동을 본다면 무릎을 치면서 놀랄 것이다. 얼마나 흥미로운 광경인가? 다른 동물들에게서는 절대로 볼 수 없는 행동들이다. 우리가 하즈 모습을 미디어를 통해 자주 보기 때문에 그러려니 하지만, 그런 편견이나 사전 지식이 없는 외계인의 관점에서 보자면 그것은 분명 설명이 필요한 현상일 것이다. 더욱 흥미로운 것은 100만 명이 운집하다 보니 수천 명이 깔려서 다치거나 죽기도 한다는 사실이다. 그런데도 평생에 단 한 번이라도 메카의 카바신전을 방문해 보는 게 소원이라고 고백하는 신자들이 적지 않다. 이렇게 종교적 행위는 때로 당사자의 생물학적 적응도를 낮추기에 유전자의 관점을 넘어서는 설명을 필요로 한다. (아직도 별 감흥이 없는가? 그렇다면 다음과 같이 상상해 보자. 여러분의 정원에 개미가 5000마리가 살고 있다. 그런데 매년 12월 24일에 정원 어딘가에 모여 개미들이 집단적으로 춤을 춘다고 가정해 보자. '뭐 그럴 수도 있지.'라고 대수롭지 않게 여길 것인가? 아마 그 어떤 이도 그것을 자연스럽다거나 당연한 현상인 양 생각하지는 않을 것이다. 왜 그런 행동을 하는가에 대한 과학적 설명이 필요하다. 말하자면, 카바 신전에 모인 무슬림들의 의례는 이 (가상의) 개미의 춤과 비슷하다.)

이렇게 밈의 관점에서 보면 종교의 본성에 대해 더 잘 이해되는 측면이 있다. 누가(또는 무엇이) 수혜자인가라는 질문을 던지는 순간, 종교 현상에 대한 새로운 과학적 이해가 생겨나기 때문이다. 그렇다면 우리들이 만들어 낸 이념과 제도들, 예컨대 민주주의나 자본주의 등도 이 '수혜자 질문' 앞에 예외가 될 수 없다. 특정 이념과 제도를 수호하기 위한 온갖 희생들을 통해 이득을 보는 주체는 대체 누구(또는 무엇)란 말인가? 이익을 얻는 것은 밈 자신일 수 있다는 생각이 바로 밈의 관점이다. 그런 행동을 통해서 개체는 희생되지만 대신 그 밈은 더 널리 퍼지게 되기 때문이다. 감기 바이러스가 우리의 건강에 대해 무심하듯이 밈도 자신의 운반자를 돌보지 않는다. 이런 맥락에서 보면 우리의 뇌는 유전자와 다른 유전자, 유전자와 밈, 그리고 어떤 밈과 다른 밈들 간의 전쟁이 벌어지는 '복제자의 전쟁터'라 할 수 있다. 이 점이 바로 밈 이론이 제시하는 도발적인 세계관이다.

생물 창조 시대의 개막,
합성생명의 명암

김훈기
서울대 기초교육원 교수

2010년 국내에서 개봉한 영화 「스플라이스」. 인간 사회에서 금기시되는 모든 행위가 망라됐다는 평을 받았던 이 영화는 국내에서 크게 흥행하지 않았지만, 새로운 첨단 과학기술 분야를 실감나게 담았다는 점에서 주목할 만했다. 바로 합성생물학(Synthetic Biology)이라는 학문 분야다.

영화에는 '괴생명체'가 등장한다. 여성 생명공학자가 실험실에서 온갖 동물의 유전자를 조합한 뒤 이를 자신의 세포에 집어넣는다. 그 결과 여성의 얼굴과 체형에 새, 물고기, 전갈 등의 모습을 골고루 갖춘 이상한 생명체가 태어났다.

물론 실제 합성생물학 연구자들의 목표가 이런 괴생명체를 만드는 데 있지는 않다. 다만 유전자 전체를 새롭게 '설계'하고 직접

'제조'함으로써 자연계에서는 전혀 존재하지 않았던 새로운 생명체를 만들어 낸다는 점에서 실제 합성생물학과 맥이 닿는다. 영화 제목인 '스플라이스(splice)'는 유전공학에서 '서로 다른 유전자를 이어 붙인다.'는 뜻으로 쓰이는 용어이다.

실험실에서 창조된 낯선 미생물

합성생물학 연구자들은 영화처럼 고등생명체를 합성하지는 않는다. 박테리아나 바이러스 같은 미생물 수준을 연구 대상으로 삼는다. 그리고 세계적으로 그 연구 성과는 이미 상당한 수준에 이르고 있다.

합성생물학 연구는 합성 대상에 따라 크게 두 가지 흐름으로 진행되고 있다. 가장 간단한 생명체인 단세포 박테리아를 떠올려 보자. 생명체의 공통 기능인 대사, 생식, 적응을 수행하기 위해서는 유전체와 외피가 있어야 한다. 연구의 한 가지 흐름은 박테리아의 모든 유전 정보를 담은 유전체를 실험실에서 원하는 대로 설계해 제조하는 일이다. 두 번째 흐름은 유전체가 기능을 제대로 수행할 수 있도록 박테리아의 외피를 모방해 만드는 일이다. 이 두 가지 연구가 성공적으로 결합한다면 실험실에서 완전히 새로운 단세포 박테리아를 '창조'하는 시대가 열리는 것이다.

그 창조의 서막은 2010년 5월 21일 미국의 과학전문지 《사이언스》에서 제시됐다. 미국의 크레이그 벤터 박사가 이끄는 연구팀이 이룬 성과였다. 연구팀은 미코플라스마 마이코이데스라는 박테리아의 108만여 개 염기를 합성했다.

유전체를 구성하는 DNA에는 아데닌, 구아닌, 사이토신, 티민 등의 네 개 염기가 생명체마다 고유의 순서로 배열돼 있다. 미코플라스마 마이코이데스의 염기 배열 순서는 이미 알려져 있는 상태였다. 벤터 연구팀은 이 정보를 이용해 실험실에서 염기를 하나씩 짜 맞추는 방식으로 108만여 개의 염기를 통째로 합성한 것이다.

하지만 연구팀은 유전체를 둘러싸는 외피를 만드는 데는 관심이 없다. 단지 유전체의 고유 임무인 단백질을 만들어 내는 일에 전념하고 있다. 인간에게 필요한 것은 유용한 단백질일 뿐이므로 군이 힘들게 미생물 외피를 만들지 않아도 된다. 그래서 벤터 연구팀은 미코플라스마 마이코이데스의 유전체를 합성한 후 이를 다른 박테리아의 유전체와 '바꿔치기'했다. 그 결과 놀랍게도 이 새로운 박테리아가 성장과 분열을 시작한 것이다.

벤터 연구팀은 인공유전체를 이식한 새로운 종의 학술 명칭을 '실험실에서 탄생했다.'는 의미에서 미코플라스마 라보라토리엄이라고 불렀다. 대중용 이름은 '신시아(Synthia)'이다.

상상할 수 있는
모든 혜택이 가능하다!

연구팀의 목표는 여기서 그치지 않는다. 연구팀은 미생물의 생존에 반드시 필요한 최소유전체를 합성하고, 이를 바탕으로 생명의 가장 간단한 골격으로 이뤄진 최소생명체를 만들고 싶어 한다. 이 최소생명체는 자동차나 건축 분야에서 사용하는 용어인 '섀시'라고 불리기도 한다. 자동차를 예로 들면 섀시는 엔진, 동력 전달 장치, 브레이크,

바퀴 등 자동차가 달리는 데 필요한 최소 기계 장치가 설치된 기본 구조물을 의미힌다.

벤터와 달리 유전체와 외피를 동시에 만들고 있는 연구자도 있다. 대표적인 사례가 2009년 노벨 생리의학상 수상자인 하버드대학교 의대 유전학자 잭 조스택이다. 조스택은 세포의 노화를 주관하는 염색체 말단 부위인 텔로미어(telomere)의 작동 메커니즘을 규명한 공로로 노벨상의 영예를 안았다.

조스택은 지구 생명체의 진화에서 초기 유전자는 DNA보다 RNA일 가능성이 크다고 주장하는 학자이다. 그는 간단한 지질로 이뤄진 세포막 안에 자연계의 RNA와는 형태가 다른 '유사RNA'가 담긴 생명체 모델을 제시하고 있다. 그리고 최근까지 '유사RNA'를 갖춘 원시세포가 실제 생명체처럼 대사, 생식, 적응 등의 기능을 수행할 수 있도록 연구를 진행하고 있다.

조스택은 2015년까지 환경에 적응하면서 스스로 성장하고 분열하는 합성세포를 만들 수 있다고 예견한 바 있다. 찰스 다윈이 주장한 자연선택설이 잘 적용되는 세포 수준의 생명체가 실험실에서 합성될 수 있다는 의미이다.

합성생물학 연구자들은 왜 생명을 합성하려 할까? 꽤 진지한 답변들이 제시되고 있다. 먼저 생명을 '진정으로' 이해하기 위해서이다. 합성생물학 연구자들은 자신의 분야를 소개할 때 물리학자 리처드 파인만이 언급한 "내가 만들지 못하는 것을 나는 이해할 수 없다."라는 말을 즐겨 인용한다. 즉 생명체를 진정 이해할 수 있으려면 생명체를 만들 수 있는 수준에 이르러야 한다는 의미이다.

하지만 이보다는 합성생명체의 무궁무진한 응용 가능성이 연구자들에게 큰 매력으로 다가오는 듯하다. 합성생물학은 식량 부족, 의약품 부족, 환경오염, 에너지 고갈 등 인류가 직면한 현안의 대부분에 적용이 가능하다.

예를 들어 벤터는 "합성생물학이 응용될 수 있는 한계는 오로지 우리 상상력의 한계에서 기인할 뿐"이라고 단언했다. 자신이 만들 최소생명체에 다양한 유전자를 설계해 넣으면 실현이 가능해지는 일이다.

실제로 벤터는 2004년 3월 4일《사이언스》온라인 판에서 "바닷물에 사는 미생물 유전체를 추출해 10억 5000만 염기쌍을 한꺼번에 분석하는 데 성공했다."면서 "이들을 분석한 결과 모두 120만 개의 유전자를 찾아냈다."라고 밝혔다. 놀라운 숫자였다. 120만 개의 유전자라면 이전까지 분석된 미생물 유전자의 열 배 정도에 해당한다.

새삼스러운 얘기지만 미생물은 인류의 생존에 셀 수 없이 많은 혜택을 준 주인공이다. 지난 수천 년간 미생물의 발효 능력 덕분에 다양한 음식물이 쏟아져 나올 수 있었다. 페니실린 같은 항생제의 80퍼센트가 미생물에서 만들어진다. 환경오염물질을 효과적으로 제거하고 수소 같은 차세대 에너지원을 개발하는 데에도 미생물이 긴요하게 쓰인다.

문제는 인간이 실험실에서 배양할 수 있는 숫자가 한정돼 있다는 점이다. 그동안 과학기술자들이 배양할 수 있는 미생물의 종은 실제 자연계에 존재하는 종에서 1퍼센트 정도에 불과하다. 나머지 99퍼센트 미생물 가운데 아무리 유용한 종을 발견한다 해도, 특정 유전자를 찾아내 염기서열을 해독하는 일은 불가능하다는 의미이다.

벤터는 이 99퍼센트의 미생물에 관심을 쏟았다. 그는 토양과 해양, 갯벌 등 다양한 환경에 사는 미생물의 유전체를 종류별로 분리하지 않고 아예 전체를 모아 놓자고 생각했다. 이른바 메타유전체라는 개념이다. 즉 일정 지역의 미생물들을 모두 모은 후 이들의 유전체 전체를 한꺼번에 해독하는 일이다. 그 안에 인류의 난제를 해결해 줄 다양한 유전자가 섞여 있으리라고 기대해 볼 만하다. 벤터가 《사이언스》에 보고한 10억 5000만 염기쌍은 적어도 1800종 이상의 미생물에서 추출한 것이라고 한다.

그러나 합성생물학의 연구 성과는 인류의 생존에 위협을 줄 수도 있다. 2010년 벤터 연구팀이 《사이언스》에 논문을 발표했을 때 버락 오바마 미국 대통령은 곧바로 직속 생명윤리위원회에 이 연구의 문제점과 기대되는 이익을 종합적으로 검토하라고 지시했다. 합성생물학은 그 응용 가능성 못지않게 막대한 위험 가능성을 지니고 있기 때문이다.

스페인독감 바이러스
부활하다

합성생물학의 위험은 크게 생물안전성 및 생물안보, 그리고 생명윤리 영역으로 구분된다. 이 가운데 생물안전성은 위험 물질이 비의도적으로 또는 환경 방출용으로 외부에 노출됐을 때 인간과 생태계에 미치는 영향과 관련된 이슈이다. 이에 비해 생물안보는 의도적으로 병균이나 독성물질을 훔치거나 생태계에 방출하는 경우, 즉 바이오테러와 연관이 깊은 이슈이다.

사실 생물안전성 이슈는 합성생물학이 등장하기 전부터 세계적으로 활발히 논의돼 왔다. 1990년대 중반 외래 유전자를 한두 개 삽입해 만든 유전자변형생물체(GMO)가 등장하면서 본격적으로 논의가 시작되었다. 그러나 합성생물학이 등장하자 생물안전성 문제는 새로운 국면에 들어섰다. 즉 합성생물학에서 생성되는 생명체가 기존의 GMO와는 질적으로 다른 환경위해성을 야기할 가능성이 크다는 주장이 제기되고 있다.

일례로 미국 버지니아 대학교 마이클 로드마이어는 GMO에 대한 미국의 규제 법률을 검토한 결과, 향후 합성생물학이 급속히 발전할 경우 현재의 법률로는 통제가 불가능하다고 주장했다.

로드마이어가 문제를 제기한 첫째 이유는 합성미생물에 대한 안전성 평가가 GMO에 대한 규제 법률로 실현되기 어렵기 때문이다. GMO에 대한 안전성 평가는 기본적으로 '실질적 동등성' 개념을 바탕으로 한다. 즉 유전자가 변형되지 않은 원래 생물, 그리고 삽입되는 유전자에 대한 정보가 모두 잘 알려져 있는 한에서 GMO가 원래 생물만큼 안전하다는 점이 보장돼야 한다. 문제는 합성생물학 분야에서 만들어지는 미생물은 이 조건을 충족하면서 안전성을 판단하기 곤란하다는 사실이다. 여러 종으로부터 다양한 유전자가 합성되거나 아예 새로운 종이 만들어진다면 이 합성미생물의 행동과 특성을 평가할 만한 비교 대상을 구하기 어려워지기 때문이다.

두 번째 이유는 이처럼 미생물의 정체성이 모호해진 탓에 GMO에 비해 이들이 환경에 방출됐을 때 생태계를 교란할 가능성이 예측할 수 없이 커진다는 사실이다. 기존의 유전자변형 농작물의 유전자가 박테리아나 바이러스로 이동할 수 있다는 증거가 나타남에 따라 유전자 이동이 종의 경계 없이 모든 생명체를 대상으로 일어날 가능성이 제시되었다. 로드마이어는 특히 합성생명체를 제초나 이산화탄소 제거를 목적으로 생태계에 방출하는 경우를 우려했다. 이런 합성생명체는 생태계에서 생식과 확산 활동을 활발히 할 것이기 때문이다. 생물안전성에 비해 생물안보 문제는 우리에게 좀 더 실감나게 다가온다. 대표적인 사례가 바이러스 유전체를 합성하는 연구들이다.

1918~1919년에 전 세계 2000만~5000만 명의 생명을 앗아간 스페인독감 바이러스(H1N1)가 실험실에서 합성된 적이 있다. 1997년 미국 워싱턴 DC의 미군병리학연구소 소속 제프리 타우벤버거는 1918년 사망자의 조직에서 바이러스 RNA 염기서열을 복원했고, 2005년 H1N1을 부활시키는 데 성공했다고 밝혔다. 상세한 염기서열은 영국의《네이처》에, 그리고 바이러스를 다시 살려 내는 과정은 미국의《사이언스》에 보고했다. 또 다른 사례로 2002년 미국 뉴욕주립대학교 스토니브룩캠퍼스 에커드 위머의 연구 성과를 들 수 있다. 위머는 소아마비 바이러스를 시험관에서 합성해 생쥐에 주입했을 때, 보통의 소아마비 바이러스와 거의 유사한 작용을 한다는 사실을《사이언스》에 보고했다.

이들 연구팀의 바이러스 합성 목적은 물론 바이러스의 발병 메커니즘을 밝히고 효과적인 치료책을 찾기 위해서였다. 하지만 문제는 연구팀들이 실험과정에서 합성용 DNA를 우편으로 간단히 주문했다는 사실이다. 당시 학계는 테러리스트가 생물무기를 만들 수 있는 상황을 연출했다며 연구팀들을 비판했다.

과학기술계의 바이러스 합성 소식에 본격적으로 위험성을 경고하고 나선 곳은 캐나다에 본부를 둔 비정부기구 'ETC그룹'이다.

이 그룹은 합성생물학의 등장으로 성능이 향상된 생물무기가 출현할 가능성이 높아졌으며, 생물무기금지협약(BWC)과는 다른 차원의 새로운 국제적 대응책이 마련돼야 한다고 주장했다. ETC 그룹은 합성생물학이 결국 값싸고 광범위하게 치명적인 생물무기를 만드는 도구가 될 것이며, 이는 단순히 '바이오테러'가 아닌 '바이오에러'라고 주장했다.

합성생물학 연구자 그룹도 위험성을 인식하고 있다. 그러나 현재의 제도로 위험이 충분히 통제될 수 있다는 입장이다. 예를 들어 생물안보의 위험성에 대한 대비책으로 가장 낮은 위험등급(Biosafety Level1)의 유기체를 사용하고, 책임감을 지니도록 전문가를 교육하고 훈련하는 일 등을 대책으로 제시하고 있다. 그러나 5년 후에는 소수의 고병원성 바이러스가 합성될 것이고, 10년 후에는 거의 모든 종류의 바이러스와 병원성 박테리아가 합성될 것이라는 예견이 합성생물학 연구자 그룹 내부에서조차 제시되고 있는 실정이다.

한편 생물안전성과 생물안보에 비해 합성생물학은 좀 더 근본적이고 혼란스러운 문제를 야기하고 있다. 도대체 생명이란 무엇인가를 둘러싼 논란, 즉 생명윤리 쟁점이다.

서유럽의 인문학자들은 이미 합성생물학을 '창조주 노릇하기(playing God)'에 비유하며 경계하고 있다. 실험실에서 유전체를 합성하고 여기에 세포막을 씌워서 새로운 박테리아를 만든다면, 이 박테리아는 진정한 생명체인가? 영화 「스플라이스」처럼 합성생물학으로 고등동물마저 새롭게 만드는 시대가 열리지 않는다고 누가 보장할 수 있을까? 미생물이든 고등동물이든 인간이 손쉽게 생명체를 만들고 있는 시대에 과연 생명의 존엄성이란 무엇일까?

합성생물학이 야기하는 이 같은 논란 속에서도 합성생물학 연구는 현재 세계에서 급속도로 진행되고 있다. 미국 우드로윌슨센터는 2012년 세계 합성생물학 관련 연구소, 회사, 정부기관, 정책 센터 등을 조사해 구글맵에 표시했다. 지도에 따르면 합성생물학 관련 기관은 미국에만 227개에 달했고 유럽에는 여든 개가 확인됐다.

우드로윌슨센터에 따르면 합성생물학의 성장 패턴은 나노기술의 그것과 유사하다고 한다. 그들은 2000년대 초반 나노기술이 미국을 중심으로 천명된 이후 불과 수년 사이에 전 세계로 성장해 나간 것처럼 합성생물학 역시 빠른 속도로 확산되리라고 예견한다.

현대 사회에서 과학기술은 한번 추동력이 형성되면 좀처럼 그 궤적이 변경되기 어렵다. 과학기술 영역이 전문화되고 세분화되면서 같은 영역의 과학기술자 집단 내에서도 서로의 연구 성과를 파악하기 어렵다. 과학기술자는 물론 개발된 과학기술의 최종 수용자인 일반 시민이 합성생물학의 출현, 그 이익과 위험을 종합적으로 바라보고 성찰하는 일이 필요하다.

2부

우리 삶은
몸과 마음
사이에 있다

데카르트의 코기토 패러디 버전들, 이를테면 "나는 내가 생각하지 않는 곳에서 존재하고, 존재하지 않는 곳에서 생각한다."(라깡), 혹은 "나는 쇼핑한다, 고로 나는 존재한다."(성기완), 혹은 "나는 클릭한다, 고로 나는 존재한다."(이원) 등등. 2부에서는 우리의 몸과 마음 사이에서 어떤 일들이 일어나는지 살펴보려고 한다. 키워드는 클라우딩, 빅데이터, 포스트리터러시, 해킹, 중독, 사이보그 등이다. 이 키워드들을 건너가면서 우리의 몸과 마음이 어떻게 어디로 움직이고 연결되고 확장되는지 따라가다 보면, 문득 우리의 삶의 창문에 어른거리는 '포스트휴먼'의 빛과 그림자를 발견하게 될 것이다. 창문을 열면, 이미 그곳에서 우리가 살아가고 있다.

빅데이터, 지식의 덩어리인가
첨단의 분석 도구인가

주일우
문학과지성사 주간

공공장소나 텔레스크린의 감시가 미치는 공간에 있을 때 공상에 잠기는 것은 정말로 위험한 일이었다. 아주 하찮은 일로도 정체가 드러날 수 있으니까. 얼굴 경련, 무의식적으로 나타내는 근심 어린 표정, 혼자 중얼거리는 습성. 이런 것들은 모두 비정상, 즉 무언가를 감추려고 하는 암시로 간주되었다. 어떤 경우에라도 얼굴에 부적절한 표정을 지으면 그 자체가 범법 행위가 돼 처벌을 받았다. 이런 행동을 신어로 정의하자면 소위 '표정죄'라는 것이었다.

— 조지 오웰, 『1984년』(열린책들, 2007)

영원히 늙지 않는 빅브라더의 얼굴이 모든 건물에 매달려 펄럭인다. 쌍방향 송수신이 가능한 '텔레스크린'의 감시의 눈길을 벗어날 곳은 어디에도 없다. 마이크로폰이 촘촘히 심어져 있고 사상경찰이 득실댄다. 어지럽게 나는 헬리콥터는 거기서 벗어난 어떤 것도 허용하지 않는다. 과연 조지 오웰의 예언이 실현될지, 1983년 12월 31일을 벗어나 1984년이 되는 시점에 눈을 뜨고 기다렸다. 그런 세상은 오지 않았다. 그런 세상은 아직 오지 않았다.

빅데이터란 무엇인가?
규모, 다양성, 그리고 속도

끔찍한 세상이 오지 않을 것이라 생각했던 이유는, 세상에는 너무 많은 사람들이 살고 있고 충분히 넓어서 그들의 일거수일투족을 모두 기록하거나 감시하는 일이 원칙적으로 불가능하다고 생각했기 때문이다. 충분히 많은 숫자의 사람들이 말할 수 없이 복잡하게 얽혀 있는 복잡계를 인간의 능력으로 읽고 감시할 수 없다고 믿었다. 손에 꼽히는 천재들이 물체가 셋만 되어도 그들 사이의 관계를 수식으로 풀어내기 어려워했다는 사실은 그런 믿음을 더 부추겼다. 그런데 20여 년이 더 지난 지금, 지구의 60억 인구가 생산하는 수많은 정보의 양이 이제는 처리할 수 없을 만큼 충분히 큰 것이 아닐 수도 있다는 것을 깨닫고 있다. 빅데이터는 이전에 전혀 상상도 할 수 없었던 크기의 자료들을 다룬다.

　세워 둔 자동차 뒤, 어두운 구석을 찾아 은밀한 키스를 하는 연인들을 자동차 블랙박스가 기록한다. 가난한 연인들에게 은밀한 공간은 더 이상 없다. 스마트폰에 장착된 GPS는 내 하루의 궤적을 기록하고, 신용카드는 내가 몰래 사먹은 초콜릿까지 기억한다. 범인 잡겠다고 달아 놓은 CCTV는 애꿎은 내 얼굴을 담고 있고 SNS에 올린 낙서를 본 친구가 핀란드에서 전화를 걸어온다. 내가 주고받은 문자가 스마트폰만이 아니라 내 컴퓨터에도 함께 기록되어 있으니 비밀을 지키려면 비밀번호를 철저히 걸어 두어야 한다. 그래도 이미 기록된 것은 어디론가 복사되고 전송될 가능성이 아주 높다.

구글의 CEO였던 에릭 슈미트는 문명이 시작되면서부터 2003년까지 인류가 쌓아 올린 데이터가 5엑사바이트 수준이라고 이야기했다. 1엑사바이트는 100경바이트이고 그 숫자는 대략 한반도에 존재하는 백사장 모래 알갱이 모두의 숫자 정도 된다. 그런데 요즈음 그 정도의 데이터는 하루가 지나기 전에 쌓인다. 데이터는 무한질주하고 있다. 미국 국회도서관에 있는 1억 권의 책을 데이터로 계산하면 대략 15테라바이트(1테라바이트는 1조 바이트)에 불과하고 일반적인 1테라바이트짜리 하드디스크의 시중 가격이 10만 원 정도이니 150만 원만 있으면 미국 국회도서관을 집에 들여다 놓을 수 있다. 우리가 생각하는 데이터의 양이 얼마나 빠른 속도로 늘어나고 있는지 가늠할 수 있으리라.

물론, 단순히 데이터의 크기가 크다고 빅데이터라고 부르지 않는다. IBM의 총괄사장 스티브 밀스는 규모(volume), 다양성(variety), 속도(velocity)의 측면에서 빅데이터를 정의했다. 다량의, 다양한 정보가 실시간에 가까운 속도로 흐를 때, 빅데이터라고 부른다. 빅데이터의 크기에 대해서 엄밀한 정의는 없지만 대략 테라바이트에서 페타바이트(1000조 바이트) 규모의 데이터 집합을 의미한다. 이제 이 정도 크기는 흔히 볼 수 있다. 아마존 웹서비스를 통해 공개되기 시작한 인간의 유전체 정보의 양은 200테라바이트, 작년 월마트의 거래 데이터가 2500테라바이트이다. 미국 기업의 3분의 1 이상이 10테라바이드 이상의 자료를 내부에 쌓아 놓고 있다. 요즘 데이터는 크기만 큰 것이 아니라 다양한 자료들이 복잡하게 얽혀 있다. 효과적으로 처리하는 데 갖가지 어려움이 있다는 이야기이다. '아' 다르고 '어' 다르니 대화체로 이루어지는 트위터의 멘션들에서 추세를 읽어내는 것은 그리 만만한 작업이 아니다. 설상가상으로 정보의 생성-유통-소비의 전 주기가 눈 깜짝할 사이에 이루어지고 있다. 빅데이터 시대 이전에는 데이터를 수집, 처리하여 사람들에게 전달하기까지 시간 간격이 컸는데 지금의 대중은 SNS 등을 통하여 실시간으로 정보를 접한다.

빅데이터 성공의 그늘에 도사리고 있는 빅브라더

갓 시작한 벤처 기업에서 IBM에 이르기까지 다양한 관련 기업에서 고액의 연봉을 받던 십여 명의 과학자와 데이터 분석 전문가들이 오바마의 캠프에 합류했고, 이들은 2008년의 성공 사례에서 몇 단계 더 진보된 '부동층 공략 방안'을 제시하고 있다. 이들이 오바마 대선 캠프의 비밀 무기이다.

—줄리아나 골드먼 기자, "소프트웨어 엔지니어가 쓰는 오바마의 재선 전략"(블룸버그, 2011년 12월 14일)

빅데이터의 부상에 가장 민감하게 반응한 사람들은 대중의 마음을 얻어야 하는 정치인과 사업가들이다. 빅데이터 분석은 전체

**「섹스 앤 더 시티」의 주인공
사라 제시카 파커**

빅데이터의 부상에 가장 민감하게 반응한 사람들은 대중의
마음을 얻어야 하는 정치인과 사업가들이다. 오바마 캠프는 뉴욕
지역의 40~49세 여성들이 함께 저녁식사를 하기 위해 돈을 낼
가능성이 가장 높은 사람을 빅데이터 분석을 통해 찾아냈다. 「섹스
앤 더 시티」의 주인공 사라 제시카 파커였다. 파커는 자기 집에서
오바마 대통령의 모금 행사를 개최했고, 그 결과는 대성공이었다.
빅데이터에서 사람들의 마음을 얻을 수 있는 핵심을 짚어낸 것이다.
이제 정치인들은 유권자와 지역 이슈 등 모든 것을 데이터로
수집하고 분류해 수학적인 계산을 거쳐 공략한다.

(volume)를, 실시간(velocity)으로, 진짜(variety)를 보여 준다. 자연어 처리 기술을 비탕으로 실시간으로 쏟아져 들어오는 엄청난 크기의 자료들을 분석한다. 전문가의 '감'이나 표본조사를 통한 통계 분석보다 훨씬 '실제'에 가까운 예측을 하고 대책을 세울 수 있다. 재선에 성공한 미국의 버락 오바마 대통령 선거 진영은 빅데이터를 정치에 적극적으로 활용했다. 오바마 캠프는 뉴욕 지역의 40~49세 여성들이 함께 저녁식사를 하기 위해 돈을 낼 가능성이 가장 높은 사람을 빅데이터 분석을 통해 찾아냈다. 「섹스 앤 더 시티」의 주인공 사라 제시카 파커였다. 파커는 자기 집에서 오바마 대통령의 모금 행사를 개최했고, 그 결과는 대성공이었다. 빅데이터에서 사람들의 마음을 얻을 수 있는 핵심을 짚어낸 것이다. 이제 정치인들은 유권자와 지역 이슈 등 모든 것을 데이터로 수집하고 분류해 수학적인 계산을 거쳐 공략한다.

올해 IBM과 옥스퍼드 대학교는 95개국 스물여섯 개 산업의 경영자, IT 전문가 1144명을 대상으로 조사를 해서 「빅데이터 이용과 현실」이라는 보고서를 만들었다. 거래(88퍼센트), 로그 데이터(73퍼센트), 이메일(57퍼센트)을 빅데이터로 활용하고 있었다. 전 세계 열 개기업 가운데 일곱 개 이상이 이미 빅데이터 분석을 기업 경영에 적극활용하고 있다. 빅데이터가 위험, 비용, 시간을 절감해서 생산성을 향상시키고 새로운 패턴, 이상 징후, 혹은 부정행위까지 발견해서 문제를 해결할 수 있도록 돕는다. 그뿐만 아니라 더 적합한 전략을 찾고 적절한 고객의 계층을 찾아 의사결정을 개선할 수 있고 새로운 가치를 창출하는 단계로까지 발전할 수 있다. 전 세계의 기업인들이 열광할 수밖에 없다.

빅데이터 분석과 활용을 통한 성공 사례는 이제 셀 수 없이 많다. 그럼에도 불구하고 그 그늘도 만만치 않다. 일거수일투족이 데이터 수집 대상이 되는 대중에게 빅데이터는 무슨 의미가 있을까? 빅데이터 분석을 통해 좀 더 효율적인 정책과 경영이 이루어지면 이들에게 어떤 이익이 생길까? 수집되는 데이터가 수치화되고 그를 통해서 비인격화되지만, 가역 과정을 통해 재구성될 가능성이 열려 있다는 것은 저 너머 존재하는 빅브라더의 시선이 견고해진다는 것을 의미하는 것은 아닌지. 단순히 수집하는 것을 넘어서 분석하고 활용하는 빅데이터 기술의 발달이 사생활과 인권 침해로 이어질 소지가 높다. 모든 행적이 기록되고 영원히 지워지지 않는 상황에 대한 두려움과 불안이 커질 수밖에 없다.

정보의 풍요로움 속에 깃든 사고의 빈곤

푸네스는 포도나무에 달려 있는 모든 잎사귀들과 가지들과 포도 알들의 수를 지각한다. 그는 1882년 4월 30일 새벽 남쪽 하늘에 떠 있던 구름들의 형태를 기억하고 있었다. 그는 기억 속에서 그 구름들과, 단 한 차례 본 스페인 식 장정의 어떤 책에 있던 줄무늬들, 그리고 께브라초 무장 항쟁이 일어나기 전날 밤 네그로 강에서 노가 일으킨 물결들의 모양을 비교할 수 있었다.

— 호르헤 루이스 보르헤스,
「기억의 천재 푸네스」, 『픽션들』(민음사, 1994)

보르헤스는 푸네스가 진짜로 사고를 할 수 있을지 의심한다. 그

2부   우리 삶은 몸과 마음
사이에 있다

가 생각하기에 사고를 한다는 것은 차이점을 찾는 것이고, 또한 일반화를 시키고 개념화를 시키는 것이다. 푸네스가 가진 정보의 풍요로움이 즉각적으로 인지되는 세부적인 것들로 들어차 있을 뿐이라는 것이다. 빅데이터가 그동안 볼 수 없었던 것을 보게 해 주고 그것을 통해서 새로운 처방이 가능하게 해 준 것도 사실이다.

매일 1000만 달러어치의 원유를 생산해 내는 원유 시추선은 수많은 부품으로 이루어진 복잡한 기계이다. 이 부품들이 작동을 하면서 동시에 방대한 데이터를 만들어 낸다. 예전에는 이 데이터들에 장애가 일어날 때만 의미가 있었지만, 요즘은 장애가 일어나기 전에 데이터 변화의 추이 속에서 예방 조치를 취할 수 있다. 미국 질병관리국(CDC)의 역학예방팀은 3000여 개의 진료소, 3000여 명의 외래진료 환자 진단의, 122개 도시의 인구통계사무소, 각 주 보건국 관계자들로부터 모은 자료로 독감 유행 여부를 판단한다. 그런데 구글의 트렌드 분석 서비스인 구글트렌드로 '독감'을 검색한 빈도와 질병관리국의 통계는 거의 차이가 없다. 커다란 비용을 들일 필요가 없어지는 것이다.

하지만, 상황이 조금만 더 복잡해지면 단순한 수치의 추이만 가지고 판단이 어려운 경우는 얼마든지 생긴다. 전통적으로 생물들을 분류할 때 무엇을 기준으로 삼을 것인지는 전문가의 판단을 따랐다. 그 기준을 생식기로 잡든 껍질의 색깔로 잡든 오랜 경험에서 나온 전문가의 견해에 따라 분류를 하는 경우가 많았다. 하지만 다양한 형질들에서 나온 데이터를 컴퓨터에 기록하여 처리하면서 다양한 기준들이 제시되었다. 모든 기준을 한꺼번에 적용할 수는 없는 법. 모든 기준이 같은 가치를 지니지도 않는다. 여기서 다시 오랜 훈련과 경험에서 우러나오는 통찰이 필요해진다. 숫자가 가중치를 결정하지는 않는다. 데이터의 풍성함 속에서 생명들의 연원과 갈라짐에 대해 더 많이 생각하고 따져야 할 필요성은 더욱 증대됐다.

윈스턴 스미스와
이레네오 푸네스의 운명

인터넷은 지적인 부자들을 도와요. 나만 해도 정보의 검색이나 여러 차원에서 도움을 많이 받았지. 하지만 정보의 진위나 가치를 분별할 자산을 갖지 못한 지적인 빈자들에게는 오히려 해로운 영향을 미쳐요. 이럴 때 인터넷은 위험이야. 특히 블로그에 글 쓰는 거나 e북으로 개인이 책을 내는 자가 출판(셀프퍼블리싱)은 더욱 문제요. 종이책과 달리 여과 장치가 없어요. 우리가 문화라고 부르는 것은 선별과 여과의 긴 과정이지. 특히 쓰레기 정보를 판단할 능력이 부족한 지적 빈자들에게는 이 폐해가 더 크다는 점이 인터넷의 역설이요.

— 움베르토 에코, 「종이책이 사라진다고? 인터넷도 사라진다」,

《조선일보》(2012. 7. 6.)

빅데이터가 각광받는 것을 지켜보면서 머릿속에 떠오른 사람은 자연선택에 의한 진화론을 제안했던 찰스 다윈이다. 지구 위의 생명체들은 셀 수 없이 다양하고, 그 다양한 것들 사이에 어떤 연관성이 있는지를 다윈은 자연선택이라는 과정을 통해 설명했다. 이러한 다윈의 통찰은, 자연이 만들어 내는 빅데이터를 여러 기법을 통해 분석하는 것만으로도 얻어낼 수 있는 것이었을까?

다시 말해 빅데이터를 분석한 결과들을 제대로 읽기 위해서는 경험과 훈련에 기빈힌 전통적인 사고 방식이 아닌 새루유 붆석 기법만으로 충분한가? 빅데이터는 실용적인 쓰임새를 넘어서 근본적인 새로움을 가지고 있는가? 빅데이터는 푸네스의 머릿속에 차곡차곡 쌓이기만 하던 엉클어진 지식의 조각들에 질서를 부여하여 새로운 통찰을 얻어낼 능력이 있는가? 이런 것들이 빅데이터에 대해 던질 수 있는 학문적으로 의미 있는 질문들이다.

움베르토 에코는 문화의 가장 중요한 기능이 모든 사람들이 공유할 수 있는 지식을 강제하는 것이라고 했다. 범람하는 데이터들이 인류가 이루어 온 보편적인 지식을 흠집 내고 파편화해서 60억 개의 개인적이고 개별적인 백과사전들의 탄생을 촉진한다는 불만을 여러 차례 이야기했다. 빅데이터와 그것을 다루는 기술들이 보편적 지식들을 흠집 내는 것을 넘어 새로운 질서를 만들어 낼 수 있다면 그것이 인터넷에 의해 촉발되어 스마트폰으로 거대해진 빅데이터가 에코에게 주는 대답이 될 것이다.

『1984』에서 빅브라더가 윈스턴 스미스를 감시한 기록들은 빅데이터로 쌓인다. 이렇게 윈스턴 스미스가 만들어 내는 수많은 데이터들을 기억하는 이레네오 푸네스의 머릿속에, 새롭고 보편적인 질서를 어떻게 부여할 수 있을까? 그리고 그 질서가 눈앞의 실용성을 넘어 어떤 의미를 가질 수 있을지를 밝혀내는 것이 빅데이터 과학이 헤쳐 나가야 할 도전이다.

클라우드, 인간 사유의
새로운 순환 계통

김국현
IT 평론가

때로는 어려운 개념을 쉽게 만들어 보겠다며 붙인 쉬운 단어가 그 개념의 모호함을 한층 더 심화시키는 경우가 있다. 클라우드가 그러하다. 여기저기서 많이 눈에 띄는 단어가 되고, 심지어 계정 설정 등 스마트폰을 사자마자 수행해야 하는 필수적 환경 설정 작업 들이 클라우드와 밀접하게 관련 있지만, 여전히 그게 뭔지 좀처럼 와 닿지는 않는다.

다만 클라우드는 물리적으로나 기술적으로나 꽤나 공상과학적인 상상력을 자극한다. 내 손끝에서 일으킨 정보의 변화가 빛의 속도로 저 하늘 어딘가 보이지 않는 저 너머로 빨려 올라간다는 느낌이니 말이다.

이 '구름'이라는 일반명사가 뜬금없이 도처에 등장하게 된 계기는 물론 예측 가능했다. IT업계에서는 인터넷을 포함해 구체적으로 도시하기 귀찮은 모든 네트워크를 구름처럼 뭉게뭉게 그리기 시작한 지가 이미 꽤 되었으니 말이다.

상세를 알 필요는 없지만 여기서부터 저기까지 분명히 이어져 있음을, 그리고 소통이 가능함을, 그리고 이를 가능하게 하는 실체가 존재함을 나타내는 그림으로 뭉게구름처럼 간편한 것은 없었던 것이다. 데이터베이스는 모두 깡통으로 그렸던 것처럼 이 단어는 그 자체로 아이콘이 되었다.

그리고 어느새 인간은 정말 그렇게, 뭔지는 알 수 없으나 인간 자신과 분명히 이어진 채로 늘 소통하고 있는, 그러나 여전히 모호하지만 분명히 실재하는 기술을 구체적으로 만들어 내기 시작했다. 그리고 이들이 상품화되는 순간 이들을 '클라우드'라 부르게 된 것은 따라서 어쩌면 당연한 일이었다.

두뇌 영역에서 이루어지는
신체의 확장

처음에 '클라우드'란 구글이나 마이크로소프트, 페이스북처럼 고도화된 기술 인력을 대거 확보하고 있는 집단이 일반적이고 평범한 서버들을 모으고 모아 마법처럼 유연하게 확장하도록 만들어 버린, 그러니까 자그마한 물방울들이 모이고 모여 구름을 만드는 것과도 같은 기술적 현상을 의미했다. '클라우드컴퓨팅'이란 그런 뜻이었다. 구름처럼 유연하고 새털구름처럼 얇고 넓게, 또 때로는 먹구름처럼 두텁고 무겁게 변화난측의 모양새를 바꿔 가는 서버 집단이 구름처럼 정처 없이 어딘가에 형성되어 갔던 것이다. 이를 표현하기 위한 말로 '클라우드'가 떠오른 것은 어찌 보면 당연했다.

지금까지 서버란 눈앞에 놓여 있기에 손으로 만질 수 있었던, 눈에 보이기에 어딘가 아쉬웠고 더 좋은 서비스를 위해 업그레이드를 하고 싶어지는, 그래서 때때로 물욕을 북돋기도 하던 세속적인 사물이었다. 그러나 클라우드의 시대에는 하늘에 떠다니며 흩날리는 얼음 알갱이처럼, 그러나 당장이라도 우리 머리 위로 언제든 쏟아 내릴 듯한 자연물의 이름이 붙어 버렸다. 사실 클라우드에 익숙해진 우리는 우리의 데이터가 어디에 있는지 알고 싶어 하지도 않고 또 알기도 쉽지 않다. 구름은 만들어져 흘러갈 뿐 그 물리적 작용에는 별 관심이 없어진 것과 마찬가지로.

저 멀고도 먼 저편, 마치 구름 위와도 같이 두루뭉술 실체도 소재(所在)도 모를 그곳에 나의 자료와 그 처리를 맡길 수 있게 되었다니, 우리는 자신도 모르게 기술에 대해 참으로 깊은 신심(信心)을 갖게 되었다. 그런데 과연 클라우드는 나의 모든 정보를 담아 두어도 좋을 만한 곳일까? 행여 이러한 의심을 갖는 순간조차도 과도기 한때의 호사일 수 있다.

우리가 신체 일부의 기능에 대해 의식하지 않듯 그렇게 일체가 되어 움직이는 확장된 신체를, 우리는 클라우드에게서 기대하기 시작했다. 어느새 우리의 정보는 클라우드로 수시로 순환되어 흘러간다. 마치 불수의근(不隨意筋)의 움직임처럼 비트를 뿜어내는 구름 위의 심장들은 우리를 둘러싼 정보를 빨아들이고 뱉어낸다. 실제로 지금 이 순간 우리의 스마트폰에서 일어나고 있는 동기화(sync)와 푸시(push)라는 기능의 작용이다.

우리의 신체는 사실 우리 밖의 다른 어떤 사물보다 더 중요함에도 불구하고 우리는 이를 인기하기 않는다. 상처가 나 봐야 비로소 그 고통이 신경 회로를 타고 올 뿐이다. 대신 우리의 대뇌는 늘 내 밖을 향해 왔다. 우리 신체의 모든 움직임에 신경을 끄는 대신 우리는 생존을 위해 더 중요하다고 생각되는 일에 귀한 영양의 대부분을 소모하는 그런 생체가 되었다. 즉 대상에 대해 관심을 가질 수 있고 또 이를 사랑하기까지 하는 행동이란 지극히 동물적인 것이었다. 그리고 지금까지 정보란 그러한 대상의 하나였다. 동굴 벽에 기록했고 메모를 했으며 책을 만들어 냈다. 정보란 일종의 인류 생존의 방식이었던 것이고, 문명은 그 결과였다.

따라서 클라우드는 인간에게 있어 도구라는 애증의 대상이 신체화하는 여러 증상 중의 하나다. 생각해 보면 신체화란 꼭 기계를 신체에 삽입하는 것처럼 공상과학적인 의학 실험의 문제만은 아니다. 모든 도구란 손에 익어 자연스러워진 나머지 신체의 일부로 여겨지는 경지에 이르는 일이 있다. 생활의 달인까지는 아니더라도 굶주린 상태에서의 젓가락처럼 신체와의 구분을 느끼지 못하고 도구를 다루는 일은 누구나 할 수 있는 일이고, 그것이 인간을 인간이게 하는 특징 중의 하나였다.

컴퓨터가 등장한 이래, 특히나 스마트폰의 도래 이후, 이러한 도구를 향한 신체의 확장은 두뇌의 영역으로 넘어갔다. '손에 익은' 도구보다 '머리에 익은' 도구의 중요성이 부각되는 시대, 그중에서도 정보에 대한 기억이라는, 지금까지는 이렇게든 외부로 빼내어 안전하게 보관하고 대상화하려던 행위마저, 도구의 존재를 느끼지 않고 이루어질 수 있음을 익힌 것이다.

사실 정보 도구의 신체화는 자아를 가진 컴퓨터에 대한 상상이라든가 전자(電子)가 되어 가는 의식, 즉 전뇌(電腦)처럼 끊임없이 그 묘사 방식은 바뀌었지만 공상과학의 마르지 않는 단골 소재였다. 그러나 그 주체는 일부 폭주하는 악인이라든가 초인이 되려는 슈퍼컴퓨터와 같이 대개는 타자(他者)였다. 그 대신 우리 모두, 더 구체적으로는 스마트폰 3000만을 돌파한 시대의 주역인 우리 자신이 모두 정보 도구의 신체화를 이루기 시작했다는 스마트 시대에, 클라우드의 반전은 공상과학보다도 더 극단적이다. 모두가 밝게 빛나는 화면을 지닌 작은 서판을 지니고 다니고 여기에서 눈을 뗄 줄 모르게 된 시대. 우리가 생각하는, 그리고 우리가 보는 모든 것이 실체를 알 수 없는, 그러나 분명히 저 너머에 존재하는 클라우드라 불리는 거대한 전자 공간에 빨려 들어가는 세상이 찾아온다는 이 황당했어야 할 이야기는 이미 우리에게 현실인 것이다.

정보의 축적,
외부 세계의 내부화

이 현실이 찾아온 계기를 알아보고 싶다면, 고도화된 기술 인력의 집중 현상, 그러니까 최고의 엔지니어 집단이 한곳에 모여 지구상의 모든 정보를 처리해 내겠다고 설치게 된 이래, 특히나 구글이나 아마존과 같이 자신이 쓰고도 남아돌 정도로 효율적인 클라우드를 만들어 낼 수 있었던 곳에서 이를 대중에게 마구 분양하기 시작한 시점, 그것도 구글의 G메일이나 드라이브 등 대표적 서비스들처럼 무료로 분양하기 시작한 현상을 되돌아볼 필요가 있다. 특히나 본업의 수익 모델 자체가 더 많은 정보를 흡수해 두면 둘수록 흥하게 되는 모든 인터넷 기업들, 페이스북도 네이버도 모두 다 정부에 대해 게걸스럽게 달려들게 되면서 최전선이 열리게 된다.

우리의 관심사인 정보를 저장하고 처리할 공간으로서의 서버란 원래 귀중한 자원이었다. 불과 십수 년 전만 해도 '타임셰어링(time sharing)'이라 하여 마치 인구 팽창기에 국민학교의 오전/오후반처럼 서버에 접속하는 시간을 나누어야 했을 지경이었다. 서버란 굉장히 비싸고도 귀한 물건이었고, 이 서버를 네트워크에 연결하는 것 또한 소중한 행위였다. 이들을 보관, 관리, 운용하는 것 역시 돈이 드는 일이어서 상면(床面)을 팔아 비즈니스를 운영하는 IDC(internet data center)업이 흥했다. 이렇게 정보를 '서빙(serve)' 하는 일의 원가(原價)를 의식하던 시절에는 정보란 차라리 내가 관리하는 편이 합리적일 수밖에 없었다.

정보 처리란 이와 같이 소유를 전제로 했던 것이다. 게다가 이 전제는 아무나 가질 수도 없는 거대한 고가의 장치를 소유하는 일이었다. 그런데 이 거대한 장치를 정부나 기업이 아닌 개인도 가질 수 있음을 깨닫게 될 때, 한 번 큰 차례의 변화가 찾아왔다. 바야흐로 PC(퍼스널컴퓨터), 즉 개인적인 컴퓨터의 시대였다. 개인이야말로 가장 중요한 정보 처리의 단위이자 말단이라는 깨달음은 '생산 도구의 민주화'라는 역사적 사건이 일어난 이때로 거슬러 올라간다.

그러나 이 개인적 컴퓨팅 역시 기억을 끄집어내어 대상으로 만들어 저장하고 보관하는 일이었다. 내 PC의 하드 용량이 늘 중요했고, 그것이 그 시절의 스펙이었다. 내가 만들어 내던 정보는 그곳에서 가시적으로 정리가 되어 갔다. 자료 구조를 눈에 보이는 형식으로, 예를 들면 트리 구조로, 그리고 아무래도 용량 또한 의식해야 했기에 정리가 필요했고, 따라서 폴더라는 개념이 등장했다. 실제로 폴더라는 것을 일상에서 쓰지 않는 사람들도 장르별로, 시간별로 폴더를 만들어 꼼꼼하게 자료 구조를 정리하도록 강요받았다. 당시의 정보 처리란 모두가 일종의 사서(司書)가 되기를 기대했던 시절이었다.

인간에게 의식이란 결국 축적된 정보, 그러니까 지식에 의해 주어진다. 외부 세계에 대해 어떻게 대응하고 상호작용을 하는지, 이 방식을 축적해 가는 과정을 의식이라 볼 때, 결국 인간을 인간으로 만드는 것은 이 외부 세계의 내부화에 있었다. 외부 세계로부터 영향을 받아 '느낀' 후, 이를 다시 외부를 향해 영향을 주는 과정이 '뜻'이었다. 이 행동 양식을 통한 정보의 순환 과정은 구전을 넘어 문자화되면서 드디어 문명을 만든다. 그리고 급기야 환경을 지배하는 주체로서 만물의 영장인 인간이 완성되는 것이었고, 외부 세계와 내부 세계의 차이를 줄이고 더 나아가 해소하는 일이야말로 가장 인간적인 일이었다. 예를 들면 사유나 사색과도 같이 외부에 대한 번뇌를 내부에서 해소하고 이를 다시 외부를 통해 발현하는 정보의 흐름에 인간다움이 있었다.

이 정보 흐름이 비트가 되고 전자 신호가 되어 확대되고, 그 나름의 에너지 변화와 패턴 변화를 위화감 없이 대규모로 수행하는 일, 클라우드의 본질은 어쩌면 여기에 있다. 어떻게 이런 일이 가능해졌을까? 그 순간은 외부 세계처럼 거대하던 정보 체계가 마치 의족, 의수와도 같이 친밀하게 결합 가능한 가벼움을 획득한 사건, 달리 말해 '스마트 풍조'의 시작과 무관하지 않다.

2부   우리 삶은 몸과 마음
        사이에 있다

신체화된 조직,
자연스러운 수동성

무어의 법칙이었던가? 마이크로칩의 처리 용량이 18개월마다 두 배로 늘어난다는 예측. 하드웨어의 선형적 발전을 지탱하던 절대적 낙관은 우리를 전례 없는 풍요의 시대로 안내해 주었다. 엄청나게 빨라진 CPU는 휴대폰 안에 들어갈 정도로 연비가 좋아졌다. 그리고 여명기의 디지털카메라보다 훨씬 훌륭한 렌즈와 촬상소자(撮像素子)가 휴대폰 한쪽 귀퉁이를 차지하고 있다. 그리고 어느새 경쟁하듯 팽창하던 하드디스크의 용량 따위는 이제 모두의 관심 밖이 되었다.

왜냐하면 이미 개인 소지용 저장 장치의 용량은 인간의 존재가 필요로 하는, 더 정확히는 인간의 기억이 필요로 하는 용량을 진작에 뛰어넘었기 때문이다. 우리가 평생에 걸쳐 스스로 생성해 낼 수 있는 문자 정보란 1GB도 되지 않을 것이다. 또한 우리가 기억할 수 있는 순간순간의 장면들은 그리 고해상도도 아니고 풀HD 동영상도 아니다. 인간 한 명 한 명, 그 존재의 궤적이란 의외로 압축하면 용량을 얼마 차지하지 않는 것이었다.

이 사실을 깨닫게 된 것은 클라우드의 관리자들이었다. 사람들의 일거수일투족, 모든 생각의 흐름, 모든 추억의 흔적을 충분히 다 가져가 버릴 수 있음을 깨닫게 된 것이다. 세상의 모든 정보를 모을 수 있다고 생각한 이들은 점점 더 커져만 갔다. 구글도 애플도 마이크로소프트도 아마존도 페이스북도 점점 더 두꺼운 호스로 우리의 정보를 빨아들였다. 정보가 늘어나는 속도는 인간이 소화할 수 없는 가속도였지만, 기계의 발전은 이를 삼켜 버릴 만큼 빨랐다. 오히려 삼키고도 남았다. 그 잉여를 어떻게 할 것인가를 궁리하게 되었고, 무료 이메일을 제공하자거나 무료 사진 저장을 제공하자는 등의 너그러운 선심으로 이어지게 된 것이다. 이 잉여의 힘에 클라우드 형성의 비결이 있다고 해도 과언이 아니다.

지금도 G메일(gmail.com)의 무료 제공 용량은 계속 늘어나고 있고, 경쟁사인 마이크로소프트의 메일(outlook.com, 구 hotmail.com)은 아예 무제한이다. 구글플러스(plus.google.com)에는 아예 사진과 동영상을 무한대로 업로드할 수 있다. 스마트폰 설정을 해 두면 자동으로 사진이든 동영상이든 모두 다 무조건 클라우드로 올라간다. 무료에 무제한이다. 구글과 마이크로소프트의 클라우드와 우리 방구석의 PC 중 어디를 더 신경 써서 관리하고 있을지는 각자의 사정에 따라 다를 수도 있겠지만, 어떠한 형태로든 데이터를 날린 경험이 있는 이들은 오히려 이를 클라우드에 맡겨 둬 보고 싶을 것이다. 그 믿음을 갖는 순간이란 우리가 우리의 모든 정보를 헌납하기로 결심한 순간임에 동시에 그들을 우리의 신체로 받아들이는 순간일지도 모른다.

그런데 이는 이미 선택의 문제가 아니다. 스마트폰의 대중화와 함께 일반인들은 이미 클라우드에 무의식적으로 연결되기 시작했다. 신체화란 내가 의식하고 선별하여 받아들이는 일이 아니었다. 나도 모르는 사이에, 혹은 나로서는 어쩔 수 없이 받아들여야만 하는 것이었다. 우리는 아무 생각도 없이 카카오톡에 가입하는 순간 우리의 전화번호부를 현실의 인간관계와 통째로 클라우드에 헌납한다. 우리가 세상과 나누는 모든 대화는 그렇게 클라우드에 저장된다. 우리 몸의 심/순환 계통이 내 의지와 상관없이 나의 생존에 필요한 물질을 나르듯, 나의 사회적 생존에 필요한 정보를 우리는 그렇게 내 의지와 상관

없는 펌프 작용에 맡기게 된 것이다.

예를 들어 구글이나 에버노트의 클라우드 식 문서 작성 도구에는 '저장' 메뉴가 따로 없다. 저장이라는 구분된 행위가 이제 더 이상 의미가 없기 때문이다. 우리가 글을 쓰는 그 공간 자체가 우리가 쓰고 있는 글을 우리가 환경이라는 외부 세계와 나누고 있는 이야기를 기억하고 있기 때문이다. 심지어 여러 명이 동시에 하나의 공간에서 글을 쓸 수도 있고 또 누가 어떤 순간에 어떤 글을 남겼는지 그 이력(履歷)까지 기억하기도 한다. 클라우드는 이미 모든 것을 기억하기 시작했다.

워드프로세서의 저장 메뉴는 최신 버전 오피스 2013이 되어도 여전히 3.5인치 플로피디스크 모양이다. 그러나 아마 이 글을 읽는 분 중에는 이 문제의 3.5인치 플로피디스크를 본 적이 없는 분도 계실 것이다. 그렇듯 외부 저장 장치로의 저장이란 우리의 사유 방식에서는 이미 낡은 은유가 되어 버린 것이다.

이제 우리는 플로피디스크로 상징되는 저장이라는 낡은 은유 대신, 회전하는 화살표와 같은 동기화, 즉 새로운 생명 유지 물질의 순환을 은유로 받아들이게 된 것이다. 저장하지 않아도 저장되어 있는 시대, 기억하지 않아도 기억되어 있는 시대. 이 자연스러운 수동성이야말로 우리가 우리의 생존을 위한 순환 활동을 위해 어떤 불수의근을 인간에 이식하게 된 전례 없는 사건의 결과일지도 모르겠다. 물론 이 신체화된 조직이란 바로 클라우드다.

포스트페이퍼 시대의 책,
토포스 없는 프로그레스

장은수
문학 평론가

책은 액체다. 물질적 네모는 책의 고정형이 아니다. 끊임없이 변화한다. 단 한순간도, 한 차례도 멈추거나 한 자리에 머무른 적이 없다. 외부의 힘에 반응하거나 내부의 에너지를 분출하기 위해 모습을 바꾸고 자리를 이동한다. 우리, 그러니까 우리 현대인과 잠시 접속 중인 기계이지만 본래는 아무 상관도 없다.

　탈(脫)인간의 사물. 인간이 책을 만들지 않았다. 책이 인간을 만들었다. '듣는 책'은 인간 이전에 벌써 있었고, 진화의 격렬한 촉매가 되어 인간으로 이어지는 좁은 길을 열었다. '읽는 책'은 나중에, 아주 오랜 후에, 기원전 3000년경에야 문자와 함께 나타났다. 그전에 돌에 빗금을 그어 만든 달력이나 장부, 너른 사냥터를 그림으로 재현한 지도 등이 있기는 했다. 하지만 메소포타미아 강가의 풍부한 진흙을 네모 모양으로 구워 만든 판이 단번에 책의 표준을 선포한다. 정보의 전달에서 갑자기 '말하기와 듣기' 대신에 '읽기와 쓰기'가 중심으로 출현한 것이다.

책의 형태 변화,
인간 사고의 진화를 이끌다

우연, 그러니까 시공간의 불연속적 흐름에서 어쩌다 맞추어진 아귀가 책의 '기본'을 만들어 낸다. 진흙으로 서사 재료를 대량 생산하기 편리한 형태인 '네모'가 책의 표준으로 등극해 인간의 머릿속에 자리 잡는다. 일단 표현의 출구가, 정보 교환의 아웃풋 기계가 정착하고 나자, 사고는 그에 맞추어 서서히 선형화한 끝에 결국 이야기와 논리를 중심으로 하는 내러티브 형태를 띤다. 흩어진 점토판의 순서대로 읽기 쉽게 하려고 페이지가 출현하자 모든 게 명확해진다.

다음 단계에 페이지를 좌우로 이어 붙이기와 상하로 이어 붙이기가 나타난다. 인간 눈의 물리적 위치와 신체의 동작 원리가 그 승자를 결정한다. 상하로 이어 붙이면 읽기 위해 몸 전체를 움직여야 했던 것이다. 좌우로 이어 붙인 스크롤(scroll)이 유행하고 오랫동안 계속된다. 양피지나 죽간 등을 일정한 물리적 한계에 이를 때까지 이어 붙이자 책의 기본 단위인 '권'(卷, volume)이 생겨난다. 그러던 어느 날, 읽기를 둘러싼 신체의 경제학이 적은 에너지로 더 많은 정보를 취득할 방법을 찾아낸다. 페이지를 좌우로 이어 붙여 둘둘 말아 보관하는 형태 대신에 한쪽만을 실로 꿴 후 양면에 가득 문자를 기록하고 손의 간단한 움직임만으로 앞뒤에 적힌 정보를 읽을 수 있는 형태의 '코

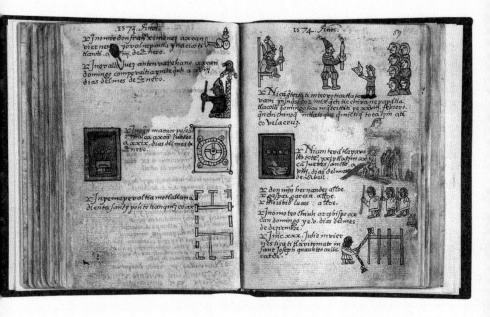

아즈텍 역사를 기록한
16세기 오뱅 코덱스

페이지를 좌우로 이어 붙여 둘둘 말아 보관하는 형태 대신에 한쪽만을 실로 꿴 후 양면에 가득 문자를 기록하고 손의 간단한 움직임만으로 앞뒤에 적힌 정보를 읽을 수 있는 형태의 '코덱스(codex)'가 등장한다. 이런 형태의 책을 최초로 발명한 것은 인도 사람이다. 패엽(貝葉)의 앞뒤에 문자를 적고 일정한 위치에 구멍을 뚫어 꿴 후에 양쪽에 나무판을 댄 형태였다. 동서양을 지배하던 양대 제국인 로마와 중국에서 코덱스가 도입되고 상대적으로 다루기 쉬운 재료인 종이가 널리 보급되자 인류는 오랫동안 다른 형태의 책을 상상해 내지 못한다.

2부   우리 삶은 몸과 마음
사이에 있다

덱스(codex)'가 등장한다. 이런 형태의 책을 최초로 발명한 것은 인도 사람들이다. 패엽(貝葉)이 앞뒤에 문자를 적고 일정한 위치에 구멍을 뚫어 꿴 후에 양쪽에 나무판을 댄 형태였다. 동서양을 지배하던 양대 제국인 로마와 중국에서 코덱스가 도입되고 상대적으로 다루기 쉬운 재료인 종이가 널리 보급되자 인류는 오랫동안 다른 형태의 책을 상상해 내지 못한다.

그러나 책은 한순간도 멈춘 적이 없다. 영구 혁명을 부속화한다. 코덱스화한 네모에서 벗어난 것은 비록 드물었지만, 크기가 줄어들거나 늘어나 판형이 다양해지고, 전집이나 총서나 문고가 나타나 시민적 교양의 상징체계를 구축하고, 대량 생산을 통해 사치품에서 일용품으로 변신하고, 책의 수많은 사용성 중에 '읽기'가 특권화하고……. 책은 형태를 끊임없이 바꾸어 가면서 읽기의 세계를 변형하고 인간의 정신적, 신체적 형질에 영향을 미친다. 거세게 쏟아지는 정보의 양을 감당하는 뇌를 만들고, 언어의 세련을 전수해 심리의 발달을 강제하며, 역사의 축을 건드려서 국민국가와 시민사회를 탄생시킨다. 모든 일을 책이 홀로 감당한 것은 아니지만, 책이 그 거대한 전환에서 주요한 역할을 했음을 아무도 부인하지 못할 것이다.

그러니 책이 종이에 결박된 시대를 떠나거나, 한쪽 부분이 가지런히 꿰인 물리적 네모의 형태를 버리고 새로운 가능성을 향한 모험을 시작한다고 해서 그다지 낯선 일만은 아니다. 양피지나 죽간에서 종이로 서사 재료를 옮겼을 때, 거대한 충격이 책을 포함한 인류사 전체를 뒤흔들었지만 인간은 '읽기'를 향한 열정을 꺼뜨리지 않았다. '포스트페이퍼' 시대 역시 그러한 흐름에서 아마도 크게 벗어날 수는 없을 것이다. 읽기의 무대가 죽간이나 양피지에서 종이로 이동하는 데에는 수백 년의 시간이 필요했지만, 무성영화의 자막에서 출발한 화면 읽기가 종이를 대신해 읽기의 왕좌를 차지한 것은 백여 년이면 충분했다. 게다가 대부분의 변화는 인터넷과 웹이 출현한 이후인, 최근 20년 안에 일어났다.

전자책, 시각의 독재에서
다감각의 인터랙티브한 활동으로

포스트페이퍼 시대의 책, 그러니까 이른바 '전자책'이 인간과 책의 관계를 근본적으로 뒤바꾸는 혁명인지, 아니면 일시적 유행에 그치지 않을지는 현재로선 알 수 없다. 책은 종이에서 화면으로 옮겨 가는 기나긴 이주의 행렬에 들어섰으며, 그 출애굽의 끝이 젖과 꿀이 흐르는 약속의 땅으로 향할지, 동쪽에서 자고 서쪽에서 밥을 빌어먹는 유랑의 연속으로 이어질지 아무도 모른다. 재정착과 유목의 경계선 위에서 책은 흔들리고 있다. 롤랑 바르트의 표현을 빌리면, '책의 영도(零度)' 상태에 진입한 것이다. 긍정도 부정도 없는 상태, 거기 그대로 우뚝 있는 상태, 순백의 백지, 그리하여 모든 가능태가 서로 겹쳐서 한꺼번에 존재하는 어떤 지대가 오늘날 책의 운동을 표시한다.

전자책은 때때로 읽는 도구(기기)를 가리키기도 한다. 그러나 어떤 도구인가? 세계적으로는 전자잉크를 기반으로 하는 '킨들'이 넓은 지대를 강점했다. 인터넷서점 아마존이 개발한, 오직 '읽기'에 최적화한, 종래의 종이책이나 신문을 거의 그대로 화면에 옮겨 읽기에 효율적인 기기. 도전도 계속된다. 애플의 아이패드, 삼성의 갤럭시탭, 구글의 넥서스 등 만능 모바일 기계들, 그리고 좀 더 작은 크기의

2부   우리 삶은 몸과 마음
사이에 있다

각종 스마트폰들. 손 안에 쥐고 다니는 컴퓨터들. 사용자를 읽는 데 집중시키기보다는 인터랙티브한 행동을 유발하는 데 더욱 신경을 쓴 기기들. 읽는 대신 보고 듣고 만지고 누르고 밀고 당기는, 시각의 오랜 독재에서 인간을 해방하는 다감각적 기기들. 확산 중이다.

읽는 인간과 읽기 재료 사이에, 좁히면 인간과 책 사이에 물리적 기계가 들어선다. 수천 년에 걸쳐 발달해 온 (종이)책의 인터페이스가 증발한 자리에 새로운 인터페이스가 실험된다. 종이책이 오랜 세월에 걸쳐서 인쇄 인터페이스의 한계를 극복하면서 자신의 잠재를 실현해 왔듯이, 전자책 역시 화면 인터페이스의 제약을 뚫고 어떤 모습을 드러낼 것이다. 부정사 '어떤'으로 표시할 수밖에 없는 '책들'의 시대가 열린다. 언젠가 일시적 집결 지점이 표시될 때까지 서로 협력하고 경쟁하고 연대하고 대립하는 복수의 책들. 화면 위에서 갑자기 모든 것이 가능해진다. 읽는 책뿐만 아니라 말하는 책, 듣는 책, 만지는 책, 맛보는 책, 냄새 맡는 책, 느끼는 책이 수없이 출현하고, 때때로 둘씩 셋씩 짝을 이루어 함께 동맹하거나 서로 간섭하기도 한다. 현재의, 또는 미래에 도래할 기기 인터페이스의 능력 속에 숨어 있는 가능한 모든 것의 동시 전개.

해방의 영원회귀이자 저주의 다른 시작이다. '구텐베르크 은하계'가 형성하고 강화해 온 '시각 독재'의 후퇴인데, 그동안 억압당했던 다기성과 다성성의 만화경, 신체 전체의 감각이 동시에 동원되는 새로운 책의 법열이 곳곳에서 출현한다. 자이로스코프를 이용해 저절로 미끄러지는 이미지들, 화면에 닿은 손가락의 압력이나 온도를 감지해 움직이는 텍스트의 기기묘묘한 변화들, 음성을 인식해 기록하고 입력된 문자를 읽어 주는 프로그램을 통한 '듣는 책'의 부활……. 종이에 결박당했던 책의 한계가 지워지면서 신체 감각 전체를 향해 책들이 돌진한다.

읽기 없는 인간,
공감각하는 책들의 도래

해방의 파노라마들, 게임적 리얼리즘의 전개와 함께 갑자기 '깊이'가 사라져 버린다. 책과 인간의 오랜 관계 속에서 탄생한 인간 내면의 급진적 위축. 정보의 발신과 수신, 신호의 자극과 신체의 반응으로 환원되지 않는 인간성의 영역이 약화되어 끝내 소멸의 위기를 맞는다. 깊이 읽기, 그러니까 주체를 재구축하는 읽기, 내면을 발명하는 읽기, 기호의 표층 너머에서 의미의 심층을 생산하는 읽기가 누란의 위기에 처한다. "읽기를 통해 우리는 책 그 자체가 된다."라고 감히 선언했던, 몰입 기계로서의 근대적 책이 전혀 작동하지 않는다. 읽는 행위가 곧 자기 성찰의 행위였던 세계가 붕괴한다. 책은 다른 규칙 세계로 옮겨 간다.

읽는 것 자체가 시시해진다. 의미가 아니라 재미의 시대가 시작된다. 갈림길마다 분절해 수많은 형제자매들을 낳으려 했던 어휘의 극단적 생산성과 그 미세한 차이를 파악하기 위해 새로운 단어에 대응하는 심오한 움직임을 마음속에서 만들어 내려 했던 의식의 노력은 어느새 덧없는 일이 된다. 체험의 직접성이 상상의 간접성을 대체한다. 책과 인간의 관계를 '읽기와 의식 내 재현'에 한정하는 온갖 책 기술들은 촌스러운 행위로 전락하고, 사용자 신체의 풍부한 반응을 불러일으키는 신기술이 시대의 첨단으로 각광받는다.

독자로 하여금 책을 읽고 내면을 재구축하는 데 헌신하도록 하는 규칙들, 읽기의 기능성을 극단적으로 끌어내는 '가독성'의 기술들, 독자의 시선을 책의 표면에 붙들어 맴으로써 의미의 심층을 탐험하도록 만들었던 편집의 마법이 힘을 잃는다. (물론 이 마법이 어떤 시대에도 절대적으로 작용한 적은 없었다. 우리는 책을 읽으면서 끊임없이 딴 짓을 한다. 밑줄을 긋고 메모를 하고 접기도 한다.) 니콜러스 카의 분석처럼, 그에 따른 저주로서 '생각하지 않는 인간들'이 지배하는 새로운 인간 시대가 열려 버린 것이다.

그러나 정말로 이해하기 힘든 것은 다른 데 있다. 책이 종이를 벗어던진 것은 전자 산업이 가져온 외적 위협의 산물이 아니라 본래 읽기만을 위해 쓰이도록 나아가던 내적 진화의 결과가 아니었을까? '종이'라는 물질성을 갖는 상태에서는 책이 파생해서 생겨나는 가능성들 탓에 '읽기라는 본질' 외에 다른 사용성을 끊임없이 갖게 된다. 책은 곧잘 읽는 일보다 선물하거나 장식하는 데 쓰곤 한다. 때때로 냄비받침으로 쓰이거나 불쏘시개가 되기도 한다. 이건 참을 수 없는 일이다. 자본은 모든 차이를 상품으로 실현하려는 편집증적 경향이 있기 때문이다. 선물이나 장식이나 받침이나 불쏘시개에는 개별의 다른 상품이 대응해야 한다. 그러한 원리에 따라서 책은 오랜 시간에 걸쳐 오직 읽는 데만 쓰이도록 점차로 진화해 왔다.

그런데 책이 종이라는 물질성을 벗어던지고 화면 위에서 전자 기호로 표시되자마자 흥미로운 모순이 나타난다. '읽기'가 극단적으로 후퇴해 버린다. 읽기에 헌신해야 할 기계가 먼저 가독성부터 파괴한다. 가독성을 증진하기 위해 마련한 종이책의 수많은 편집 규칙들을 화면에서 전혀 구현하지 못하는 싸구려 기계가 범람한다. 제목과

본문을 구분하지 못한다든지, 행간과 자간이 일정하지 않다든지, 도표와 사진을 적절하게 표시하지 못한다. 사전 검색, 하이퍼링크, 소셜 미디어 연동, 책갈피 등과 같은 비본질적인 기능이 수시로 강조된다. 전자책에서 읽기는 방해받고 몰입은 한없이 지연된다. 입출력 놀이에 기반을 둔 새로운 콘텐츠들이 범람한다. 이것이 '책'이라면 '읽기'는 영원히 배후로 사라지는 것일까?

우리는 이러한 물음 앞에 있다. 현재 화면 위에 출몰하는 책들 중 하나는 당연히 읽기의 복권을 노릴 것이다. 화면의 지배 이후 과거에 쓰고 읽는 데 집중해 왔던 '리터러시(literacy)'의 확장이 끊임없이 시도되어 왔지만, 실제로 이해력의 위기가 극복된 적은 없다. 혼란이 더해졌을 뿐이다. 미디어 리터러시, 디지털 리터러시, 이미지 리터러시……. 리터러시의 집합에 원소들이 끊임없이 추가되었지만 현란한 말놀이에 그칠 뿐 어느 하나 작동한 것이 없다. 그저 배후의 유령, 검은 재 속에서 아직 불꽃을 잃지 않았으리라 상상하는 읽기의 재도래에 대한 간절한 기도문에 지나지 않을 뿐. 아직 뚜렷하지 않다. 화면에서 책의 귀환이 언제, 어떻게, 어떤 모습으로 일어날지는 아무도 모른다. 그러나 읽기의 강림을 향한 노력은 계속되고 있다. 책은 페이퍼 시대의 최절정을 지나 서서히 하강하면서 지금은 포스트페이퍼 시대의 출발점과 교차하는 지점에 있다. 이 교차로 위에 서서 책과 읽기의 미래를 들여다보는 것은 대단히 흥미로운 일이다. 그것은 인간의 재배열, 즉 우리 자신의 재구축을 내다보는 일이기도 하다. '읽기 없는 인간' 또는 '인간 없는 읽기'의 탄생. 가상현실에 접속되어 무한히 확장된 비-인간과 상호 신호를 주고받는 비-기계들, 이러한 '비-'들의 확산이 만들어 내는 모든 예측 불가능. 경계가 획정되지 않은 이 혼돈의 시공간을 두려움과 설렘이 교차하는 이중나선의 운동으로 우리는 지금 통과 중이나. 토포스(τοπος) 없는 프로그레스(progress).

해킹, 정보사회의
성장통인가

이상헌
동국대 교양교육원 교수

포털사이트 네이트 해킹 사건과 선거관리위원회 홈페이지 디도스 (DDos, 분산서비스거부) 공격 사건은 우리 사회가 해킹 위험에 얼마나 취약한지를 보여 주는 증거들이다. 2011년 7월, 네이트는 해킹으로 인해 데이터베이스에 저장된 가입자 3500만 명의 아이디, 비밀번호, 이름, 주민등록번호, 연락처 등의 개인 정보를 유출 당했다. 국내에서 일어난 해킹으로 인한 정보 유출의 규모로는 사상 최대였다. 선거관리위원회의 홈페이지는 2011년 10월 서울시장 보궐선거 당일에 디도스 공격을 받았으며, 2012년 4월 국회의원 총선거 전날에도 디도스 공격을 받았다. 2012년 디도스 공격은 2011년의 것에 비해 열 배 정도 강력하였으며, '내 투표소 찾기' 서비스가 공격의 대상이었다.

해킹의 문화와 역사,
해커 vs. 크래커

오늘날 해킹(hacking)은 일반적으로 사이버범죄로 분류되며, 해킹을 일삼는 사이버범죄자를 해커(hacker)라고 부른다. 하지만 해킹과 해커가 무엇을 가리키는지에 대해서는 여전히 논란이 많다. 해킹에 대한 일반 대중의 인식은 상당 부분 해커를 통해 형성되었다. 그런데 대중에게 해커는 일면 영웅이기도 하였다. 1980년대와 1990년대에 맹활약을 펼친 전설적인 해커 케빈 미트닉뿐만 아니라 인공지능의 선구자 가운데 한 사람인 존 매카시나 애플컴퓨터의 창업자들 가운데 한 사람인 스티브 워즈니악, 자유소프트웨어(프리웨어) 운동가이기도 한 리처드 스톨먼 매사추세츠 공과대학(MIT) 교수까지도 해커로 생각하는 사람들이 적지 않다. 해커라는 말 속에 우리는 생각보다 많은 것들을 포함시키고 있다.

어원적으로 해킹은 '핵(hack)'에서 유래한 것으로 보인다. 핵은 공대생들의 장난스러운 유희였다. 1900년대 중반 MIT 학생들 사이에는 핵이라는 독특한 전통이 생겼는데, 이것은 사람들을 깜짝 놀라게 만드는 장난을 기획하고 실천하는 것으로 자신의 기술적 유능함과 기발함을 뽐내는 일종의 놀이였다. 핵의 전통은 최근까지도 MIT에서 이어져 내려왔으며, 가장 유명한 핵들만을 모아 명예의 전당까지 꾸리고 있다. 그런데 1960년대에 들어와 MIT 공대생들의 핵이 요즘 우리가 알고 있는 해킹과 해커로 의미가 확장되기 시작했다.

1960년대 해커는 반문화의 상징이었다. 군산복합체에 의해 컴퓨팅 능력과 정보가 독점되는 상황에서 이러한 독점을 비난하고 정보의 자유를 외치며 정부나 군산복합체의 정보망을 뚫고 들어가거나 그것을 무력화시키는 것을 자랑으로 삼는 것이 해커 문화였다. 지식융합연구소 이인식 소장은 1970년대에 등장한 마이크로컴퓨터(개인용 컴퓨터)를 "해커들의 반문화 밑바닥에 깔려 있는 정치적 이상주의가 빚어낸 걸작품"이라고 평가한다. 그에 따르면 해커들은 윌리엄 모리스의 장편소설 『유토피아에서 온 소식(News from Nowhere)』에서 보여 주는 것처럼 후기산업사회를 벗어난 목가적 삶이라는 유토피아와 프랜시스 베이컨의 『새로운 아틀란티스(The New Atlantis)』에서 묘사된 과학기술로 설계된 이상사회의 유토피아가 동시에 실현되는 세상을 꿈꾸었다. 이런 맥락에서 보면 이 세대의 해커로 분류되는 리처드 스톨먼이 카피레프트(copyleft) 운동을 선구적으로 주도한 것이 이해가 된다.

이러한 해커 문화는 1970년대에도 유지되었다. 당시 미국이 베트남 참전 비용을 마련하기 위해 전화 사용료에 특별 세금을 부과하자 해커들은 프리킹(phreaking) 운동을 벌였다. 이들은 공공 전화망을 연구하여 공짜로 전화를 사용하는 방법인 '프릭(phreak)'을 보급하는 것으로 정부의 정책에 맞섰다. 1970년대에는 집안에서 컴퓨터 하드웨어에 몰두하는 열광적 애호가들이 등장하였다. 스티브 잡스, 스티브 워즈니악, 빌 게이츠 등 개인용 컴퓨터 산업을 창조해 낸 이들이 바로 이 세대에 속한다.

하지만 1980년대에 들어오면서 권력과 정보의 독점이나 엘리트주의에 대한 반항을 넘어서 사적인 목적으로 컴퓨팅 및 네트워킹 지식을 활용하는 범죄가 성행하게 되었다. 이런 범죄를 저지르는 자들은, 반문화적 성향을 드러내긴 하지만 컴퓨터와 네트워크에 몰두

2부 우리 삶은 몸과 마음
사이에 있다

하여 이를 탐구하고 즐기는 데만 관심이 있는 해커와 구분하여 '크래커(cracker)'라고 불리었다. 크래커는 상업용 비디오게임이나 소프트웨어에 구현되어 있는 안전장치를 해체하는 비교적 단순한 행위를 하는 자들뿐만 아니라, 사적인 이득을 위해 정부나 기업의 컴퓨터 보안망을 해체하거나 컴퓨터 시스템에 침입하여 해를 입히는 심각한 행위를 저지르는 자들도 포함한다. 크래킹은 명백한 범죄 행위이다. 1987년 미국의 국방부 네트워크에 침입해 군사 기밀을 빼내 구소련에 넘긴 카오스 사건, 1988년 인터넷 웜바이러스를 유포시켜 당시 인터넷의 약 10퍼센트를 마비시킨 로버트 모리스 사건 등이 대표적인 크래킹 사건이었다.

그리고 오늘날 컴퓨터가 선진국 거의 모든 가정에 보급되고, 인터넷으로 전 세계가 네트워크화되었으며, 해킹 수법 등이 어렵지 않게 공유되는 시대에는 해킹이 우리의 일상에서 만나는 흔한 일처럼 되어 버렸다. 그리고 고전적 의미에서의 해킹과 범죄 행위로서의 크래킹을 구분할 이유가 없어져서 해커와 크래커를 엄격히 구분하는 분위기는 아주 희박해진 듯하다. 개인용 컴퓨터의 거의 보편적인 보급과 비약적 성능 향상, 그리고 월드와이드웹의 등장이 컴퓨팅 능력과 정보를 독점하는 집단을 쉽게 떠올리지 못하게 만들었고, 또한 동일 인물이 해킹 행위와 크래킹 행위를 혼용하는 경우를 심심치 않게 발견할 수 있다. 한 인물에게서 해커의 이미지와 크래커의 이미지가 중첩되는 것이다.

금융 피해에서 국가 안보까지
해킹 위험의 증대

해킹은 이제 일상적으로 일어나는 사건이 되고 있으며, 해킹으로 인한 피해도 전방위적으로 나타나기 시작했다. 한국인터넷진흥원의 집계에 따르면, 2012년 8월 말 기준으로 지금까지 민간 영역에서 발생한 해킹 피해 사례가 무려 4만 1644건이었으며, 최근 들어 해킹 건수가 급격히 증가하는 추세를 보이고 있다. 지난해 1만 1690건이었던 것이 올해는 8개월 동안 1만 3659건의 해킹 피해가 발생하였다. 그리고 최근에는 인터넷 뱅킹의 허점을 악용한 예금 탈취형 해킹이 국내에서도 벌어지고 있는 것으로 확인되었다. 악성 파일을 이용해 온라인게임 계정을 탈취하던 것이 한 걸음 더 나아가 금융 기관에 맡겨 둔 예금을 직접 빼 가는 해킹 범죄로 진화된 것이다.

네트워크로 연결된 세상에서 해킹의 피해는 국지적이지 않다. 지난 2010년에는 스페인에서 세계 최대의 해킹 사건이 발생하였는데, 세계 각국의 PC 1300만 대를 좀비PC로 만든 사건이었다. 범인들은 《포춘》 선정 세계 1000대 기업의 절반과 마흔여 곳의 주요 은행, 대학, 정부기관 등의 PC를 좀비PC로 만들어 기업 정보와 개인 정보를 훔쳤다.

금융기관은 고객의 경제적 손실에 직접 연관되기 때문에 해킹으로 인한 피해를 막는 강력한 수단을 구비하고 있을 것으로 사람들은 믿고 있다. 하지만 최근 국내외에서 금융기관이 해커의 침입을 받았다는 소식이 심심치 않게 들려온다. 2008년에 신용카드 해킹 범죄로 기소된 열한 명의 해커는 워드라이빙(wardriving)을 이용해 은행과

2부   우리 삶은 몸과 마음
　　　사이에 있다

상점의 온라인망에 접속하는 수법으로 4100만 명의 신용카드 및 직불카드의 비밀번호와 계좌번호 등 개인 금융정보를 훔친 혐의를 받았다. 국내에서는 지난해 현대캐피탈이 해커의 공격으로 고객 42만 명의 개인 정보를 도난당하였다.

　게임 사이트에 대한 해킹은 온라인게임이 큰 인기를 모으면서 더욱 빈번하게 일어나고 있다. 세계 최대 온라인 게임업체 가운데 하나이며 한국에서 특히 인기를 얻은 「스타크래프트」의 개발업체인 블리자드는 올해에만 벌써 두 번의 해킹을 당했다. 지난 8월에는 「디아블로3」, 「월드 오브 워크래프트」, 「스타크래프트」 등의 게임을 이용할 수 있는 배틀넷 정보가 해킹을 당하였으며, 10월에는 「월드 오브 워크래프트」 서버가 해킹 당해 게임 속 주요 도시에서 사용자의 캐릭터와 가상인물(NPC)들이 학살당하는 일이 발생하였다.

　해킹은 개인의 영역이나 기업의 영역을 넘어서 국가 간에도 심각한 갈등을 일으키고 있다. 사이버 전쟁을 대비해 해커를 양성하는 국가들이 늘고 있다는 소식을 들은 지 오래되었다. 최근에는 미국과 이란이 해커 전쟁을 벌이고 있는 듯하다. 미국이 이란산 석유 수입 금지 조치를 단행하고 다른 나라들도 이에 동참하도록 종용하고 있는 것에 대항하여 이란은 미국의 금융기관이나 미국의 우방국을 상대로 해킹 공격을 감행하는 것으로 맞서고 있다. 이란의 해커들은 지난 1월에 미국 은행들을 상대로 디도스 공격을 감행했으며, 7월에는 세계 최대 원유 회사인 사우디아라비아 아람코에 컴퓨터바이러스를 침투시켜 컴퓨터 3만 대의 데이터를 파괴했다. 8월에는 카타르 천연가스 기업인 라스가스를 공격하기도 했다. 이란의 이런 행동에 앞서 2008년에 미국은 이스라엘과 협동으로 이란의 핵시설에 스턱스넷

(stuxnet)이라는 웜바이러스를 침투시켜 전체 원심분리기의 5분의 1가량을 파괴한 것으로 알려져 있다.

진화하는 해킹 수법들,
아무도 눈치 채지 못하게

2005년 봇(bot)이라는 이름이 붙은 바이러스를 이용한 해킹 방법이 알려지게 되었다. 이 바이러스는 네크워크에 침투하면 스스로 보안의 취약점을 찾아내서 해커에게 보고하는 기능을 수행한다. 2005년 2월에 발견된 SpyBot.KEG가 이런 바이러스이다. 2007년 미국 라스베이거스에서 개최된 DECFON 컴퓨터 보안 국제회의에서 소개된 WiCrawl이라는 도구는 특정한 영역 안에 있는 무선 네트워크를 검색하여 취약점을 자동으로 찾아낸다.

미국 산타클라라 대학의 데이비드 프리드먼 교수는 『불완전한 미래(Future Imperfect)』에서 오늘날 사용되고 있는, 혹은 사용될 법한 해킹 방법들을 몇 가지 소개하고 있다. 최근 널리 사용되고 있는 분산컴퓨팅은 컴퓨팅 자원의 활용 면에서는 큰 이득을 주지만 해킹에 더욱 취약한 상황을 만들어 냈다는 지적을 받을 만하다. 액티브엑스(ActiveX) 컨트롤을 이용한 해킹 방법은 이미 잘 알려져 있다. 사람들이 자주 다운받는 액티브엑스 컨트롤을 조작하면 불법적인 이득을 얻을 수 있는 길이 있다.

금융 거래에서 발생하는 소수점 이하 끝수 처리오차를 활용하는 살라미 기술은 아무도 눈치 채지 못하게 큰돈을 모을 수 있는 방법이다. 매일 이자 계산이 이루어진다는 가정 아래, 한 계좌에서 1원씩 버려지는 돈을 내 통장으로 이체되도록 할 수 있다면 100만 개의 계좌를 대상으로 할 때 하루에 100만 원씩 내 통장 잔고가 늘어날 것이다. 프리드먼은 정보 보안을 위해 개발된 공개키 암호화 기술도 사이버 범죄를 막아내지 못한다는 것을 보여 준다. 피해자의 컴퓨터를 감염시키는 데만 성공하면 공개키 암호 기술의 힘을 오히려 역이용할 수 있기 때문이다.

네트워크를 고의적으로 마비시키는 디도스 공격이나 다른 사람의 컴퓨터를 스팸 메일을 위한 숙주로 활용하는 파괴적인 방법, 다시 말해 누군가에게 피해를 입히는 방법 이외에 어찌 보면 누구에게도 피해를 입히지 않고 남의 것을 훔치는 기술이 있다. 바로 컴퓨터의 연산 능력을 훔치는 것이다. 우리가 사용하는 PC는 하루 종일 연산 능력을 100퍼센트 활용하는 것이 아니다. 우리가 사용하지 않는 시간이 더 많으며, 또 사용할 때도 연산 능력의 일부를 누군가가 훔쳐간다고 해도 아마 우리는 눈치 채지 못할 것이다. 그런데 한 대의 PC의 남는 연산 능력의 일부라면 별것 아닐지 모르지만 100만 대 혹은 1000만 대의 놀고 있는 연산 능력을 다 합한다면 굉장한 힘이 될 것이다. 외계의 지적생명체 탐색 프로젝트인 SETI가 이런 방식으로 수많은 지원자들의 도움을 받고 있다. 하지만 프리드먼의 지적처럼 아무도 눈치 채지 못하게 수많은 사람의 PC에서 연산 능력을 훔치는 도둑이 나타나지 말라는 법도 없다.

해커 윤리 강령과
정치적인 해커 핵티비스트

기술 분야 전문 언론인 스티븐 레비는 『해커, 컴퓨터 혁명의 영웅들 (Hackers: Heroes of the Computer Revolution)』(1984)에서 해커 윤리를 소개하였다. 그는 해커 윤리를 "철학과 윤리, 꿈을 가진 새로운 삶의 방식"으로 묘사하였다. 그는 해커 윤리의 기본 정신으로 공유성, 개방성, 분권화, 자유로운 정보 접근성, 세계인의 삶의 향상 등을 꼽았다. 좀 더 자세히 말하면 이렇다. "컴퓨터에 대한 접근은 제한 없이 전적으로 허용되어야 한다." "모든 정보는 자유롭게 취급되어야 한다." "권위를 불신하라. 그리고 분산화를 증진시켜라." "해커는 학위나 나이, 인종, 성별, 사회적 지위 등이 아니라 오직 그의 해킹 활동을 통해서만 평가되어야 한다." "당신은 컴퓨터로 기술(art)과 아름다움을 창조할 수 있다." "컴퓨터는 당신의 삶을 개선하는 쪽으로 변화시킬 수 있다."

해커를 보안 파괴자가 아니라 기발함을 즐기는 장난기 있는 사람으로 이해하는 리처드 스톨먼이 전개한 자유소프트웨어 운동은 위와 같은 해커 윤리의 정신을 이어받고 있다. 그는 컴퓨터 기술을 통해 얻을 수 있는 이득은 인간 사이에서 공유되어야 하며 모든 정보는 자유롭게 교환되어야 한다는 신념을 가지고 있다. 리눅스 운영체계를 만들어 공개하며 오픈소스 운동을 벌인 리누스 토발즈는 해커 윤리가 사람들이 알고 있는 것과 같은 프로테스탄트 윤리에서 진화된 것이며 20세기 초 막스 베버가 소개한 자본주의 정신을 구현하고 있는 것이라고 주장한다.

2부 우리 삶은 몸과 마음
사이에 있다

자유소프트웨어 운동가
리처드 스톨먼

리처드 스톨먼은 해커 윤리를 이어받아 자유소프트웨어 운동
(프리웨어)을 전개했다. 그는 컴퓨터 기술을 통해 얻을 수 있는
이득은 인간 사이에서 공유되어야 하며 모든 정보는 자유롭게
교환되어야 한다는 신념을 가지고 있다. 리눅스 운영체계를 만들어
공개하며 오픈소스 운동을 벌인 리누스 토발즈는 해커 윤리가
사람들이 알고 있는 것과 같은 프로테스탄트 윤리에서 진화된
것이며 20세기 초 막스 베버가 소개한 자본주의 정신을 구현하고
있는 것이라고 주장한다.

스톨먼의 자유소프트웨어 운동이나 토발즈의 오픈소스 운동에서 한 걸음 더 나아가 해킹을 정치적 활동으로 확장하는 해커들도 있다. 룰즈섹(LulzSec)이라는 해커 집단의 지도자로서 사부(Sabu)라는 별명으로 알려진 헥토르 자비에르 몽세주르는 최근 한 매체와의 인터뷰에서 11년 전 푸에르토리코의 비에케스 섬 시위 때부터 정치, 사회적 목적으로 해킹 활동을 하게 되었다고 말했다. 비에케스 섬은 미군의 폭격 훈련장으로 이용되며 섬과 섬 주민 모두 수십 년간 고통을 받고 있었는데, 1990년대 말부터 주민들이 세계적 환경단체들의 도움을 받아 미군의 폭격 훈련 금지를 요구하는 시위를 벌였다. 사부는 이때 미군의 통신 교란 등을 통해 주민들을 지원했다고 말했다. 사부는 튀니지의 자스민 혁명에도 참여했다고 한다. 당시 튀니지 정부는 튀니지 판 위키리크스인 튀니리크스를 비롯하여 반정부적인 정보를 담은 모든 웹사이트를 차단하였다. 사부는 튀니지 국무부 사이트를 침입하는 등 해킹을 통해 튀니지 정부를 교란시키는 일을 맡았다.

몽세주르처럼 해킹을 정치, 사회적 투쟁의 수단으로 이용하는 이들을 핵티비스트(hacktivist)라고 한다. 이것은 해커와 액티비스트의 합성어이다. 이들은 정치, 사회적 목적으로 정부나 거대 기업의 네트워크에 잠입해 웹사이트의 외관을 훼손(deface) 하거나 서비스 중단을 시도하거나 하는 등의 행동을 한다. 인도가 핵실험을 한 이후 네덜란드와 영국의 해커들이 인도 핵무기연구소의 웹사이트에 버섯구름 사진을 올려놓은 일이나, 인도네시아 정부의 주요 홈페이지에 '동티모르 해방'이라는 문구가 뜨게 만들어 놓은 일 등은 핵티비스트들의 전형적인 활동 가운데 하나이다.

해킹과 관련된
윤리적 문제들

해커와 해킹이 개념적으로, 또 현실적으로 의미의 스펙트럼이 넓고 서로 중첩되는 부분이 있기 때문에 그것에 대해 한 가지로 말하기는 어렵지만 해킹은 많은 맥락에서 윤리적인 문제를 야기하는 것이 분명하다. 해킹을 옹호하는 쪽에서는 정보의 자유 등의 원칙을 내세우지만 그것만으로는 대부분의 해킹 행위를 정당화할 수 있을 것 같지 않다. 또한 해킹 때문에 기업이나 정부가 네트워크나 시스템의 취약점을 인지하여 개선하게 되고 고객이나 국민을 보호하기 위한 더욱 안전한 대책을 마련하는 데 관심을 갖게 된다는 주장은 결과주의적 논변에 불과하다. 그리고 해킹과 크래킹의 구분은 생각보다 복잡하다.

해킹은 프라이버시 침해를 수반하며 무단침입의 성격을 띠고 있다. 해킹이 보안 취약성을 발견하게 하고 개선을 돕는다고는 하지만 바로 이것 자체가 의도가 아니라면 해킹의 이런 효과는 부수적일 뿐이다. 보안 취약성 발견과 개선 자체를 목적으로 하는 해킹이 있긴 하다. 최근 열린 구글의 해킹 대회 등이 그런 것이다. 올해 대회에서는 핑키 파이로 불리는 10대의 해커가 구글의 크롬을 해킹하는 데 성공해 6만 달러의 상금을 획득하였다.

해킹이 민주주의를 수호하는 데 기여한다는 주장 역시 일면적이다. 해킹은 민주주의의 실현을 방해하는 데도 이용될 수 있기 때문이다. 좋은 목적에 기여하는 해킹은 그 목적으로 인해 정당화될 수 있다고 윤리적으로 단정할 수 있을지 의문이다. 다소 민감한 문제이며 이념과 관련되어 있기는 하지만, 해킹은 지적소유권에 관해 갈등을 유발한다. 정보의 자유라는 명분만으로 소프트웨어 크래커의 행위를 정당화하기는 어려울 듯하다.

데이비드 프리드먼은 해킹을 비롯하여 사이버범죄를 정보사회의 진화 과정에서 발생하는 성장통이라고 보는 듯하다. 컴퓨터와 네트워크가 삶의 주요 수단이 된 사회를 우리는 처음 겪는 것이며, 아직 이런 시스템이 완전히 구비된 것은 아니다. 다양한 문제들이 도사리고 있지만, 정보사회가 진화하면서 우리에게는 이런 문제들을 긍정적인 방향으로 해결할 능력도 있다고 프리드먼은 생각하는 듯하다. 그의 생각대로 정보사회의 진화 방향이 정해지길 바랄 뿐이다.

중독 속에 숨어 있는
은밀한 욕망의 역사

하지현
건국대 의학전문대학원 정신과 교수

현대사회는 '중독(中毒, addiction)'이 만연한 사회다. 술, 담배뿐 아니라 쇼핑, 게임, 인터넷까지 중독 대상이 되었고, 급기야 사랑에 중독된 사람들도 넘쳐 난다. 중독만큼 일상에서 자주 사용되는 의학 용어가 또 있을까 싶다. 동시에 중독이란 말은 과학적 관점에서 보면 위험하다 싶을 정도로 모호하고 임의적으로 사용되곤 한다. 하지만 그 덕분에 의도치 않게 중독의 개념이 확장되고 있다. (뇌신경학 발달에 따른 중독의 생물학적 기전을 통해 애매하고 임의적 사용의 객관성이 일부 증명되기도 했다.) 게임 중독, 쇼핑 중독 같은 단어들이 중독의 일환으로 과학이나 임상학적인 측면에서 의미를 갖는 것을 지켜보며, 대중들이 임의로 비과학적으로 중독이라는 용어를 사용한 것을 나중에 학자들이 과학적 관찰을 토대로 증명했음을 알 수 있다. 이는 과학보다 사회가

한 발 먼저 나아갈 수 있다는 것을 보여 주는 흥미로운 사례다.

그런 면에서 중독의 역사와 지금까지 밝혀진 중독의 메커니즘, 그리고 그 개념의 확장을 훑어보는 일은 새로운 사회현상이 고전적 개념과 만나 어떻게 새롭게 자리매김하는지 파악할 수 있는 좋은 기회가 될 것이다.

알코올과 마약,
처벌 대상에서 치료 대상으로

역사적으로 중독의 효시는 술이다. 최초로 술을 의도적으로 양조한 곳은 메소포타미아로 알려져 있다. 이미 이때부터 술은 문제가 되었다. 함무라비법전에는 기원전 2300년경 술집을 규제했다는 내용이 담겨 있다. 술은 디오니소스(바쿠스)와 함께 즐기는 음료가 아니라 잠정적인 사회적 문제아로 법으로 다스려야 할 대상이었던 것이다.

알코올중독 문제는 산업혁명 이후에 본격적으로 등장한다. 특히 19세기에 접어들면서 발효나 증류가 아닌 공업적 조제를 통한 양조가 가능해지면서 술이 사회문제가 되었다. 술을 값싸게 양껏 마실 수 있게 되자 요양소마다 알코올성 치매와 섬망(일종의 의식 장애) 환자가 넘쳐 났다고 한다. 사회적인 파장이 어찌나 심화되었는지 급기야 금주법의 필요성이 대두되었고 1851년 미국 메인 주에서 최초로 금주법이 통과되었다. 1920년에 접어들면서 미국은 서른세 개 주에서 전면적인 금주법을 도입했다. 그렇게 술의 판매와 유통이 불법이 되자 양조업자들이 범죄 집단과 결탁하면서 술값이 급등했고, 술은 밀수와 탈법의 대상이 되었다. 알코올중독 문제와 비슷한 행태가

1970년대 이후 미국의 마약과의 전쟁에서도 나타난다.

중독의 원인 물질을 합법화할 것인가 비합법화할 것인가, 그리고 유통할 것인가의 문제를 대할 때 역사에서 배울 필요가 있다. 유통 과정이 비합법화되고 지나치게 높은 가격대가 형성되면서 술이나 마약 같은 중독의 원인 물질이 이권의 일환이 되고 큰 이익을 볼 수 있는 수단이 된다. 대부분의 중독자들이 음지로 들어가고 범죄 집단이 강력한 경제적 힘을 가지고 권력과 유착하면서, 음성적으로 뿌리내린 관련 산업을 사회적으로 통제하기 어려운 상황이 벌어질 수 있다. 중독은 의학적인 측면뿐 아니라 사회·정치적인 면도 촘촘히 엮여 있는 문제이기에, 진단과 해결에 있어서 복합적이고 중층적인 관점을 갖는 것이 필수이다.

중독이라는 단어는 실제로 현재 의학계에서 사용하지 않는다. 1964년 세계보건기구(WHO)는 중독을 '의존'과 '남용'으로 대체하라고 권고했다. 남용이란 평상시에 필요한 적정량 이상으로 많은 양을 한 번에 사용하는 것을 말하고, 의존이란 습관적으로 사용한 결과 갈망과 금단, 내성 등이 발생하는 것을 말한다. WHO는 이 둘을 구별할 필요가 있다고 본 것이다. 초기에 알코올 등 중독성 물질로 인한 문제는 주로 독성 측면에서 평가하는 경우가 많았으나, 점차 만성적 사용과 이로 인한 행동 문제를 질병으로 보고 '치료 대상'으로 파악하려는 쪽으로 변화하기 시작하여, 1968년경 독일에서는 처벌 대상이 아닌 질환으로 간주하기 시작했다. 정신과에서 사용하는 진단 기준인 DSM-IV에서는 현재 모두 열한 가지 물질을 남용과 의존의 대상으로 정의하고 있는데, 알코올, 니코틴, 암페타민, 카페인, 대마초, 코카인, 환각제, 흡입제, 아편류, 진정제, 스테로이드 등이 포함된다.

물질 중독,
쾌락보다는 욕망의 결핍

신경생물학적인 중독의 메커니즘은 다른 정신 질환에 비해 많이 알려져 있다. 원인 물질이 분명하고 동물 모델을 잘 확립할 수 있기 때문이다. 동물에게 중독성이 강한 약물이 있는 장소를 학습시키면 그 장소를 선별적으로 찾아갈 수 있도록 하거나, 조건화 장소 선호를 하거나, 자발적으로 약물을 몸에 주입하도록 하는 정맥 내 자가 투여 장치를 만들어서 그 물질을 찾는 강도와 빈도를 조작해 학습시킨다. 동물에게 학습이 잘 일어나는 물질은 인간도 중독될 가능성이 높은 물질이라고 할 수 있다. 흥미로운 점은 공급되는 물질의 양과 자가 투여 행동의 빈도 사이에 역U 형태의 관계가 형성된다는 것이다. 정맥 내 자가 투여를 위해 레버를 아무리 많이 눌러도 보상이 너무 적거나 드물면 동기를 잃어버려 더 이상 레버를 누르지 않게 되고, 한 번에 아주 많은 약물을 주입하면 포만감이 생겨서 일정 기간 동안 더 이상 레버를 누르지 않고 쉬게 된다.

그런데 실험에서 보상 중추와 관련되어 있는 뇌의 중뇌복측피개(Ventral Tegmental Area)에서 측중격핵(Nucleus Accumbens)으로의 도파민계를 포함하는 외측시상하부(Lateral Hypothalamus)를 전기로 자극하면 도구적 조건화가 일어나 더 열심히 레버를 당기고 쉽게 지치거나 포만감을 느끼지 않고 눌러 대는 경향을 볼 수 있다. 즉 일상적인 포만감 때문에 줄어드는 것이 정상이나, 중독적인 뇌로 변하고 나면 지속적인 자가 보상을 위한 노력을 하게 되는 것이다. 이런 실험을 통해서 중뇌피질변연계의 도파민 관련 시스템이 중추신경계의 보상

기전과 관련한 '쾌락 회로'라는 것을 밝혀냈다.

여기서 핵심 매개체인 도파민은 생체 내 카테콜아민 신경전달 물질 중 하나로 포유류의 영역 표시, 사회적 그룹 형성, 섭식 등과 관계가 있는데 기본적으로 개체에게 주어진 다양한 자극 중에서 쓸 만한 것에 주의를 기울이고 유지하도록 돕는 역할을 한다. 외부 자극을 탐색하고 받아들이고 유지하고 목적 지향적 행동을 하도록 매개한다. 이 도파민은 두뇌 안의 몇 개 회로에서 주도적으로 작동하는데, 특히 중독 관련 부분과 연관된 보상과 탐색이라는 두 가지 영역에서 중요한 기능을 한다. 그러므로 중독 메커니즘의 근원은 쾌락이 아니라 흥미, 위협, 호기심, 자극 추구와 같은 일차적 정신 현상 시스템에 있다. 그리고 이 시스템의 기능 이상이 중독이라 할 수 있다. 중독이란 바로 이런 인간의 근본적 욕구와 연관되어 있으므로 최근 발견되는 새로운 중독적 행동 문제는 사실 별개의 중독이 만들어졌다기보다 욕망의 결핍에 대한 강력한 보상을 원하는 생리적 반응의 비적응적 결과로 해석할 여지가 있다.

한편 왜 사람은 생존과 관계없는 이런 물질이나 행동에 탐닉하고 반복해서 몰두하는 것일까? 이에 대한 진화심리학적 견해는 이렇다. 한 개체가 특정 대상을 골라서 추구하는 것은 생존을 위해 필수적인 요소다. 먹이, 짝짓기 상대 같은 생존과 종족 보존을 위해 필수적인 대상이 흔치 않을 때 항상 이를 탐색하고 한번 보면 끝까지 추적할 수 있는 능력이 중요하다. 목적의식을 갖고 동기를 부여하며 꾸준히 무엇인가를 추구하고 이를 위한 방법을 학습하고 한번 얻고 나면 충분한 만족을 느끼고 이러한 방식을 더 오랫동안 유지할 수 있는 구조적 시스템이 필요한데, 그것이 중독과 관련한 메커니즘이다. 여기에 충분히 익숙해지면 더 이상 탐색 시스템이 필요하지 않으므로 안정된다. 그런데 이 주거에 기능장애가 일어나서 자극을 충분히 만족스럽게 소비한 다음에도 여전히 탐색 활동이 안정되지 않고 보상회로가 활성화되어 있거나, 그 물질이 없는 상태 또는 생리적 불편에 의한 금단증상이 주는 불쾌감을 없애겠다는 욕망이 강렬할 때 반복적으로 그 행동이나 물질을 갈망하게 되고, 이는 중독 행위로 이어진다. 종합하면, 중독과 관련한 행동은 인간으로부터 분리할 수 있는 독립적인 병리가 아니라, 인간의 생존과 환경 적응을 위한 생리적 시스템이 잘못 작동한 결과이다.

그럼에도 체질적으로 중독될 가능성이 높은 사람들은 존재한다. 새로운 것을 스스럼없이 추구하는 자극 추구형 기질이 생물학적 기반으로 존재하되 개인차가 있다. 특정 약물 의존과 분명히 연관된 유전자는 없지만, 이런 기질을 갖고 있는 사람은 여러 종류의 약물 의존과 남용에 빠질 위험이 높다. 유전적 소인에 대해서는 알코올 의존이 많이 알려져 있는데, 친부모가 알코올의존인 경우 양부모가 알코올의존인 경우보다 알코올의존이 될 확률이 훨씬 높다. 반대로 알코올 대사 과정의 변이형 대립유전자 가운데 하나인 ADH2·2와 ADH3·1을 갖고 있는 경우 활성도가 높은 ADH를 생산해서 술을 쉽게 독성 대사 물질로 산화해 빨리 취하게 하고 홍조와 빈맥을 만들어 낸다. 이런 대립유전자를 갖고 있는 사람은 술을 꺼리게 되어 알코올중독이 될 위험이 적다. 그런 면에서 이런 대립유전자는 방어적 인자라고도 할 수 있다. 현대 과학이 발전했는데도 이렇듯 한 가지 관점만으로는 설명하기 힘든 것이 중독이다.

행위 중독,
목적의식과 현실도피

지금까지 언급한 중독은 모두 물질이 몸 안에 들어가서 뇌와 신체의 변화를 일으켜 발생하는 것이다. 그런데 현대사회에서는 행동도 중독이 될 수 있다는 견해가 크게 주목받고 있다. 현재 정신과 진단 체계에서는 충동 조절 장애의 일환으로 보고 있지만 도박, 게임, 쇼핑, 폭식 등을 행위 중독(behavior addiction)으로 포함하는 것이 타당하다는 것이다. 최근 몇 년 사이에 밝혀진 행위 중독 환자들의 뇌신경생물학적 변화나 생리적 변화가 물질 중독에 이환된 환자의 그것과 유사하다는 사실이 밝혀졌기 때문이다.

이 가운데 사회적으로 문제가 되는 가장 대표적인 행위 중독이 도박이다. 사회적으로 용인되는 사교적 수준 이상으로 도박을 하는 것을 가리키며, 도박 중독자도 도파민 등 다양한 유전자 문제와 관련되어 있고 부모에게 도박 문제가 있는 경우가 많다. 조부모에게 도박 문제가 있는 경우에 그렇지 않은 경우보다 도박 중독 환자가 열두 배나 더 많이 발생한다는 보고도 있다. 도박 중독자들은 모두 초기에 돈을 크게 따 본 경험이 있다는 것이 특징이다. 이때 느낀 황홀감이 각인되어 지속적으로 도박에 탐닉하게 되는데, 이들은 자신이 도박을 잘하고 모든 상황을 통제할 수 있다고 굳게 자부한다. 한동안은 잘 따지만 잃는 단계에 들어서면 생활은 수렁에 빠지고 점차 법적·경제적 문제가 발생하면서 가족과 큰 갈등을 빚는다. 그런데도 도박을 중단하지 못한다. 이후 절박한 단계와 절망 단계까지 진행된다고 알려져 있다. 알코올이나 다른 약물에 중독된 환자들이 음울하고 다소 우울한 기질인 데 반해, 도박 중독자들은 자신만만하고 지기 싫어하고 쟁쟁직이고 흰 번만 더 믿어 주고 빚을 갚아 주며 언제가는 크게 한 판을 따서 모든 신세를 갚을 것이라는 비현실적인 낙관주의를 유지하고 있다는 점이 다른 중독과 구별되는 특징이다.

한편 최근 한층 주의를 요하는 것은 인터넷 중독이다. 초기에는 소아와 청소년 문제로 국한되었으나 1990년대 중후반에 10대를 보낸 이들이 성인이 되면서 최근 20~30대 일부에서도 인터넷 중독 문제가 발견되고 있다. 초창기 연구에서는 인터넷 중독이 10~13퍼센트에 이른다는 보고가 있었으나 아직까지 진단 기준조차 명확하지 않기 때문에 이는 신뢰하기 어려운 수치다.

소아와 청소년의 경우 인터넷이나 PC 게임에 탐닉하는 것 자체가 문제라기보다, 여기에 몰두하게 되는 환경적 요인이나 일차적 정신 질환을 찾아내고 해결하는 것이 더욱 중요하다는 사실이 최근 밝혀지고 있다. 그러므로 인터넷 중독 상담 센터를 만드는 데 예산을 투입하기보다는 방치되어 있는 학생들이 적절한 보호를 받고 안전한 환경에서 지낼 수 있도록 정책 방향을 잡는 것이 옳다. 게임 자체가 중독성이 강해서 게임에 몰두하는 것이 아니라, 현실 세계의 삶이 재미없고 뭘 하고 싶은지 몰라서 현실을 회피하고 게임에 머무르는 것이다. 그러나 반복적 몰입에 빠져 있는 성인들은 앞으로 상당한 사회 문제가 될 것으로 판단된다. 실업자나 학업 중도 탈락자의 경우 집에서 주로 컴퓨터를 하면서 지내기 때문에 가족들은 이들을 인터넷 중독 환자로 인식할 수 있다.

그러나 이는 현상적 측면일 뿐 사실은 이들이 현실 세계에 머무르면서 삶의 만족을 느끼지 못하게 하는, 다른 일차적 원인을 찾는 것이 우선이며, 인터넷이나 게임 자체의 중독성에 대해 과도한 위험을 느끼고 경계부터 할 일은 아니라고 생각한다. 대부분의 사례가 이런 현실 적응 실패에 대한 이차적 문제이나, 이런 문제가 만성화되면서 최근 들어 일차적 문제는 더 이상 관찰되지 않은 채 일상생활에서 인터넷과 게임에 대한 몰입, 사회적 관계 단절, 현실 사회생활에 대한 동기 자체의 결여 등이 심각한 수준으로 관찰되는 성인들이 발견되고 있다.

최근에는 지나치게 폭식을 하거나 식욕 억제에 어려움을 겪거나 비만해지는 것도 중독의 일환으로 보는 견해가 있다. 음식도 중독성 물질처럼 작동할 수 있다는 것이다. 음식물은 알코올이나 마약처럼 뇌 속에 수용체가 존재하는 것은 아니나, 특정한 음식물에 대한 갈망, 포만감에 대한 욕망에 의해 보상회로가 자극되며, 내성이 생기고 먹는 행동을 억제하지 못하고 습관적으로 폭식을 하고 불쾌감과 연동되는 등 일반적인 중독과 매우 유사한 면이 관찰되기 때문이다. 이외에 쇼핑 중독, 성 중독(sex addiction)도 현대사회에서 문제로 떠오르고 있는데, 이들 원인 행동을 반복적으로 탐닉하고 몰입하면 앞에서 언급한 물질 중독의 대뇌 보상회로가 유사한 반응을 보이는 것이 여러 경로로 입증되었다.

그런 면에서 최근에는 새로운 물질이 아니라, 현대사회에서 흔히 탐닉하고 몰두하게 되는 인터넷, 폭식, 쇼핑, 성과 관련한 특정 행위들이 새로운 중독의 대상이 되고 있다. 중독이 완전히 새로운 현상이라기보다 복합적이고 인간의 생리적 욕망에 대한 보상회로와 밀접한 연관이 있다는 점을 감안하면, 앞으로 사회가 변화하면서 어떤 새로운 행위 중독이나 중독적 현상이 발생할지 관심을 가져 보는 것이

2부   우리 삶은 몸과 마음
사이에 있다

좋겠다. 바로 그곳, 그 시점 부근에 욕망의 결핍의 가장 어두운 부분이 사리 잡고 있을 가능성이 크기 때문이다.

사이보그, 기술과학이 보는 인간의 한계와 가능성

황희선
인류학자

2012년의 일상을 어떻게 묘사할 수 있을까? 손으로 공들여 내린 유기농 커피를 마시면서 스마트폰을 들여다보는 모습일지도 모르겠다. 1982년의 과학 칼럼이 그려 냈을 법한 풍경과는 사뭇 다르다. 한알이면 하루 분의 열량과 영양소를 섭취할 수 있는 캡슐형 식량도 없고, 몸에 붙는 하이테크 보디슈트를 입고 거리를 오가는 인파도 없다. SF 작가들의 묵시론적 예언과 달리 기계는 자연을 대체하지 않았으며 '오가닉'과 '사이버'가 공존하고 있는 듯하다. 기술과학의 유토피아가 과거의 상상과는 다른 모습으로 실현된 셈이다.

　디스토피아도 마찬가지다. 올해의 소식으로는 아이폰을 사려고 신장을 판 중국 소년의 이야기가 눈길을 끈다. 이 소년은 어쩌면 신체 일부를 기계로 대체하는 수술, 곧 사이보그가 되는 수술을 감행한 것인지도 모른다. 물론 보통은 스마트폰 사용자를 사이보그라고 부르지 않는다. 하지만 현실에서 마주칠 만한 사이보그는 터미네이터보다는 스마트폰 사용자에 가까운 모습일 듯하다. 현대 환경에서 핸드폰은 전자장비(electronic device)보다는 전자장기(electronic organ)의 구실을 하는 데다가, 시대적으로 적합하다고 간주되는 전략은 '제거'보다 '연결'이기 때문이다.

과학기술이
상상하는 초인간

사이보그(cyborg)는 기계와 생체가 결합된 존재를 일컫는다. '인공두뇌 유기체(*cybernetic organism*)'라는 어원이 보여 주듯 정보 처리 장치의 이식 또는 결합을 통해 두뇌의 능력을 증진한다는 것이 대표적인 의미다. 보다 넓게는 감각 범위나 근력 등 일반적인 신체 능력의 한계를 기술적 보완으로 넘어선다는 아이디어 역시 포괄한다. 핵심에는 정보과학이 있다. 예컨대 사이보그 팔다리는 보통의 의수족과는 달리 중추신경계와 접합되는 보철물로, 생물학적 팔다리처럼 원하는 힘과 방향, 각도로 움직이거나 몸 전체 자세에 맞춰 조율하는 능력을 구현할 수 있을 것이다.

사이보그는 한때 기술과학 및 미래파적 상상력의 정점을 찍는 말이었지만 지금은 얼마간 복고적인 단어로 들리기도 한다. 최근의 한 광고가 말하듯 아이들은 과학자보다는 아이돌이 되기를 꿈꾸는 시대인 데다가, 하이테크의 세계에서 수십 년은 길어도 너무 긴 시간이기 때문이다. 관련 기술의 중요성이 줄어든 것은 아니다. 오히려 한 단어로는 다 표현할 수 없을 만큼 다변화된 형태로 생활 세계 깊이 자리 잡고 있다. 기술이 일반화된 세계에서는 추상적 개념이 아니라 구체적인 문제들이 기술 변화를 유도한다. 현실화되고 있는 기술들을 예로 들면 전신 마비자가 생각만으로 휠체어를 움직일 수 있게 하는 방법, 생체에너지로 작동하는 마이크로 카메라를 풍뎅이에 장착하는 방법, 무선 송수신이 가능한 콘택트 렌즈 디스플레이를 구현하는 방법 등이 그런 사례다.

하지만 왜 그런 기술들이 고안된 것일까? 한계를 초월할 방법을 모색하던 인간 욕망이 기술과학이라는 새로운 수단을 찾아 낸 것일까? 현실은 그보다 복잡할 듯하다. 욕망과 세계관, 기술이 사용되는 사회적 맥락은 기술과학과 영향을 주고받으며 서로를 변화시키는 관계에 있다. 기술은 흥미롭다. 당대의 삶과 밀접하게 연관되어 있을 뿐만 아니라 그 시점에서 사람의 이상적인 능력과 욕망이 어떤 것으로 이해되고 있는지 엿볼 수 있는 창을 제공하기 때문이다. 사이보그 기술을 통해서는 무엇이 인간 능력의 한계로 간주되는지, 그러한 인간관의 사회적 의미는 어떤 것인지, 그리고 그런 기술을 가능케 하는 정치경제적 기반은 무엇이며 어떤 사람들에 의해 어떻게 지탱되고 있는지 살펴볼 수 있다.

사이보그의 등장과 정치경제적 배경

인문사회 담론에서 사이보그라는 개념이 주목받기 시작한 것은 과학사가이자 여성주의자인 도나 해러웨이가 1984년에 「사이보그를 위한 선언」이라는 글을 발표하면서부터다. 이 글에서 해러웨이는 기술 및 의미를 포괄하는 실천 체계 및 담론으로서 사이보그는 냉전 체제, 후기산업사회 및 가부장제라는 시대적 배경과 맞물려 등장했다고 분석한다. 기술의 핵심을 이루는 정보과학은 첩보전과 밀접한 관계를 맺고 발전했으며 고용 유연화 및 산업 구조의 재편과 깊은 관계가 있고, 성별 노동 분업 및 젠더 이분법을 지탱하던 정신-육체의 구분을 새로운 방식으로 강화했기 때문이다.

사이보그는 본래 우주복을 고안하는 과정에서 만들어진 말이다. 1960년에 이 단어를 처음으로 제시한 과학자 맨프레드 클라인스와 네이든 클라인은 당시 현실화되기 시작한 우주 탐험이 인간의 신체적 진화뿐만 아니라 정신적 진화에서도 중요한 의미를 띤다고 보았다. 이들의 전망에 따르면 의식적 조작 없이도 생리적 항상성을 유지해 줄 수 있는 인공적 외피를 갖춘다면 인간은 우주 공간에서 자유로운 탐험가가 될 수 있다. 이때 '의식적 조작'이 필요 없다는 점이 강조된다는 사실은 흥미롭다. 생존에 지적 자원을 낭비하는 우주인은 정신적 자유를 누릴 겨를이 없다는 것이다. 먹고 살 걱정이 없거나 의식주와 관련된 일상의 노동에서 해방될 때 정신적 창조력이 극대화될 수 있을 것이라는 생각, 또는 하루 한 알만 먹으면 생존할 수 있는 알약의 발명을 기술적 진보로 간주할 수 있다는 생각과 비교되는 대목이기도 하다.

이때 육체적 필요는 정신의 역량을 구속하는 한계로 여겨진다는 점에 주목할 수 있다. 당대의 인문학자들도 이런 사고방식을 시대적 징후로 읽어 냈다. 예컨대 철학자 한나 아렌트는 『인간의 조건』이라는 책의 서문에서 달 착륙 사건을 언급한다. 인간의 실존 자체가 변할 가능성을 함축한다고 보았기 때문이다. 아렌트가 그렇게 생각한 이유는 정신이 탐험할 수 있는 신세계가 열렸기 때문이 아니었다. 삶의 모체가 되어 왔던 지구를 구속의 공간으로 정의하고 그것을 벗어나려 한 시도는 아마도 인류 역사상 처음이라고 보았기 때문이다. 사실 통념과는 달리 정신-육체의 이분법은 인문학 못지않게 기술과학에 의해서도 강화된 측면이 있는데, 기술과학을 다른 삶의 영역들과 분리해 생각하고 그 사회적 기반을 고려하지 않을 경우 그렇게 될 가능성은 더욱 커진다.

사실 우주 개발은 인류의 진보보다는 생존을 위한 도박이었을 수도 있다. 구체적 사례로는 '스타워즈'라고 일컬어지기도 했던 1983년 미국의 전략방위구상을 고려해 볼 수 있다. 대륙 간 탄도미사일이 목적지에 도착하기 전에 우주공간에 있는 장비들을 사용해 격추한다는 내용을 핵심으로 삼은 이 전략은, 기존의 상호확실파괴(MAD), 즉 상대를 전멸시킬 수 있는 군사력을 양측 모두 갖추게 되면 어느 한쪽이 먼저 공격을 도발하는 일을 방지할 수 있다는 군비경쟁 전략에 대한 대안으로 제시되었다. 사이보그 구현을 위한 또 다른 핵심기술인 네트워킹도 같은 시대적 배경에서 출현했다. 예컨대 인터넷은 핵전쟁에 대비한 통신체제인 아르파넷 개발에서 유래한 것이다.

아마도 오늘날 좀 더 피부에 와 닿는 것은 경제적 생존의 문제인지도 모르겠다. 이 맥락에서는 1970년대 후반부터 진행된 일련의 정치경제적 변동을 주목할 수 있다. 그 변화에는 유비쿼터스 환경에서 쉼 없이 '실시간'으로 이뤄지는 주식 투자가 상징하듯, 정보기술을 기반으로 한 경제 금융화가 진행되었다는 사실뿐만 아니라, 고용-실업, 노동-여가, 생산-재생산, 여성의 일-남성의 일과 같은 이

전 시대의 구분들이 와해되기 시작했다는 사실도 포함된다. 당시 진행되던 산업 구조의 변동, 즉 정보산업과 서비스 산업의 확대는 새로운 노동 조건의 형성과 깊은 관계를 맺고 있었기 때문이다. 이를테면 서유럽의 경우 정보통신 인프라를 이루는 장비들은 아시아의 글로벌 공장에서 저임금, 비정규 여성 노동력에 의해 생산되었고, 윤택한 삶을 유지하기 위한 일상적 노동은 제3세계에서 이주한 서비스직 노동자들에 의해 해결되었다.

2012년에도 상황은 나아진 것이 없어 보인다. 아이폰을 생산하는 중국 공장에서는 2010년 이래로 십여 명이 처우 개선을 요구하며 투신자살했을 뿐만 아니라 실습을 명목으로 미성년자인 직업학교 학생들을 생산에 투입했다. 한국에서도 반도체 생산 공정이 백혈병을 유발할 수 있다는 가능성이 이슈화되어 있고, 세계적으로는 희토류를 둘러싼 자원 전쟁이 날로 치열해질 전망이다. 이렇게 생산되는 스마트폰은 사용자들에게는 하루 24시간 1년 365일 지속되는 노동 및 소비 환경을 만들어 내다가 수명을 다하면 빈곤한 지역으로 '기증'된다. 이 기계들은 결국에는 발암물질을 내뿜는 소각 과정을 거쳐 고철이 되는데, 지역민들은 그 고철을 손으로 골라내어 헐값에 판매하며 생계를 유지한다.

포스트휴먼 패러다임과 사이보그 2.0

사이보그 기술과 관련해 보다 최근에 등장한 개념은 포스트휴먼 (post-human)이다. 사이보그가 인공-자연, 정신-육체와 같은 전통적인 이분법적 범주들이 재정의되는 시점에 출현했다면, 포스트휴먼은 그러한 구분이 사라진 일원화된 세계에서 등장하는 개념으로 일종의 포스트-사이보그다. 또한 포스트휴먼이 되기를 지향하는 입장인 포스트휴머니즘은 가치와 지향, 인간관을 보다 직접적으로 언급한다. 인간 이후의 인간, 인간을 넘어선 인간이 된다는 이 입장은 정신 능력을 포함한 인간의 실존 전체를 한계로 규정하는 경향이 있다.

예컨대 포스트휴먼이라는 개념을 직접 사용하지는 않지만, 2010년에 사이보그재단을 공동 설립한 닐 하비손을 사례로 참작해 볼 수 있다. 예술가이지만 색맹인 그는 색상을 음색으로 변환하여 '색깔을 듣는' 방법, 이를테면 '피카소 작품을 듣는' 방법을 고안했다. 여기서 시각과 청각은 감각이라는 하나의 일반화된 평면에 있는 것으로 간주된다. 그가 장애라는 개념을 보는 시각은 좀 더 흥미롭다. '정상인'이더라도 물리적 한계를 지닐 뿐 아니라, 기술을 통해 확장되거나 새로운 능력을 지니는 것이 가능하기 때문에, 정상과 장애의 구분은 상대적이라는 것이다. 어떤 면에서 모든 사람은 장애인이다.

같은 시기, 즉 2000년을 전후한 시기에 중요성이 크게 부각된 생명공학은 포스트휴먼 패러다임의 대표적인 기술인데, 기억력이나 학습력과 같은 중추신경계의 능력을 강화하는 정신의학적 약물들은 그 구체적인 사례이다. 흥미로운 점은 이 약물들이 사이보그 보철처럼 없던 것을 보충하는 방식보다는 있는 것을 강화하는 방식, 가령 특정 신경전달물질의 농도를 변화시키는 방식으로 작용한다는 것이다. 사이보그 패러다임이 인공과 자연의 접합을 시도한다면, 포스트휴먼 패러다임은 자연이 이미 인공이라는 관점에 가깝다. 인간의 능력 전체는 늘 '업그레이드'될 수 있는 가능성이 있고, 그런 면에서 한계로

2부   우리 삶은 몸과 마음
사이에 있다

규정된다.

인간이 직면한 것으로 여겨지는 가장 대표적인 한계는 죽음일 것이다. 그런데 생명과학의 발달과 더불어 죽음은 사건보다는 과정으로, 실존의 조건보다는 극복될 수 있는 한계로 이해되기 시작한다. 예컨대 진화생물학은 죽음을 절대적 사건보다는 확률의 문제로 이해하고 분자생물학은 세포예정사(세포자살)와 같은 개념들을 통해 그 미시적 과정을 추적하고 있으며, 정보과학이 죽음을 개인이 일생 동안 누적해 온 정보(기억, 취향 등)의 비가역적 상실로 재정의하는 동안, 냉동인간 기술은 죽음이 최종적으로 극복될 미래까지 재정의된 죽음을 유예하는 수단을 제공하고 있다.

사실 마음만 먹으면 인류 역사상의 어느 시점에서든 불로장생이라는 아이디어를 찾아내기는 어렵지 않을 것이다. 이 전면화된 한계의 사유를 따라가다 보면 인간은 늘 어떤 형태로든 초월에 대한 욕망을 지니고 있었고 기술과학은 단지 그를 실현 가능케 할 수단만을 제공했다고 생각하기는 쉽다. 하지만 정말로 그럴까? 장애의 문제를 다시 생각해 보자. 장애 차별에 반대하는 활동가들은 정상-장애의 구분이 절대적인 것이 아니며 모든 사람은 장애인이기도 하다는 점을 지적해 왔지만 그 함의는 정반대에 가깝다. 앞에서 예로 든 사고방식이 개인의 신체를 보완하여 모든 능력을 갖추게 한다는 것에 가깝다면, 장애 활동가들의 사고방식은 어떤 신체 조건을 지닌 사람이든 활동에 제약받지 않는 사회 환경을 만들어야 한다는 것이기 때문이다. 후자의 경우 어떤 기술과학이 추구될지 상상해 볼 필요가 있다.

물론 우주 탐험이나 스마트폰이 여는 긍정적인 가능성들을 모색하는 것 역시 중요하다. 그런 측면들을 덜 강조하는 이유는 반복할 필요가 없을 만큼 널리 이야기되고 있기 때문이기도 하다. 30년 전에 해러웨이가 주장했던 것처럼 사이보그에 '반대하는' 것보다는 그를 '위한' 선언문을 쓰는 작업이 필요하다. 이 글에서 가장 유명한 문장인 "나는 여신보다는 사이보그가 되겠다."는 말이 의미하는 것처럼, 기술과학을 통해 모든 한계를 초월한 신적 존재가 되거나 반대로 기술과학을 적그리스도로 간주하기보다는, 현실에서 우리가 어떤 존재가 되어 가고 있으며 되기를 요구받고 있는지, 그 가능성을 다른 방식으로 실현할 수 있는 방법은 없는지 질문할 필요가 있을 것이다. 문제는 '누가', 그리고 '어떤' 사이보그가 되는가이다.

2부   우리 삶은 몸과 마음
사이에 있다

3부

너는
죽도록 노동해야
살리라

3부의 주제는 '노동'이다. 노동이라고 했지만, 아무래도 우리에게 더 익숙한 말은 '일'인 것 같다. 일에는 여러 가지 뜻이 있다. 사전을 찾아보면 '무엇을 만들거나 이루기 위해 몸을 움직이고 머리를 쓰는 활동 또는 그 활동의 대상', '생계나 벌이를 위한 노동이나 직업', '볼일이나 용무', '되어 가는 형편', '큰 난리나 변동', '사고', '특별한 형편이나 사정', '경험', '비용이 많이 드는 행사' 등으로 풀이하고 있다. 우리가 하는 것 가운데 일 아닌 것이 없을 정도로 이 말에는 많은 것이 담겨 있다. 그에 비해 노동은 범위가 한정되어 있다. 일의 사전적 정의 가운데 하나에서 보듯, 우리는 '생계나 벌이'와 직접 관련 있는 행위만을 제한적으로 노동이라고 부른다. 인류의 역사는 어쩌면 일이 노동으로 축소되어 가는 과정이었는지도 모르겠다. 그러나 일과 노동이 같은 것일 수는 없다. 일의 의미가 노동으로 축소된다면 그 삶은 조금 황폐하지 않을까? 노동 아닌 일들은 경제적으로 가치 없는 활동으로 여겨질 것이니 말이다. 우리 시대에 노동은 어떤 의미를 가지고 있을까? 노동은 무엇일 수 있을까? 이런 물음을 염두에 두고 우리는 아르바이트 경제, 갬블, 성경에서의 노동, 죽도록 일만 하는 한국인을 성찰의 주제로 다루어 보았다.

한국인은 왜
죽도록 일만 하는가

강신주
철학자

어린 시절, 지금은 돌아가신 아버지는 내게 항상 말씀하셨다. 지금 열심히 공부하지 않으면 당신처럼 몸을 쓰면서 힘들게 살아갈 거라고. 불행한 유년 시절로 아버지는 공부를 많이 할 수가 없었다. 그런 탓일까, 아버지는 육체노동으로 하루하루를 힘들게 보내셨다. 그런 아버지에게 조금이라도 위로의 시간이 있었다면 그것은 지친 몸으로 귀가하셨을 때 늦게까지 책을 읽고 있던 나의 모습을 보았을 때였다. 아마 몸을 쓰지 않고 펜대를 굴리며 노동자를 지시하는 나의 미래를 꿈꾸셨을 것이다. 아버지의 기대대로 나는 교육 제도가 허용하는 최고 과정까지 공부했다. 그것도 철학을 말이다. 박사학위를 받은 기념으로 찍은 가족사진을 들여다보면, 아버지의 주름진 얼굴에는 행복한 미소가 머물고 있다. 그렇지만 당시 사진 속의 나는 펜대를 굴리며 노

3부   너는 죽도록
노동해야 살리라

**17세기 네덜란드 철학자
바뤼흐 스피노자**

"만일 행복이 눈앞에 있다면, 그리고 큰 노력 없이 찾을 수 있다면,
어떻게 모든 사람들이 그것을 등한시 할 수 있겠는가? 그러나 모든
고귀한 것은 힘들 뿐만 아니라 드물다."
— 스피노자, 『에티카』

동자를 부리는 것과는 사뭇 다른 꿈을 가지고 있었다. 그것은 노동자가 시를 쓸 수 있는 미래였다. 영혼이 존재한다면 아버지는 어떤 생각을 하고 계실까? 모를 일이다. 정신노동이 육체노동을 지배하는 구조 자체를 없앨 수 있다면, 다시는 아버지처럼 힘든 삶을 살아가는 사람이 없을 것이라는 나의 신념을 받아들여 주실까? 이것도 또 모를 일이다.

독재 시대에 스스로 생각한다는 것은 반역

근면, 자조, 협동. 어디선가 많이 들어 본 구호다. 개발독재 시절 농촌 지역을 근대화하려는 목적으로 정부 주도로 시작된 새마을운동의 슬로건이다. 당시 새마을운동은 "잘살아 보세"라는 배경 음악으로 위풍당당하게 이루어졌다. 보릿고개로 상징되는 해묵은 가난과 배고픔을 극복해 보자는 것이다. 그렇지만 지금 돌아보면 무엇인가 중요한 것이 빠졌다는 느낌이 든다. 슬로건 자체가 그저 소처럼 일만 하자는 취지 아닌가? 더군다나 정부가 주도했던 운동임에도 모든 책임, 즉 가난의 책임을 전적으로 국민에게 돌리고 있는 논리도 문제다. 부지런하지 않기 때문에, 정부나 타인에게 의존하기 때문에, 서로 도와주지 않기 때문에 가난하게 되었다는 것이다. 그렇다. 그저 소처럼 묵묵히 열심히 일하면 된다. 그러면 언젠가 우리도 잘살게 될 것이다.

어떻게 하면 잘사는 것인지, 그것에 대한 진진한 고민이 없었다는 것, 아니 생각하지 말아야 했었던 것. 그것이 박정희의 지배가 독재일 수밖에 없는 이유이기도 하다. 생각은 오직 최고 통치자만 하면 된다. 그 지침에 따라 그저 묵묵히 일하면 된다. 억압적인 사회의 해묵은 공식이 떠오르는 대목이다. 사회에는 정신노동과 육체노동이란 분업이 존재해야 하며, 당연히 정신노동은 육체노동보다 우월하다는 것이다. 『맹자(孟子)』의 「등문공(滕文公)」상(上)편을 보면, 다음과 같은 말이 등장한다. "정신노동을 하는 사람은 다른 사람을 지배하고, 육체노동을 하는 사람은 다른 사람에게 지배를 받는다. 지배를 받는 사람은 자신을 지배하는 사람을 먹이고, 지배하는 사람은 지배를 받는 사람에게서 먹을 것을 얻는다."(勞心者治人, 勞力者治於人. 治於人者食人, 治人者食於人.)

정신노동과 육체노동, 맹자의 표현을 빌리자면 '노심자(勞心者)'와 '노력자(勞力者)'라는 구분은 동서양 할 것 없이 모든 권위주의적인 체제의 핵심적 공리로 반복된다. 이것이 박정희 개발독재가 우리에게, 혹은 민주주의에 안겨 준 치명적인 상처의 핵심이다. 그는 우리를 마음을 쓰지 않고 육체를 쓰는 사람으로 만들었던 것이다. 그렇지만 마음을 쓰지 않는다면, 그러니까 자신의 삶과 공동체의 운명에 대해 고민하지 않는다면, 우리는 소와 같은 가축에 지나지 않는 것 아닌가? 여기에 어떻게 민주주의가 가능할 수 있다는 말인가? 각 개인이 자신의 자유로운 판단을 토대로 공동체의 규칙을 결정하지 않는다면, 민주주의란 불가능한 법이다. 민주주의 사회에서 양심의 자유, 언론과 출판의 자유, 그리고 집회와 결사의 자유가 가장 중요할 수밖에 없는 것도 이런 이유에서다. 자신만이 생각하겠다는 박정희의 오만에 대해 국민들이 저항했던 것도 어쩌면 당연한 일인지도 모른다. 생각의 능력을 가진 인간이 생각을 하지 않는다는 것은 견딜 수 없는 노릇이다.

그렇지만 박정희는 1972년 유신헌법을 통해 민주주의에 대한 열망, 그러니까 스스로 생각하겠다는 국민의 염원을 좌절시킨다. 그러나 과연 1945년 해방된 이래, 독재자는 박정희만 있었던 것일까? 아니다. 박정희의 독재 이전에 권력을 위해 부정선거를 획책하던 이승만의 독재가 있었고, 박정희 이후에도 광주를 피바다로 만든 전두환의 독재가 있었다. 그러나 시선을 더 확장해 보자. 20세기 초반에 우리는 일본 제국주의의 식민지였지 않은가? 식민지의 주민만큼 더 폭압적인 독재에 시달렸던 사람도 있을까? 결국 우리의 20세기는 독재의 세기, 그러니까 민주주의가 숨을 쉴 수도 없었던 독재와 폭정의 시기였다고 할 수 있다. 그래서 우리는 스스로 생각하며 살 수가 없었다. 독재자만이 생각할 수 있을 뿐이다. 주민들은 그저 독재자의 생각에 따라 소처럼 묵묵히 일해야 한다. 스스로 생각한다는 것 자체가 독재 치하에서는 하나의 반역 행위일 수밖에 없으니까.

산업자본의 발달과
인문학의 후퇴

산업자본주의는 근대 사회의 핵심이다. 산업자본은 새로운 제품을 만들어 과거의 낡은 제품을 폐기 처분하는 힘으로 작동한다. 그래서 산업자본은 상업자본과는 그 작동 원리 자체가 다르다. 상업자본은 공간의 차이, 정확히 말해서 가격 차이가 나는 두 지역을 전제로 해서 이윤을 낳는다. 바닷가에서는 해산물의 가격이 싸지만, 내륙 깊은 곳에서는 동일한 해산물이 훨씬 더 비싼 가격에 팔린다. 그러니까 상인은 바닷가 근처 어촌에서 해산물을 싸게 산다. 그렇지만 어촌의 그 누구도 상인에게 싸게 팔았다는 생각을 하지 않는다. 해산물을 들고 상인은 내륙 마을로 들어간다. 그곳에서 상인은 해산물을 비싸게 판다. 그렇지만 마을의 그 누구도 상인이 비싸게 팔았다고 투덜대는 일은 없을 것이다. 이렇게 가격 차이가 발생하는 지역들이 존재하는 한, 상인, 그러니까 상업자본은 발생할 수밖에 없다.

상업자본과는 달리 산업자본은 시간의 차이를 통해 이윤을 남긴다. 그렇지만 상업자본의 경우 공간의 차이, 그러니까 지역에 따른 가격 차이가 미리 정해져 있다면, 시간의 차이는 미리 존재하는 것이 아니라 산업자본 자체의 힘으로 만들어지는 것이다. 새로운 상품을 시중에 내놓으면서 산업자본은 우리에게 시간이 흘러갔다는 사실을 받아들이라고 강요한다. 산업자본이 신제품으로 만든 새로운 시간 차이가 바로 유행이다. 유행은 다른 사람보다 우월하고 싶은 인간의 허영을 자극한다. 새 옷을 입거나 신형 차를 몰 때, 우리는 자신이 유행에 뒤떨어진 옷이나 차를 가지고 있는 사람보다 우월하다는 착시 효과에 빠지게 되는 것이다. 유행을 선도하는 산업자본은 살아남아 번성할 테지만, 그렇지 않고 한때의 영화에 취해 있는 산업자본은 무자비하게 도태할 수밖에 없다. 한때 휴대폰 시장을 장악했던 노키아라는 회사가 스마트폰의 유행 앞에서 도태되는 것도 이런 이유에서다.

결국 새로운 유행을 만드는 기술 혁신은 산업자본으로서는 사활을 건 문제일 수밖에 없다. 바로 여기서 분업화의 논리가 중요한 계기로 대두한다. 그렇지만 분업화의 이면에는 전문화의 과정이 깔려 있다. 기술 혁신은 아무래도 전문화가 더 유리할 테니까 말이다. 이런 산업자본의 내적 메커니즘에 부응하기 위해 대학을 포함한 연구 기관도 세분화되고 전문화된 인력을 양산하는 방향으로 변할 수밖에 없다. 좌우지간 열 개를 연구하는 것보다 한 개만을 연구할 때, 기술 혁신에는 더 유리할 테니까 말이다. 따라서 산업자본이 발달할수록, 종합적이며 전인적인 교육은 와해될 수밖에 없다. 산업자본은 분업 체계의 한 구석을 담당할 수 있는 전문 교육을 선호하니까 말이다. 산업자본 사이의 경쟁이 치열할수록 이런 경향은 강화될 수밖에 없다. 그 부작용이 아마도 인간을 총체적으로 이해하려는 인문학의 퇴조라고 할 수 있다.

대학에서, 그리고 직장에서도 이제 우리는 새로운 기술 혁신을 강요받는 존재로 변하게 된다. 당연히 우리는 더 많은 시간을 연구실 아니면 회사에서 보내야만 한다. 그리고 우리 삶의 에너지 대부분은 우리가 맡고 있는 전문화된 분야에 투여된다. 그러나 선택의 여지는 없다. 대학에서부터 우리는 자본이 요구하는 것만을 배워 왔기 때문이다. 이미 자신이 전공한 분야를 제외하고는 우리는 문외한이 된 지 오래다. 그럴수록 우리는 기술 혁신이란 자본의 명령을 생존의 명령으로 수용할 수밖에 없다. 자기 개발과 자기 혁신은 생존을 위한 불가피한 사명이 된 지 오래다. 면접 때 우리는 자신이 자본이 원하는 능력을 가지고 있다는 것을 고해성사했다. 그렇지만 이런 고해성사는 이제 상시적인 일이 되었다. 매번 우리는 자신이 월급을 받을 만한 사람이라는 것을 입증해야 하기 때문이다.

워커홀릭의 탄생,
향유하는 시간을 잃어버린 사람들

오래된 독재의 경험을 통해 우리는 어떻게 살아야 잘사는지를 생각

3부 너는 죽도록
노동해야 살리라

하지 않은 지 오래되었다. 어떻게 하면 잘사는 것인지 조금만 생각하고 반성할 수 있었다면, 우리는 더 행복했을 텐데 말이다. 설상가상 1997년 IMF 구제금융 사태 이후로 자본주의는 우리를 한 치 앞도 생각할 수 없는 치열한 경쟁 속으로 몰아넣었다. 이제 일이 있다는 것 자체만으로 하나의 축복이 되어 버렸다. 그러니 일한다는 것 이외에 다른 것은 생각할 겨를도 없다. 한눈을 팔았다가는 그나마 있는 일도 다른 사람에게 빼앗길 수 있기 때문이다. 그럴수록 우리는 일에 몰입하게 된다. 일할 수 있다는 것 자체를 즐기기 위해서, 혹은 일할 수 있을 때 실직의 공포는 잠시라도 잊기 위해서 말이다. 마침내 우리는 일에 중독되어 버린 워커홀릭이 되어 버린 것이다. 이제 더 이상 우리는 왜 일을 해야 하는지, 그리고 어느 정도까지 일을 해야 하는지를 고민하지 않게 된 것이다.

과거 원시인들은 우리보다 더 지혜로웠다. 그들은 자신의 삶에 대해 우리보다 더 많은 생각을 할 수 있었기 때문이다. 그들은 알고 있었다. 자신의 삶은 사냥하는 시간과 향유하는 시간으로 양분된다는 사실을. 당연히 그들은 사냥하는 시간은 향유하는 시간을 위한 수단에 불과하다는 사실을 알고 있었다. 향유하는 시간은 사냥하는 시간이 아니라 사랑하는 시간, 공유하는 시간, 그리고 창조하는 시간이다. 물론 그들은 사냥하는 시간을 무시하지는 않았다. 사냥을 하지 않는다면, 향유도 사랑도 창조도 불가능할 테니까 말이다. 그렇지만 사냥하는 시간을 통해 아무리 많은 사냥감을 확보할 수 있다고 하더라도, 그들은 일정 정도의 사냥감만을 가지고 부족과 가족들의 품으로 돌아왔다. 이 정도면 충분하니까. 그들은 생각보다 빨리 사냥감을 확보하는 것에 대해 자기가 믿고 있는 신에게 고마움을 표시했다. 그렇지만 신에게 고마워하는 이유는 그만큼 자기들에게 향유하는 시간이 많이 주어졌기 때문이다.

원시인들의 삶을 엿보게 해 주는 동굴을 들어가 보자. 그들은 주거지에 온갖 벽화를 새겨 넣었다. 생존을 위한 경제에서부터 벗어났을 때에만 가능한 예술 활동이었던 셈이다. 분명 우리는 양적으로 원시인들보다 잘살고 있다. 그들이 상상도 못 한 문명의 혜택을 다 누리고 있다. 그렇지만 우리는 불행하기만 하다. 지금 우리는 향유하는 시간을 위해 일한다는 사실을 까먹고 있기 때문이다. 일에 중독되어 있다는 것은 그만큼 다른 것에 젬병일 수밖에 없다는 것을 의미한다. 어느 하나에 능숙하다는 것은 다른 것에는 서툴다는 것을 함축하기 때문이다. 그러니 아이들과 노는 것, 아내와 산책을 하며 대화를 나누는 것, 심지어 가족과 함께 공연장에서 연주에 몸을 맡기는 것, 어느 하나 피곤하지 않은 것이 없다. 익숙하지 않은 것을 한다는 것은 항상 과도한 에너지를 소비하는 일일 테니까 말이다. 그러니 다시 일에 몰입하게 된다. 잘할 수 있는 것이 일밖에 없기에, 일할 때 가장 편안함을 느끼게 되는 것이다. 이런 식으로 마침내 워커홀릭이 탄생하는 것이다.

"한국인은 왜 죽도록 일만 하는가?" 이제야 우리는 대답할 수 있게 되었다. 스스로 생각하지 않고 일만 했던 오래된 독재의 경험, 그리고 치열한 생존 경쟁으로 일자리 자체를 지상의 가치로 만들었던 산업자본의 압력. 이 두 가지 요소가 서로를 강화시키면서 우리를 워커홀릭으로 몰아갔던 것이다. 일만 하는 가축과도 같은 삶은 그래서 탄생했고, 사랑하고 창조하는 향유하는 시간은 망각되어 버린 것이다. 미셸 푸코의 지적처럼 지배와 억압이 관철되는 최종 장소가 주체인 것처럼 자유와 행복이 실현되어야 하는 장소도 주체일 수밖에 없다. 그렇기에 우리 시대에 더욱 인문학이 필요한 게 아닌가. 인문학은 수동적이고 관습적인 주체를 능동적이고 성찰적인 주체로 변형시킬 수 있는 힘을 가지고 있기 때문이다. 이제 깊게 생각할 일이다. 어떻게 사는 것이 행복한 것일까? 그리고 마침내 알게 될 것이다. 행복해지기 위해 진정으로 필요한 것이 바로 용기라는 덕목이라는 것을. 사랑하고 창조하는 시간, 즉 향유하는 시간을 위해 일하는 시간을 줄인다는 것, 그것은 생각보다 쉬운 일이 아닐 테니까 말이다.

성경에서의 노동,
창조와 휴식

손화철
한동대 글로벌리더십학부 교수

"누구든지 일하기 싫어하는 자는 먹지도 말게 하라."(「데살로니가후서」 3:10) 아마도 우리나라에서 가장 잘 알려진 노동에 대한 성경 구절일 것이다. 언젠가 노동자들은 자본가를 비난하며 "일하지 않는 자여 먹지도 마라."라는 노래를 만들어 불렀고, 정부와 기업들은 "무노동 무임금"이라는 구호로 맞섰다. 일종의 성경 해석이라고도 할 수 있는 이러한 구호들은, 실은 "해고는 죽음"이라는 쌍용차 노조원의 절규 속에 좀 더 격한 형태로 담겨 있는 노동의 위상을 잘 보여 주고 있다. 오늘날 노동은 인간의 삶에 가장 필수적인 요소이다. 노동을 통해서만 생존이 가능하고(혹은 가능해야 하고) 인간 존재의 의미가 밝혀진다.

아래에서 좀 더 자세히 살펴보겠지만, 각기 다른 각도에서 노동의 중요성을 강조하는 이러한 구호들이 성경 전체에 흐르는 노동관을 반영하고 있는 것 같지는 않다. 그런데 도대체 종교와는 전혀 무관해 보이는 노사 갈등에 그다지 치밀하게 해석되지도 않은 성경 구절이 슬며시 들어와 있는 이유는 무엇일까? 그것은 아마도 근대화 초기에 들어온 기독교가 우리나라 기존의 전통 사상들에 비해 노동 자체에 대해 비교적 적극적인 설명을 제시하고 있기 때문일 것이다. 또 노동의 의미를 묻고 강조하는 것부터 서양적인 것으로 본다면, 오늘날 우리가 가진 노동과 그 본질에 대한 이해가 간접적으로나마 기독교에 닿아 있음을 부인할 수 없다. 노동에 대한 논의를 성경의 노동관으로부터 시작하는 이유가 여기에 있다.

기독교는 다른 어떤 종교보다 경전을 중요시 하는데, 경전은 다양한 방식으로 해석되기 때문에 역동적인 성격을 가진다. 시대와 문화, 계급과 이해관계에 따라 제시되는 제각각의 해석들은 인간의 가장 보편적이고 근본적인 활동에 대한 성경의 다양한 서술들을 더욱 풍부하게도 하고 곡해하기도 한다. 서양 근대에 제기된 노동에 대한 여러 견해들도 이러한 흐름에서 이해되어야 할 것이다.

이 글에서는 성경이 노동의 문제를 다루고 있으되 자세히 들여다보면 쉼을 더 강조하고 있으며, 쉼을 중심에 놓고 볼 때 성경에서 말하는 노동을 보다 총체적으로 바라볼 수 있다는 제안을 제출해 본다. 이 또한 하나의 해석일 수밖에 없겠으나, 오늘날 우리에게 익숙한 노동의 가치에 대한 생각이 그 뿌리에서는 어떻게 달랐으며 어떤 식으로 변형되어 왔는지를 알아보려는 시도이기도 하다.

형벌로서의 노동과
축복으로서의 쉼

성경에서 노동이 그리 긍정적으로 묘사되지 않는 것은 어찌 보면 당연하다. 어느 문화에서건 노동은 괴로운 것이고, 성경도 이 사실을 충실하게 반영하고 있다. 노동은 타락의 가장 직접적인 결과다. 선악과를 따먹은 인간이 받은 벌 중 남자가 받은 벌은 "종신토록 수고하고" "얼굴에 땀을 흘려야"(「창세기」 3:17-19) 먹을 수 있다는 것이다. 이스라엘 민족의 역사에서 가장 중요하다고 할 수 있는 출애굽은 강제 노동으로부터의 해방이다.

노동에 대한 성경의 부정적인 인식은 안식일 규정에서 가장 잘 드러난다. 안식일은 쉬는 날, 일하지 않는 날이다. 이스라엘 민족은 물론, 그들에게 와서 머무는 이방인, 종, 심지어 동물들까지 안식일에는 쉬어야만 한다. 이집트에서 나온 이스라엘 민족은 광야 생활을 하면서 하늘에서 떨어지는 만나를 주워 먹었는데, 이마저도 안식일에는 금지되었다.(「출애굽기」 16:1-31) 이 세상이 끝나는 것을 성경은 영원한 안식으로 표현한다. 물론 안식에 대한 여러 가지 신학적인 해석이 가능하지만, 일차적으로 안식은 쉬는 것이다. 천국을 묘사한 대목에는 노동이 없다. 심지어 하나님도 쉬셨다.(「창세기」 2:2)

제사장의 지파였던 레위 지파는 생산적인 일을 하지 않고 종교적인 의무만을 담당했다. 그들은 머물 장소를 부여받았지만, 다른 지파들의 십일조를 받아먹고 살았다. 중세 서양의 기독교인들에게 노동은 그 자체로 중요한 것이 아니었다. 신부들뿐 아니라 은둔자, 순례자, 걸인들도 존경받았다.

하나님의 노동,
인간의 타락한 노동

하나님이 쉬셨다고 해서 하나님의 노동도 부정적이라고 볼 수는 없는 노릇이다. 형벌로서의 노동과 하나님의 노동은 구분할 필요가 있다. 예수님은 안식일에 자신이 일을 했다고 비판하는 유대인들에게 "내 아버지께서 이제까지 일하시니 나도 일한다."(「요한복음」 5:17)고 하셨다. 먹고사는 것을 초월하는 노동, 안식을 범하는 것이 아닌 노동이 있다.

인간의 타락 이전에 주어진 하나님의 명령 중 "땅을 정복하고 모든 생물을 다스리라."(「창세기」 1:28)는 명령이 있다. 이를 '문화 명령'이라고도 부르는데, 하나님의 형상을 따라 지어진 인간이 그 창조성을 발휘해야 한다는 것으로 이해된다. 타락하지 않은 노동의 원형이 있다면 그것은 하나님의 창조를 이어 창의력을 발휘하고, 하나님의 통치를 이어 땅을 다스리는 일이다.

성경의 문화 명령이 현대 환경 문제의 원인이라는 주장이 제기되기도 했었다. 인간의 지위를 지배자로 설정하고 자연을 대상화하는 기독교 사상 때문에 자연 파괴를 서슴지 않게 되었다는 것이다. 그러나 성경의 명령이 자연의 무조건적인 착취를 용인한다고 보기는 힘들다. 성경에서 인간과 자연은 모두 하나님의 피조물이고, 인간의 자연 지배는 하나님의 창조 질서 안에서 이루어져야 하기 때문이다. 기독교를 중심 사상으로 했던 서양 중세가 지나서야 과학과 기술이 본격적으로 발전한 것은, 근대 인본주의의 영향이라 보아야 한다.

환경 파괴와 성경을 연결시키는 데는 자크 엘륄(Jacques Ellul)의

'도시' 개념이 오히려 유효하다. 그는 성경에 등장하는 모든 도시들이 타락한 노동의 특징, 즉 스스로 땅을 다스리려는 욕구를 상징한다고 주장했다. 첫 살인자 가인이 만든 도시로부터 예루살렘에 이르기까지 성벽을 쌓아 원수와 자연재해로부터 스스로를 방어하려는 모든 노력은 하나님으로부터 독립하려는 타락한 인간의 노동이다.

일용할 양식을 위한 노동

그러면 타락 이후의 모든 노동이 무의미한가? 그렇지 않다. 성경은 먹고사는 것의 중요성을 간과하지 않는다. 인간은 노동을 통해 생명을 이어 가기 때문에 노동은 매우 중요하다. 사람은 매일의 양식을 위해 열심히 일해야 하고, 이를 회피하는 게으른 자는 엄중한 경고를 받는다. "일하지 않는 자는 먹지도 말라."는 가르침은 이러한 맥락에서 이해되어야 한다. 하나님은 인간의 노동에 열매를 허락하는 것을 통해 축복을 내리신다.

먹고살기 충분한데 더 가지기 위한 욕심으로 일하는 것은 의미가 없다. 광야에서 떨어지는 만나는 안식일을 제외하고는 매일 하루치씩만 거두어 먹어야 했다. 예수님은 "우리에게 일용할 양식을 달라고" 기도하도록 가르친다. 곧 죽을 것이란 사실을 모르고 곳간에 양식을 가득 쌓아 놓고 미래의 계획을 세우는 부자는 바보다.(「누가복음」 12:18-20) 부자는 재산을 다 털어 가난한 자에게 나누어줄 것을 종용받는다.(「마태복음」 19:21)

먹고살기 위한 노동은 직접적인 노동의 강조로도 해석할 수 있다. 직접 생산을 하는 노동을 해야지 이자를 받아서는 안 된다.(「신명기」 23:19) 이에 따라 중세 서양 사회에서는 이자를 금했고, 수도사들은 직접 경작한 음식을 먹는 것을 원칙으로 했다. 종교개혁자들 중 이자를 받는 것을 허락한 경우도 있지만 이는 빌린 돈을 가지고 사업을 하여 이익을 냈을 경우다. 먹을 것을 꾸어준 다음에 이자를 받는 것은 엄격하게 금했다. 중세 서양에서 토지 소유를 제한받았던 유대인들이 고리대금업을 담당했다는 사실은 아이러니하다.

　토마스 아퀴나스는 노동의 목적을 먹을 것을 얻고, 게으름과 그것이 만들어 내는 문제들을 없애고, 정욕을 억제하고, 다른 이들에게 자선을 베푸는 것으로 규정했다고 한다. 이러한 입장은 막스 베버의 분석 대상이 된 개신교도들에게서도 일부 찾아볼 수 있다. 베버는 개신교도들이 자신들의 구원을 확인하기 위해 열심히 노동하고 금욕주의적인 생활을 한 결과 자본주의의 근간을 이루었다고 주장한다. 이는 노동에 대한 다소 긍정적인 태도를 보여 주기도 하지만, 여전히 노동 자체를 신성시한 것은 아니라는 점에 유의해야 한다. 오늘날 한국 개신교가 금욕주의적 삶과 구제보다 노동 자체의 중요성과 자본주의 체제에 대해 너무 긍정적인 견해를 가지고 있는 것은 이러한 흐름에서 벗어나 있다.

성경에서의 노동, 약자를 위한 정의

형벌로 주어진 노동에 대한 해결은 쉼으로서의 영원한 안식이다. 하나님의 백성은 그 영원한 안식을 기대하며 사는 사람들이기 때문에 노동을 함에 있어서도 안식의 상태를 추구해야 한다. 안식의 상태는 무엇보다 쉬는 것이겠지만, 필요한 노동의 기회를 제공하는 것이기도 하다. 성경에서는 노동 자체의 중요성과 아름다움을 강조하기보다 논의의 초점을 정의의 문제로 재빨리 돌려 버린다. 노동에서 중요한 것은 정의, 그중에서도 약자들을 향한 정의의 문제이다.

율법은, 추수할 때 밭에 떨어진 이삭은 가난한 이들을 위해 남겨 두고, 과일나무에서 모든 과일을 따지 말 것을 요구한다.(「레위기」 19:9-10) 그러면 경작할 땅이 없어 스스로를 부양할 수 없는 고아와 과부도 빌어먹는 것이 아니라 직접 노동을 통해 먹고살 것을 마련할 수 있게 된다.

형벌인 만큼 노동은 힘든 것이기에 다른 사람을 착취하려는 유혹이 생기게 마련이다. 그러나 성경은 앞서 말한 바와 같이 종들과 이방인, 동물에게도 안식일에는 쉴 권리가 있으며, 일한 자들에게는 정당한 대가가 주어져야 한다고 말한다. "곡식을 떠는 소의 입에 망을 씌우지 말라."(「신명기」 25:4)는 명령은 성경이 노동과 관련하여 부가하는 정의의 원리를 잘 보여 준다.

근대 이후 서유럽 사회가 식민지 정복, 노예 제도, 노동자 착취 등 성경의 정의에 전혀 상반되는 움직임을 보여 온 것은 노동의 정의에 대한 성경의 가르침을 무시한 결과다. 기독교 정신에 따라 영국에서 노예 제도의 폐지를 이끌어낸 윌리엄 윌버포스와 같은 이들이 없었던 것은 아니다. 그러나 식민지의 인도네시아 사람들을 구원으로 이끌기 위해 그들에게 강제 노동을 시켜야 한다고 가르쳤던 네덜란드 교회나, 아프리카인들을 하나님으로부터 저주받은 함의 자손으로 보고(「창세기」 9:20-27) 인종차별을 정당화했던 남아프리카의 백인 기

**장 프랑수아 밀레,
「이삭 줍는 여인들」(1857)**

성경에서는 노동 자체의 중요성과 아름다움을 강조하기보다
논의의 초점을 정의의 문제로 재빨리 돌려 버린다. 노동에서 중요한
것은 정의, 그중에서도 약자들을 향한 정의의 문제이다. 율법은,
추수할 때 밭에 떨어진 이삭은 가난한 이들을 위해 남겨 두고,
과일나무에서 모든 과일을 따지 말 것을 요구한다. 그러면 경작할
땅이 없어 스스로를 부양할 수 없는 고아와 과부도 빌어먹는 것이
아니라 직접 노동을 통해 먹고살 것을 마련할 수 있게 된다.

독교인들처럼, 성경을 빌미로 부당한 착취를 자행한 이들이 더 많았던 것을 부인할 수 없다.

오늘날 일부 국가들에서 노동의 영역에 정의가 도입된 것은 성경적 원리보다는 사회주의의 영향 때문이었다고 보는 것이 더 타당할 것이다. 물론 독실한 기독교인이었던 토머스 모어의 『유토피아』에서 이미 발견되는 사회주의의 이상이 성경에서 연원한다고 할 수도 있지만 말이다.

창조적인 노동과
영원한 안식

성경에 나오는 인간의 노동은 타락으로 인한 형벌이요 먹고살기 위한 노동이며, 하나님의 질서 대신 자신의 질서를 만들기 위한 왜곡된 노동이지만, 그 노동의 원형은 하나님의 노동, 곧 창조의 노동이다. 따라서 구원의 희망을 가진 자들은 단순히 먹고살기 위한 노동, 자기 자신의 성취를 위한 노동에 매몰되어 있어서는 안 된다. 하나님의 노동, 즉 완벽한 창조의 상태를 만드는 노동에 참여해야 한다. 이러한 입장은 진정한 노동을 꿈꾼다는 점에서는 마르크스가 지향한 노동과 비슷하지만, 인간의 본질적 속성으로서의 노동 자체를 강조하는 것은 아니라는 점에서 다르다. 성경은 노동 자체보다 그 결과를 더 중시하는 것 같다. 하나님의 노동 끝에 그가 "보시기에 심히 좋은"(「창세기」1:31) 결과물이 도출되었고, 그 노동 후에 하나님은 쉬셨다.

형벌로서의 노동이든 창조의 노동이든, 성경에서의 노동은 결국 쉼을 향한다. 형벌로서의 노동에 쉼을 허용하는 것은 이 세상에서

정의로 드러나고, 하나님이 계획한 세상을 만드는 거룩한 노동 역시 성인한 안식으로 이어진다. 쉼을 고려하지 않는 노동, 쉼으로 이어지지 않는 노동은 성경의 전체적인 조망에서 벗어나 있다. 앞서 언급한 "일하기 싫어하는 자는 먹지도 말게 하라."는 가르침은 성경 전체의 맥락을 떠나 노동자와 기업에 공히 곡해된 셈이다.

돈은 어떻게
돌고 도는가

전 한겨레경제연구소 소장

신입사원이 회사에서 진탕 당했다. 고작 보고서의 오타 몇 개 때문이
다. 엄청나게 짜증을 낸 사람은 바로 같은 부서의 대리다.

그런데 이 대리는 성격이 나쁜 사람이어서 신입사원을 호되게
야단친 것일까? 그렇지 않다. 이 대리, 집에 가면 따뜻한 아빠, 착한
남편이다. 친구들에게는 인심 좋은 친구로 통한다. 대리가 짜증을 낸
것은 바로 위 상사인 팀장 때문이다. 전날 보고서 품질을 놓고 된통
혼난 일이 있고 나서 그 유탄이 신입사원에게로 날아간 것이다. 그럼
팀장은 이상한 사람이었을까? 아니다. 그 팀장 역시 이사로부터 한
방 큰 질책을 받았다. 이달 실적 때문이다. 이사님은 항상 회사 주인
인 양 행동한다. 눈에 띄기만 하면 매출이니 이익이니 시장 상황 얘기
를 하면서 스트레스를 주는 건 물론이거니와 사무실 물건 아껴 쓰라

3부   너는 죽도록
노동해야 살리라

는 잔소리까지 퍼부어 댄다. 출근 시간도 퇴근 시간도 없다며 밤에도 회의를 하고 휴일에도 책상을 지킨다. 대부분 회사의 풍경이다.

그럼 그 이사, 또 그 이사를 통제하는 사장은 왜 이런 행동을 할까? 가장 높은 사람, 사장님은 자기 욕심 때문에 이렇게 행동할까? 그렇지 않다. 자본주의 사회에서 주식회사는 사장의 것이 아니다. 주주의 것이다. 실적을 내지 못하면 주주들을 만족시킬 수 없다. 주주들의 압박은 사장을 잠 못 들게 한다. 이 압박이 커지면 자리를 내놓아야 한다. 또 주주에서 끝나는 것이 아니다. 주주를 만족시키려면 제품을 팔아야 한다. 제품을 팔려면 소비자에게 잘 보여야 한다. 이것도 만만치 않은 스트레스다. 소비자에게 조금이라도 나쁜 인상을 줄 것 같은 행동을 직원들에게서 발견했을 때 사장이 폭발하는 것은 어쩌면 인지상정이다.

나를 괴롭히는 주범은 누구인가?

존 스타인벡의 소설 『분노의 포도』를 보면 비슷한 장면이 나온다. 미국 대공황이 일어났던 1929년, 대농장주와 은행은 소작농들을 몰아내기 시작했다. 오클라호마 주의 한 농촌이 이 소설의 배경이다. 윌리 필리라는 청년은 주민들을 쫓아내는 일을 맡은, 말하자면 철거반원이었다. 같은 마을 주민들을 쫓아내는 일을 하면서 일당 3달러를 버는 그는 이렇게 말한다. "제가 그러고 싶어 그러는 게 아니에요. 그렇게 안 하면 목이 잘린다고요."

쫓겨나게 된 농부는 이렇게 물을 수밖에 없다. 그럼 누가 당신에게 이 일을 시켰느냐고. 돌아온 대답은 이랬다. 그 명령을 내린 사람 역시 자기가 원해서 그런 것은 아니고, 은행 이야기를 듣고 한 것이라고. 사람들을 쫓아내지 않으면 자기가 쫓겨날까 봐 두려워서 그런 명령을 내린 거라고. 농부는 은행 책임자를 죽이겠다고 울부짖는다. 그랬더니 다시 이런 대답이 돌아온다, 은행 책임자도 동부에서 지시를 받았다고. 땅에서 이익을 내지 못하면 은행을 폐쇄하겠다는 위협에 굴복한 것이라고.

결국 농부는 누구를 죽여야 할지 알아내지 못한다. 은행은 사람이 모여 만든 것이지만, 은행은 사람보다 더 강하다. 은행을 움직이는 사람도 누군가에게 위협받고 쫓겨 그렇게 하는 것이다. 은행에는 주주가 있고, 주주를 만족시키지 못하면 은행장도 쫓겨난다.

문제는 이 모든 사슬의 마지막 끝에 있는 '주주', 그리고 은행과 같은 '채권자'들이 현대 사회에서는 바로 이 사슬의 맨 아랫단 피해자들인 우리들과 같은 사람들이라는 사실이다. 주주들은 "어떻게든 비용을 더 줄이고 매출을 늘려서, 이번 기 실적을 목표보다 늘려라."라고 호통친다. 채권자들은 실적을 맞추지 못하면 자금을 회수하겠다고 협박한다.

그런데 그 주주의 자리에 굳게 올라서 있는 것이 바로 국민연금이다. 전 국민이 가입해 돈을 붓고 있는 사회보험이다. 국민연금도 거대한 주주다. 삼성전자의 5퍼센트, 현대자동차의 5.95퍼센트, 포스코의 5.43퍼센트를 보유하고 있다. 상장기업 전체를 봐도, 전체 시가 총액의 4퍼센트 가까이, 50조 원 이상을 보유하고 있다. 이 정도면, 국민연금이 투자자로서 당장 배당금과 이익을 내놓으라고 요구하면 기업이 대응책을 내놓을 수밖에 없는 상황이다. 국민연금이 사장을, 사장이 팀장과 대리를, 대리가 신입사원인 나를 압박하며 고통스럽게 하고 있는데, 그 국민연금의 주인은 바로 나다.

그뿐만이 아니다. 나는 은행에서, 증권사에서 펀드에 가입하고 있다. 내가 가입한 주식형펀드는 내가 일하고 있는 회사 주식을 갖고 있을지도 모른다. 펀드 수익률이 높아지기만을 고대하는 나는, 어쩌면 내게 영업 실적을 놓고 윽박지르는 우리 회사 사장의 배후일지도 모른다. 은행 예금주인 나는 금리 0.1퍼센트 포인트 차이에도 예금을 옮겨 타는데, 이런 나는 내게 비용 절감을 윽박지르는 우리 회사 이사의 그림자인지도 모른다. 내가 나를 괴롭히는 주범인 셈이다.

사회책임투자가 필요한 국민연금

국민연금 이야기로 좀 더 깊이 들어가 보자. 투자 수익의 극대화를 위해 기업을 압박하는 국민연금은, 결국 내 미래 생활비를 맡아 관리하는 동시에 나의 현재를 압박하고 있는 셈이다. 국민연금이 단기 수익률을 높이는 데만 급급하다면, 정작 높여야 할 우리 삶의 안정성은 크게 해치고 말 수도 있다는 이야기다.

좀 더 나쁜 경우도 생긴다. 예를 들면 '집속탄'은 민간인을 살상하고 장애인을 양산한다는 혐의를 받고 있어 국제사회의 금지 요구가 거센 폭탄이다. 집속탄 한 개가 투하되면 수백 개의 자탄이 튀어나와 분산되며 땅에 떨어지는데, 이들 중 상당수는 분쟁이 끝나고 나서 그 땅에서 생활하는 민간인을 죽거나 다치게 한다.

한국에서는 한화와 풍산이 집속탄을 생산한다는 지목을 받고 있다. 이 둘 모두 상장기업이다. 국민연금은 이 두 기업의 지분을 5퍼센트 이상 보유하고 있다. 우리의 노후 자금의 일부는, 당신의 가치관과는 전혀 상관없이, 인명 살상용 폭탄 제조 기업에 투자되어 있다. 그뿐인가? 담배 회사에 투자되어 있기도 하고, 공해 산업에 투자되어 있기도 하다. 우리는 미래의 생활비 마련을 위해 현재의 사회와 환경을 파괴하고, 오히려 수명을 단축하는 산업을 육성하고 있는지도 모른다.

이 문제를 어떻게 풀까? 연기금의 역사가 오랜 유럽에서는 이미 '사회책임투자'라는 답을 제시하고 있다. 장기적이고 공적 성격을 띤 연기금이 투자할 때는 기업의 지배 구조, 환경, 사회를 고려해 투자해야 한다는 뜻이다. 그래야 사회의 지속 가능성을 높이는 한편, 장기적으로 안정적인 수익률까지 얻을 수 있다는 것이다. 한마디로, 연금 가입자의 미래를 지키기 위해 투자하면서 그 가입자의 삶을 오히려 파괴할 수 있는 투자를 해서는 안 된다는 논리다.

금융 선진국에서는 이미 오래전부터 사회책임투자를 받아들이며 각종 제도를 도입하고 있다. 1995년 영국 연기금법은 연기금 운영자가 투자 과정에서 환경, 사회, 지배 구조 이슈를 어떻게 고려하는지를 스스로 공개하게 했다. 2005년에는 UN이 주도해 책임투자원칙(PRI)을 만들었다. 2010년 미국 증권거래위원회는 기후변화 위험 관련 정보 공개 가이드라인을 발표했다.

투자자들이 이렇게 사회적 책임을 강조하는 투자를 하면 기업도 변화하게 되어 있다. 주주가 사회적 책임을 따져 묻는데 사장이 따라가지 않을 도리가 있겠는가?

환경과 사회를 생각하는
윤리적 소비

소비 쪽으로 가도 이야기는 비슷하다. 단돈 100원이라도 싼 물건을 찾는 나는, 비용 절감에 혈안이 되어 있는 우리 회사 총무부장의 그림자인지도 모른다. 마트에 진열된 상품의 가격이 떨어지는 일과 내 월급이 깎이는 일은 연결되어 있다.

여기에도 방법은 있다. 물건을 살 때 좀 더 사회적으로 책임 있는 기업의 물건을 먼저 고르는 것이다. 값이 비슷하다면, 또는 조금 비싸더라도 공정무역이나 저탄소 제품처럼 환경적으로나 사회적으로 의미 있는 제품을 고르는 것이다. 대형마트에서 쇼핑하는 대신 동네 생활협동조합에서 물건을 사고, 사회적기업 제품을 일부러라도 사 보는 것이다.

소비자들의 이런 능동적 행동을 일컬어 '소비는 투표'라고도 말한다. '윤리적 소비'나 '사회책임소비'라는 용어로 설명하기도 한다. 소비자가 선택하는 물건의 속성이나 그걸 만든 기업에 따라 세상이 바뀐다는 이야기다.

기업들의 적응력이 얼마나 빠른가? 소비자가 바꾸기 시작하면 기업도 바로 반응하기 마련이다. 쇼퍼홀릭에서 '환경과 사회를 생각하는 사람'으로 변한 경험담을 쓴 『굿바이, 쇼핑』의 저자 주디스 러바인이라는 사람이 있다. 그는 사지 않음으로써 가질 수 있는 행복, 가치가 담긴 제품을 구매함으로써 가질 수 있는 행복을 이야기한다. 이런 소비자가 늘어난다면, 생필품 중심, 체험 중심, 자연 친화적 제품을 기업들이 더 많이 내놓을 유인이 생긴다. 이런 기업이 생겨나고,

그들이 돈을 벌기 시작하면 경제 전체에 낭비가 줄어든다. 궁극적으로는 경제 성장률과 사람들의 행복 사이에 괴리가 줄어들게 되는 것이다.

『분노의 포도』는 결국 인간이 창조했지만 통제하지 못하는 괴물인 자본주의 시스템을 비판하고 있다. 그러나 인간이 통제할 수 있는 구석도 있다. 은행 창구에서, 매장에서 우리는 투표한다. 사실 소비는 투표이고, 투자도 투표다. 사회책임투자나 사회책임소비는 내가 나를 괴롭히는 현대 자본주의의 사슬에서 우리를 자유롭게 해 줄 수 있는 중요한 결단일지 모른다.

내가 나를 괴롭히지 않으면 자유로워질 수 있다.

아르바이트 경제,
우리 시대 노동의 초상

서동진
계원예술대 디지털콘텐츠군 교수

우리가 살아가는 세계에서 가장 충격적인 변화는 일의 세계에서 나타나고 있다. 연봉제라는 전에 없던 보수 형태가 당연시되는 것이나 일시적이고 불안정한 고용이 정상적인 고용 형태로 자리잡은 것이나, 돌이켜보면 모두 획기적인 일이 아닐 수 없다. 어쨌거나 자본주의 사회에서 살아가는 한 일의 정체성은 또한 우리 생애의 정체성을 이루는 중요한 기반이다. 그렇다면 이러한 일의 세계에서 나타나는 변화를 어떻게 이해해야 할까. 이 글에서는 이런 변화를 간략히 조망해보기로 하겠다.

3부   너는 죽도록
노동해야 살리라

청춘의 노동을 쥐어짜는
아르바이트, 인턴십, 자원봉사

애덤 스미스는 자본주의에서 일이란 무엇인가를 알려 주는 유명한 말을 『국부론』에 남겼다. "노동으로 흘린 땀이 달콤한 이유는 온전히 그에 따른 금전적 대가 때문이다." 아마 이 못잖게 유명한 또 다른 금언을 기억하는 이들도 많을 것이다. 빵집 주인이 맛있는 빵을 굽는 이유는 좋은 빵을 이웃에게 대접하기 위해서가 아니라 오직 돈을 벌기 위해서라는 것 말이다. 물론 이 두 가지 이야기는 모두 자본주의적인 임금 노동과 상품의 특징을 투명하게 보여 준다. 그러나 빵은 물론이거니와 노동에 관한 한, 애덤 스미스의 생각은 이제 더 이상 유효하지 않은 것 같다. 노동은 금전적 대가를 위한 인간의 활동이라는 생각은 변화된 자본주의에서는 더할 나위 없이 모호한 것으로 여겨지기 때문이다.

이는 무엇보다 비정규직이라고 부르는 고용 형태를 통해 잘 나타난다. 비정규직은 20세기 후반부에 정착했던, 일과 금전적 대가 사이의 관계를 둘러싼 독특한 역사적인 믿음을 파괴하고 등장했다. 비정규직이 행하는 일은 노동의 재생산이라는 원리와 더 이상 연관지어 생각할 필요가 없어진다. 비정규직에게 푼돈을 건네면서는 더 이상 먹고 사는 데 드는 비용이라는 원칙을 감안할 이유를 느끼지 못한다. 이제 일에 대한 대가는 공짜로, 혹은 가능한 한 적어야 한다는 원리가 횡행한다. 그것을 이해하기 위해서는 비정규직이라는 개념에서 잠시 한 발짝 물러날 필요가 있다. 이 글에서는 비정규직이라는 고지식한 법률적인 개념보다 '아르바이트 (노동) 경제'라는 개념이 훨씬 쓸모 있으리라고 생각한다. 이 용어는 비정규직이라는 개념이 미처 헤아리지 못한 일과 금전적 대가의 관계는 물론 노동자와 일의 관계, 직업과 일의 상관관계를 두루 말해 줄 수 있기 때문이다.

이를테면 어느 사회에서나 알음알음으로 자리를 넓혀 가고 있는 대표적인 두 일자리, 자원봉사와 인턴십에 대해 생각해 보자. 비영리 조직은 미국에서만 150만 개가 넘는다고 한다. 한국도 등록된 민간단체의 수는 2만 5000개가 넘는다. 그리고 이런 단체에 제공되는 노동은 흔히 '자원봉사'라고 불린다. 임금을 지급받고 활동하는 정규직 직원들도 있겠지만, 이런 기관에서의 활동은 대부분 공짜로 제공된다. 제러미 리프킨 같은 미래학자는 이렇게 제공된 노동이 사회의 전체 부 가운데 상당한 부분을 차지한다고 역설한다. 그리고 아마 장차 사회를 먹여 살릴 노동의 대세는 자원봉사가 될지도 모른다고 예언하기까지 한다.

그러나 자원봉사라는 노동에 금전적 대가는 있을 수 없다. 자원봉사로 '흘린 땀'에 대가를 요구하는 것은 어쩐지 몰염치하고 터무니없는 것처럼 들린다. 어쨌거나 그것은 가난하거나 불행한 이웃 혹은 약자를 위한 선의의 활동이라 여겨지기 때문이다. 그렇지만 엄청난 예산을 쓰며 기업화되어 운영되는 비영리 조직에서의 활동을 노동이 아니라고 우길 이유도 그다지 없다. 많은 세금과 기업 후원, 자발적인 기부 등으로 운영되는 비영리 조직 역시 사회의 부를 상당 부분 생산하는 경제 영역이기 때문이다. 언제부터인가 유명한 국제민간단체에서 인턴으로 활동한 경력이 대학생들의 중요한 스펙이 되었고, 그만큼 경쟁도 치열하다. 그들은 자원봉사를 미래의 좋은 일자리를 얻기 위한 '노동의 경력'에서 중요한 부분으로 여긴다. 자원봉사 현장에서 하는 일 역시 돈을 벌기 위한 곳에서 하는 노동과 크게 다르지 않게 여겨진다는 방증이다.

인턴십을 들여다봐도 사정은 다르지 않다. 상황학습, 경험교육 같이 교육학에서 빌려온 아름다운 개념으로 치장하고 현장실습, 연수, 경력개발 같은 그럴듯한 목표를 내세우지만, 인턴십은 보수가 아예 없거나 있어도 거의 없다 해도 과언이 아닐 만큼의 교통비와 커피값 정도이다. 어느 저자가 말한 대로 "청춘의 피를 먹고" 살아가는 자본주의는 프롤레타리아트를 꿈에 가득 찬 청춘으로 대체하는 것처럼 보일 지경이다. 미국을 비롯한 세계 많은 나라의 기업과 정부, 공공기관, 비영리 단체들은 인턴이 제공하는 노동이 없다면 돌아가지 않을 만큼 공공연하게 청춘의 노동을 쥐어짠다. 그 노동에 온당한 금전적 대가를 기대하는 사람은, 크게 틀렸다 할 수는 없겠지만 어딘가 허무맹랑한 것을 바라는 사람으로 취급받는다. 학점이나 경험, 무엇보다 경력이라는 대가가 있는데 금전적 대가까지 쳐 달라고 요구하는 것은 지나치다는 것이다.

그리고 손쉽게 짐작하겠지만, 노동과 금전적 대가의 이와 같은 관계는 비단 자원봉사와 인턴십에 한정되지 않는다. 아르바이트 경제라고 부를 수 있을 새로운 노동 경제는 수많은 일자리를 아르바이트, 인턴십, 자원봉사라는 이름의 일자리로 대체한다. 그리고 이제 한국에서 일자리의 절반 가까이를 차지하게 된 비정규직은 이런 일자리를 망라하는 이름이라 할 수 있다.

비정규직, 자본의 꼼수인가
노동의 합작품인가

언제부터인가 비정규직이라고 부르는 새로운 일의 세계가 열렸다. 이는 일과 금전적 대가 사이의 관계를 획기적으로 바꾸고 있다. 무급 인턴이나 자원봉사 활동은 그 사회에서 상당한 몫의 부를 생산하는 활동이다. 그렇지만 그것을 노동이라고 간주하지 않는 경우가 다반사이다. 나아가 당연히 공짜일수록 좋다고 생각한다. '알바천국'이나 '알바몬' 같은 아르바이트 알선 기업들은 텔레비전에서 괜찮은 아르바이트 자리를 찾는 대학생과 청년 실업자들을 유혹한다. 그리고 이 것은 노동과 금전적 대가의 관계를 완전히 바꾸고 있다. 대가가 적다는 것이 문제가 아니라 그 대가가 무엇에 대한 것이냐가 중요하다. 그 점에서 우리는 일에 대한 새로운 시점을 만들어 가고 있는 중인지도 모른다.

비정규직 일자리는 지난 시대, 흔히 사람들이 케인스주의 시대, 복지국가의 시대, 사회국가의 시대라고 부르는 그 시대의 약속을 저버림으로써만 가능했다. 그리고 새로운 자본주의는 노동과 금전적 대가의 관계를 두고 도박을 벌이고 있다. 그 내기에 걸린 판돈은 자본주의의 미래 그 자체이자 일의 미래이다. 한때 평생 직업을 갖고 그로부터 얻는 임금으로 자신은 물론 가족의 생활을 재생산하고, 또 임금의 일부를 적립함으로써 획득한 다양한 보장과 연금으로 노후를 보장받던 노동자들의 세계가 있었다. 그때 일과 금전적 대가 사이의 관계는 당연히 노동자와 가족의 생존을 위한 만큼, 혹은 가능한 한 그에 가깝게였다. 물론 이런 원칙이 모두 사라진 것은 아니다. 아직도 일부

유럽국가에서 명맥은 유지하고 있다. 그렇지만 일과 대가 사이의 관계가 전과 같지 않게 변화하였다는 점을 부인하지는 못할 것이다.

비정규직은 마땅히 보장해야 할 것을 보장하지 않고 이윤의 논리에 따라 고용을 신축적으로 운용함으로써 고용비용을 줄이려는 자본의 꼼수로 알려져 있다. 따라서 비정규직은 보다 힘이 강해진 자본이 20세기 후반기에 정착되었던 완전-평생-고용의 관례를 무너뜨리고, 노동에 대대적인 역습을 가한 것으로 여겨지기도 한다. 물론 이것은 핵심적인 분석이고 또 전혀 부인할 수 없는 주장이다. 그렇지만 비정규직은 단순히 병리적이고 이례적인 현상이고, 그것을 제거하기만 하면 정상적인 노동의 세계로 돌아갈 수 있다는 생각은 미신이라고 할 수 있다.

경영학자들의 글이나 대중매체에 흔히 등장하는 '고용 트렌드'라는 표현이 보여 주듯 고용은 마치 유행에 따라 효과적으로 바꿀 수 있는 것처럼 여겨진다. 이런 추세는 지속될 것으로 보인다. 우리는 마치 찻집에서 음료를 골라 마시듯 일을 선택하고 또 수시로 바꿀 수 있다고 믿는다. 노동을 바라보는 우리의 시선 자체가 바뀌고 있는 셈이다. 평생 동안 하나의 일자리에 묶이지 않고, 자신의 시간을 일의 세계가 부과한 시간의 리듬에 종속시키고 싶지 않아 했던 1960년대 이후의 노동자 세대들은 다른 방식으로 자본만큼이나 노동을 유연화하고 싶어 했다. 따라서 비정규직은 자본의 음모라기보다는 모두의 동상이몽을 통한 공모를 거쳐 탄생했다고도 볼 수 있다.

비정규직은 불안정하고 한시적인 고용관계를 나타내는 법률적인 표현이다. 그렇지만 임시직, 절기직, 간헐직, 일시직, 일용직, 프리랜서직, 인턴직, 자원봉사직 등등의 이름을 달고 행해지는 일을 법적 고용관계의 렌즈를 통해서만 볼 수는 없다. 새로운 일의 세계는 직업이 없는 고용의 세계를 열며 일의 정체성을 바꾸고 있다. 그리고 이는 당분간 사라지지 않을 뿐만 아니라 더욱 자리를 굳힐 것처럼 보인다.

자신의 직업을 통해 곧 자신이 누구인지를 대변할 수 있던 시대는 저물고 있다. 이제 사람들은 수없이 일자리를 바꿔 가며 일하고 그것을 당연하다고 생각한다. 물론 대학교수나 의사, 법률가 같은 전문적인 '직업'은 사라지지 않겠지만, 정비공, 제빵공 혹은 원예가 같은 직업은 사라지고 오직 그 일을 위한 자리만 있을 것이다. 사람들은 어느 날은 빵집에서 일하다 그다음 얼마간은 콜센터의 응대원이 되는 식으로 일하는 것이 당연하다고 생각하기 시작한 지 오래이다. 누군가의 말처럼 우리는 이제 일의 유목민이 된 것인지도 모른다.

그래서 어떤 직업이 나의 천직일까 고민하는 대신 어떻게 하면 한시적인 고용 기간 동안 안정된 보장을 제공받고 또 고용 사이의 기간 동안 어떤 혜택을 얻을 것인가를 더 고민하는 때가 오리라는 주장도 설득력 있게 들린다. 그런 까닭에 평생의 안정적인 일자리보다는 고용의 유연성과 안정성을 함께 도모하는 일이 미래의 노동을 위한 대안이 되어야 한다는 주장은 매력적으로 들린다. 이런 생각의 요점은 불안정 노동을 폐지하여야 하지만 그렇다고 일의 유연성까지 제거해서는 안 된다는 것이다.

우리는 거의 모든 일자리가 온전한 보상이 따르는 아르바이트가 되는 세계를 꿈꾸는지도 모른다. 실은 한때 많은 이들이 꿈꾸던 세계였다. 자기가 일하고 싶을 때 일하고 무엇보다 하고 싶은 일을 하며 안정된 삶을 살아가는 것. 물론 그런 일의 세계가 불가능하지는 않겠지만, 손쉽게 도래할 리도 만무하다. 일의 세계는 일하는 사람들의 욕망에 의해 좌우되는 세계가 아니라 바로 자본에 의해 통제되는 세계이고, 이제 그 주체는 경영자가 아니라 주주이기 때문이다.

금융화가 만들어 낸 새로운 일의 세계

이때의 주주란 그냥 주식을 소유한 사람을 가리키는 것이 아니라 흔히 경제의 금융화라고 지칭할 때 일컫는 새로운 금융자본과 그것에 의해 움직이는 경제의 작동 원리 그 자체를 지칭한다. 주주자본주의라고 부르기도 하는 새로운 자본주의는 주주의 단기적인 화폐 소득을 향한 욕구를 충족시키기 위해 재무제표 관리에 혈안이 된다. 물론 그것은 언제나 노동을 금융 권력의 바람대로 좌우하는 과정이기 마련이다. 구체적으로는 다운사이징, 유연화, 슬림화, 구조조정 등의 이름으로 광범위하게 진행된 비정규직 창출 과정이었다. 새로운 자본주의는 모든 노동자를 아르바이트 일꾼으로 만드는 것을 꿈꾼다. 그러나 그 아르바이트 자리는 노동자가 바라는 안정된 삶을 향한 꿈과 무관하다. 그것이 아는 유일한 모토는 "가능한 보다 적게"이기 때문이다.

이런 끔찍한 현실이 아무 저항 없이 지속될 수 있었던 비결은 무엇일까? 자본이 안정된 소득을 대신할 무엇을 만들어 냈기 때문이다. 그것은 지금 생생히 자각하게 된 대로, 바로 '빚'이다. 미국의 서브프라임모기지 사태를 통해 격발한 2008년 금융위기가 보여 주듯이 은행과 다양한 금융기관(한국이라면 '제2금융권'이라고 우아하게 부르는 '약탈적 대부업자' 혹은 고리대금업자들이 추가되어야 할 것이다.)은 일을 통한 금전적 대가를 보완하는 원천이 되어 주었다. 불안정한 일자리를 갖고 살아가는 사람들은 당연히 신용등급이 낮을 것이고, 따라서 서브프라임이란 곧 비정규직, 혹은 아르바이트 경제 속에 살아가는 이들의 이름이라 말해도 틀리지 않다.

그러므로 전체 근로 인구 가운데 절반이 비정규직으로서도 살아갈 수 있는 비결은 1000조 원에 달하는 가계부채 탓이라고 기꺼이 말할 수 있지 않을까? 금융위기 이후 이러한 상황이 지속될 수 없다는 사실은 모두에게 분명해졌다. 휴대전화에서 자동차에 이르는 거의 모든 상품의 할부구매, 손쉽게 얻을 수 있는 신용카드, 그리고 무엇보다 내 집 장만의 유혹으로 꾀어낸 대출은 아르바이트 경제의 또 다른 반쪽이다. 아르바이트 경제의 보이지 않는 절반은 채무와 금융의 경제인 셈이다. 수많은 채무를 위험을 회피한다는 명목으로 만들어진 숱한 파생상품으로 귀신같이 둔갑시켜, 떼돈을 벌려는 화폐 소유자에게 팔아넘긴다. 물론 금융 위기가 벌어졌다고 해서 그것이 곧바로 노동의 위기로 이어지는 것은 아니다.

돈으로 돈을 벌 수 있다는 철석같은 믿음으로 수십 년 맹활약했던 자본주의의 논리는 이제 위협을 받고 있지만, 생산적인 투자와 노동자의 소비를 통해 부를 얻는다는 생각이 온전히 그 자리를 메우지는 않을 것이다. 안정적인 평생직장으로 상징되는 일의 세계를 무너뜨리고 그를 대신하여 등장한 프로젝트로서의 일, 팀워크로서의 일, 창의적인 자기실현으로서의 일이라는 새로운 신화 역시 쉽게 무너지지 않을 것이다. 입직에서 퇴직까지의 노동 생애를 염두에 두고 보험, 연금을 비롯한 보장을 마련하고 이를 통해 노동자를 사회적으로 생산해 온 자본주의와, 끊임없는 이직과 불안정한 고용을 통해 노동의 저항을 억제하고 아울러 노동의 사회적 재생산을 노동자 자신에게 전가하거나 아니면 채무자화함으로써 금융에 내맡겼던 자본주의 사이의 격차는 당분간 넘어설 수 없을 것이다.

이제 아르바이트 경제는 시험대에 올랐다. 그 시험대에서 마련된 대안 역시 모습을 드러낼 것이다. 그것이 안정적인 평생직장의 세계일지, 유연안정성을 외치는 이들의 주장대로 행복한 아르바이트직의 세계일지, 그도 아닌 또 다른 무엇일지 우리는 아무것도 알 수 없다. 그 미래는 이제 조직된 노동의 반격을 통해서만 오직 발명될 수 있기 때문이다. 그렇지만 과연 "만국의 알바생이여, 단결하라."라고 외칠 수 있을까? 이 점이 아마 미래에 우리가 봉착하게 될 최대의 난관일 것이다.

갬블은 놀이인가, 노동인가

이태혁
방송인, 전 프로 갬블러

오래전, 갬블러라고 불리는 이들은 자신의 두뇌가 명석함을 뽐내거나 단순히 호기를 부리고 싶어 하는 부자들이었다. 하지만 현대사회에서 갬블러들은 카지노 마케팅을 위한 이벤트에 참가하여 상금을 놓고 경쟁하는 일을 한다. 어찌 보면 갬블은 단순히 돈을 따기 위한 행위에 불과한 것으로 변했다고 할 수 있다. 마치 귀족을 위한 여가문화의 상징이었던 골프가 이제는 PGA 선수들이 투어에 참여하여 상금을 놓고 경쟁하는 스포츠로 변한 것과 마찬가지다.

우리가 흔히 전문(프로) 갬블러라고 지칭하는 이들은 대부분 포커 플레이어들이다. 이들은 정해진 시간 동안 카지노에 상주하며 매일 일정 부분의 수익을 챙기는 일을 반복한다. 갬블의 세계를 잘 모르는 사람들은 실력 있는 갬블러가 되면 부와 명예를 거머쥐고 멋진 삶을 살 거라고들 상상하지만, 갬블의 세계에는 프로와 아마추어를 막론하고 누구에게나 비연속성과 불확실성이라는 위험성이 항존한다. 갬블은 돈이 얽히기 전에는 유희를 목적으로 하는 게임이지만, 돈이 개입되면 곧 도박이 된다. 돈은, 재미로 승패를 가리는 게임을 탐욕과 흥분을 불러일으키는 무모한 행위로 전락시킬 수 있다. 이러한 의미에서 갬블은 게임이 아니라고 단정 지을 수 있겠다. 그렇다면, 반대로 갬블을 노동이라고 말할 수는 있을까? 결론부터 말하자면, 답은 '예스'다. 그런데 여기에는 한 가지 단서가 필요하다. 매우 기계적이고 단순화된 패턴을 반복했을 때만이 갬블도 노동이 될 수 있다.

사람들은 흔히 갬블을 지갑 속의 돈을 꺼내 '삘'이 가는 대로 베팅하여 운이 좋으면 승리하고, 재수가 없으면 돈을 잃는 행위라고 생각한다. 하지만 프로 갬블러들은 게임에 임하기 위해 심신을 업그레이드시키는 데 많은 시간을 할애해야 한다. 최대한 집중력을 모으고 자제력을 발휘하기 위해 신체 단련과 정신 수양을 병행한 후에야 게임에 임한다는 뜻이다. 이러한 준비 과정을 거친 갬블러가 매일 같은 시간에 출근하여, 제한선 안에서만 베팅을 하고, 이윤과 손실의 폭을 정해 놓고, 이를 절대 어기지 않는다고 가정해 보자. 그는 소폭의 이윤이나 손실을 매일같이 기록할 것이고, 이 과정이 되풀이되면 일반 노동자의 수입이나 그 이상의 수입을 올릴 수도 있게 된다. 물론 이것은 실력 있고 준비되어 있는 프로 갬블러의 경우인데, 아마추어가 이러한 작업을 똑같이 따라 할 수는 없다. 그 이유는 다름 아닌 '욕심' 때문이다. 수익과 손실을 제한하고 매일 반복적이고 기계적인 게임을 할 만큼 절제력 있고 단련된 경우에만, 그는 갬블을 충분히 노동으로 받아들일 수 있다. 하지만 그렇지 않은 아마추어들에게 갬블은 무모한 도전과 희망을 좇는 행위에 불과할 것이다.

갬블로 부자가
될 수 있을까?

과거에 나는 전 세계를 돌아다니면서 많은 프로 갬블러들을 만났다. 그중엔 정말 뛰어난 능력을 가진 사람들도 있었고, 단순히 호기심을 채우기 위해 자신의 실력도 제대로 파악하지 못한 채 돈만 쏟아 붓는 바보 갬블러도 적지 않았다. 그 가운데 남다른 능력을 갖춘 갬블러들은 더러 큰 판에서 이기거나 대회에서 우승하여 큰 상금을 거머쥐기도 했다. 바보 갬블러도 가끔은 큰돈을 벌었지만, 시간이 지나면 어김없이 빈털터리가 되거나 전업을 하였다. 나 역시 과거에 돈을 몽땅 잃은 경험을 겪은 적이 있고, 지금은 다른 분야에서 활동을 하고 있다. 한때 나는 왜 이런 결론이 날 수밖에 없는 것인지, 많은 고민을 하게 되었다. 그때마다 내린 결론은 '불확실성＋탐욕＋충동'이라는 삼종 세트였다.

　때때로 갬블러들은 올인을 할 때가 있다. 올인은 대개 매우 충동적이고 이성적이지 못한 상황에서 벌어진다. 앞서 많은 돈을 잃은 적이 있거나, 아니면 자존심에 상처를 받는 어떤 일들이 벌어졌다고 보면 된다. 올인으로 앞서 일어났던 상황들을 상쇄하고 싶은 충동이 강하게 들기 때문이다. 당연히 100퍼센트 승리를 장담할 수 있는 상황은 존재하지 않는다. 그런데 올인에서 패배하면, 지난 수년간 힘겹게 올라온 계단은 단 몇 초 만에 무너지고 만다. 그리고 이렇게 한 번 무너진 계단은 십수 년이 지나도 좀처럼 회복이 되질 않는다. 앞서 노동으로서의 갬블을 설명할 때 매우 기계적이고 반복적인 작업임을 얘기했다. 그렇게 힘겹게 쌓아 올린 갬블러의 위상은 한순간에 산산조각이 나고 모든 것을 잃게 되는 것이다. 그러니 지금 주변에 갬블로 큰돈을 번 사람이 있다면, 그 돈은 곧 빠져나갈 돈이니 부러워하지 않아도 된다.

현대사회에서 갬블러의 입지는 예전과 많이 달라졌다. 각종 매체에서 대단한 능력을 가진 영웅처럼 묘사하기도 하고, 이들을 필요로 하는 카지노도 많이 생겨났다. 그중 온라인 카지노의 발달이 특히 두드러진다. 이 회사들은 프리미어리그, 프리메라리가 등의 대형 클럽들을 후원할 만큼 수익이 대단하다. 이런 회사들에 실력 있는 갬블러는 좋은 마케팅 도구이다. 지금 해외에서 활동하는 이름난 갬블러들은 자신이 직접 게임을 하기보다는 코칭과 마케팅으로 수입을 올리고 있다. 지난 200년간 전 세계인을 대상으로, 20~30년 동안 오직 갬블만 한 사람들의 데이터를 검색해 보자. 결론은 명료하다. 단 한 명도 갬블만으로 죽을 때까지 부와 명예를 유지한 사람은 없다. 이렇듯 갬블은 짧은 시간에 부와 명예를 주고 쾌락과 탐욕을 채워 주기도 하지만, 결코 한 사람의 인생 전부가 될 수는 없다. 진정한 초고수 갬블러들은 인생과 갬블을 구분할 줄 안다.

갬블러의 심리학, 그리고 자기 관리

뛰어난 갬블러의 조건은 무엇인가? 첫째, 지루함과의 싸움에서 이길 줄 알아야 한다. 통계 데이터를 보면, 열 번의 기회가 온다면 두세 번만 플레이 하는 경우에 가장 승산이 높다. 이것을 7:3의 법칙이라고 하는데, 좋은 카드가 오거나 좋은 기회가 올 때까지 기다릴 줄 알아야 한다는 것이다. 어떻게 스토리가 흘러가는지 지켜보고, 데이터를 만들기 위해 관찰해야 한다. 그런 시간이 길어지면 지루해질 수 있다. 여덟 시간이 될 수도 있고 열 시간이 될 수도 있는 그 지루한 터널을 묵묵히 이겨낼 줄 알아야 한다. 그렇지 않으면 조급히 플레이를 하게 되어 기회비용을 치르게 되며, 결국 큰 패배를 당할 수 있다. 이건 개인의 성미가 급하고 느긋하냐의 문제가 아니다. 내공에서 나오는 힘이다. 지루함을 이겨내는 것이 곧 실력 있는 프로 갬블러의 내공이다. 어떤 분야이든 고수라는 평가를 받는 사람들은 게임에 임할 때 여유 있고 편안해 보인다.

둘째, 관찰력이 뛰어나야 한다. 사람에게는 저마다의 고유한 패턴이 있다. 그 사람만이 지닌 말의 속도가 있고, 좋아하는 것과 싫어하는 것을 표현하는 방법이 다르고, 행동, 표정, 눈빛 등 모든 것이 다르다. 상대방에게서 이러한 특징이 무엇인지 빨리 알아차리는 능력이 필요하다. 뛰어난 갬블러들은 상대가 카드를 뒤집어보는 모양만 보고도, 이를테면 뒤집어보고 확인하는 시간이 긴지 짧은지만 보고도 상대가 좋은 카드를 가졌는지 나쁜 카드를 가졌는지 알 수 있다. 포커를 치게 되면 나와 함께 게임을 하는 아홉 명 모두를 살펴보고 있어야 한다. 이때 모든 것을 한눈에 다 볼 수는 없기 때문에, 내가 볼 수 있는 것, 즉 내가 확연하게 분별할 수 있는 것만을 짧은 시간 안에 재빨리 캐치해야 한다. 그렇게 해서 눈에 띄는 사람들을 걸러내고, 그 과정에서 확률을 줄여 가면서 게임을 하는 거다. 이처럼 상대방의 고유한 패턴을 빨리 알아채는 것이 훌륭한 갬블러의 조건이다.

3부　너는 죽도록
노동해야 살리라

셋째, 자기 관리 능력이 필요하다. 유능한 갬블러들은 자기만의 기준선이 명확하다. 얼마를 벌겠다거나 하는 기준 말이다. 갬블러는 프로니까 돈을 제일 많이 딴 사람이 제일 잘나가는 갬블러이겠지만, 문제는 그것이 단발성이냐 연속성을 가지느냐 하는 데 있다. 당연히 연속적으로 잘하는 사람이 진짜 프로다. 그러기 위해서는 철저한 자기 관리가 필요하다. 예를 들어 이삼 일 후에 게임이 있다면 술을 입에 대지 않는다든가 포도당을 충분히 섭취해 둔다든가, 평소에는 하지 않던 운동을 계획한다든가 하는 섬세한 스케줄 관리가 있어야 한다. 어떤 이에게는 명상도 큰 도움이 된다. 다음 게임에 대비하려면 몸과 함께 정신도 치유해야 한다. 그렇게 하지 않으면 과거의 승리에 집착하게 되고, 욕심, 탐욕, 무모한 생각이 스멀스멀 올라온다. 대부분 아마추어들은 무모한 스토리들을 만들어 낸다. 여기서 에이스가 나올 거야, 이런 식으로 자기 혼자만 소설을 써 내려간다. 아무리 고수라고 해도 이런 무모한 생각들을 100퍼센트 떨쳐내기란 힘들다. 그렇기 때문에 명상을 통해 이런 유혹에서 벗어나려고 하는 것이다.

넷째, 감성적이지 않아야 한다. 감성적인 사람들은 자기가 아는 것을 다른 사람들과 쉽게 공유한다. 감성의 절제란, 어찌 보면 사람을 좋아하지 않는 거라고 말할 수도 있다. 어쩔 수 없이 자신을 숨기려면 소통을 최소화하는 것은 당연하다. 또한 게임 안에서는 철저하게 야비하고 냉정하고 이성적이어야 한다. 도박에서 마인드컨트롤은 불교 사상과도 유사한 면을 가지고 있다. 그중 가장 중요한 것은 바로 마음의 평정심을 유지하는 것이다. 유럽의 꽤 실력 있는 갬블러들 사이에서 티베트나 중국을 방문하는 것이 유행이었던 적이 있었다. 바로 불교 사상을 체험하여 마음을 컨트롤하는 방법을 구하

기 위해서이다. 어떤 분야이든 간에 A급 플레이어가 되는 것은 매우
험난한 여정이다.

포커로 대통령이 된
리처드 닉슨

갬블링을 오래하면 인간에 대한 통찰 같은 것이 생긴다. 게임을 하다
보면 관찰하고 특징을 찾아내는 데 다른 직업군의 사람들보다 더 많
은 시간을 열중하기 때문이다. 역사를 살펴봐도 갬블에서 익힌 능력
들을 이용하는 사람들이 많았는데, 그 대표적인 명사가 바로 미국의
37대 대통령 리처드 닉슨(1969~1974년 재임)이다. 닉슨의 일대기를
살펴보면 포커 전략이 정치와 일상에 고스란히 녹아 있는 것만 같다.

　닉슨은 1942년 일본이 진주만 공격을 개시한 지 8개월 후에 해
군 장교로 복무한다. 2차 세계대전 동안 남태평양에 주둔하게 된 닉
슨은 전쟁 중에 틈틈이 포커 판을 벌였고 수준급의 실력을 발휘해서
1만 달러 정도의 수익을 올린다. 지금의 가치로 따지면 10억 원에 상
당하는 금액이다. 게다가 전쟁 중에 올린 수익이라는 것을 감안하면
실로 믿기지 않을 정도다.

　1946년, 첫 번째 국회의원에 도전할 때 닉슨은 입후보 비용을
전쟁 중에 포커를 해서 딴 돈으로 충당했다. 포커가 닉슨의 정치 인생
의 길을 열어 준 셈이다. 그렇게 해서 1947년과 1949년에 두 차례 하
원의원 선거에 당선되었으며, 2년간 상원에도 몸담았다. 그는 선거
에서 이길 수 있는 방법은 오로지 올인 전략밖에 없다고 판단했고, 방
어보다는 상대를 물어뜯는 공격 일변도의 전략을 즐겼는데, 이것은

모두 포커(텍사스홀덤)를 하면서 배운 것이라고 한다. 즉 닉슨은 제리 부어히스를 골수 공산주의자라고 비난함으로써 선거에서 이겼고, 상대방의 공산주의 성향을 집요하게 공격하는 선거 전략은 워싱턴에 입성한 후에도 계속되었다. 상대가 든 카드를 예측하는 그의 수 읽기는 정확했고, 판단 또한 늘 적중했다. 그렇게 닉슨은 탄탄대로를 걷는 듯했다.

그러나 그의 친구들이 계획한 특별 선거자금에서 그가 일정 금액을 유용했다는 사실이 밝혀지면서 유세 활동에 비상이 걸렸다. 위기에 처한 닉슨은 빠르고 정확한 판단을 내려야만 했다. 닉슨은 이 위기를 헤치고 나갈 방법은 방송에 출연해 새로운 이미지를 보여 주는 것뿐이라는 결론을 내렸다. 포커 전략 중에서 이미지메이킹 방법을 사용한 것이다. 그는 텔레비전 프로그램에 출연해 그 유명한 '체커스 연설'('체커스'라는 이름의 강아지를 제외한 나머지 선물은 모두 거부했다고 밝힌 것)을 한 것이다. 그 결과 유권자들은 다시 그를 지지하게 되었고 결국 아이젠하워를 대통령으로 만드는 데 성공한다. 부통령 자리에 오른 닉슨은 미래를 준비하는 일이 항상 대중의 시선을 받는 데서 시작한다고 판단하고 행동했는데, 그중 소련 서기장 니키타 흐루쇼프와 설전을 벌인 '부엌 논쟁(Kitchen Debate)'(1959년 모스크바에서 벌어진 이 논쟁은 미국의 문화를 보여 주려고 만든 부엌 세트장에서 진행되었다.) 일화는 매우 유명하다.

늘 포커 판의 여우처럼 정확한 판단으로 큰 저항 없이 잘나가던 닉슨은 뉴프런티어 정책을 들고 나온 젊은 케네디에게 근소한 차이로 패한다. 하지만 그는 포기하지 않았고, 1968년에 백악관 재입성에 도전했다. 전쟁 문제로 시끄러운 상황에서 베트남전 종전을 승리 카드로 내세워 결국 험프리를 제치고 대통령에 당선된다. 후에 닉슨은 워터게이트 사건으로 탄핵이 확실해지자 결국 스스로 대통령의 자리에서 내려오게 되었다. 불리한 카드로 다른 액션을 취하는 것보다 스스로 카드를 접는 현명한 판단을 내린 것이다. 물론, 워터게이트 사건 안에 닉슨의 어떤 홀덤 전략이 숨어 있는지는 알 수 없다. 다만 포커로 입후보 비용을 마련해 정치 인생에 뛰어든 닉슨이 정치 일선에서도 포커의 전략을 적절히 활용하여 고비 때마다 현명한 판단으로 위기를 극복해 좋은 성과를 냈던 것만은 분명하다.

유럽과 한국, 갬블러를 바라보는 시각의 차이

한 번은 파리에서 프랑스 여자와 데이트를 한 적이 있다. 그녀는 교육 콘텐츠를 만드는 글로벌 회사에서 일하고 있었다. 좋은 감정을 가지고 두 번째 만남을 하던 날, 그녀가 나한테 어떤 일을 하느냐고 물어왔다. 외국 생활을 오래했지만 나도 어쩔 수 없는 한국인이라 막연히 서양 여자들은 내 직업에 대해 편견이 없을 것이며 간단한 카지노 문화 정도는 알 것이라 예상했었다. 하지만 그녀의 반응은 정반대였다. 지금도 그녀가 한 말이 정확히 기억나는데 그녀의 표현은 딱 이랬다. "당신은 매우 위험한 일을 하고 있다." 그 후로 우리는 몇 번 더 즐거운 시간을 보냈지만 만남은 더 이상 이어지지 않았다. 영화에서는 샴페인을 들고 카지노에서 즐기는 외국인들을 자주 볼 수 있다. 하지만 그건 단지 영화일 뿐이다. 서유럽의 모든 사람들이 카지노에 대해 호의적인 것은 아니다. 오히려 동양권 사람들보다 더 보수적인 면도 있다.

그러나 대체로 서양인들은 갬블을 게임의 차원에서 접근한다. 가진 돈으로 일정 시간만큼 즐기는 선에서 끝낸다는 의미이다. 하지만 동양인들은 갬블을 도박으로 접근한다. 즐기고 행복하고 재밌는 것은 둘째 문제다. 내가 여기서 돈을 따느냐 못 따느냐가 가장 중요한 문제다. 특히 동양 사람들의 경우 갬블을 할 때 인생이나 목숨을 저당 잡히고, 마치 지금 아니면 죽겠다는 식으로 플레이하는 모습을 자주 보았다. 그런 사람들의 결과는 보지 않아도 뻔하다. 이러한 현상이 나타나는 것은 동양권에서 카지노와 갬블에 대한 정보를 차단하는 데에도 어느 정도 책임이 있다. 정보를 숨기고 접근에 제한을 두면, 오히려 금기에 대한 욕망이 생긴다. 정보를 공정하게 오픈한 다음에 플레이어들이 스스로 게임의 수위를 조절하게 만들어야만 파산하는 사람들을 줄일 수 있다.

인간의 탐욕과
갬블링의 미래

어느 기록에 의하면 사람들 간에 처음 있었던 거래가 바로 물건을 교환하는 행위였다고 한다. 지금같이 물건의 가치를 부여하는 기준이 없었던 그때는 서로 자신의 물건이 더 가치 있는 것으로 여겼기 때문에 원활한 거래가 이루어지기 어려웠다. 그래서 일부분만 교환을 하고 나머지는 내기를 하여 이기는 쪽 사람이 모두 가져가는 갬블이 행해졌다고 전해진다. 실제로 고대 문헌 속에는 이 시기에 동물의 뼈 같은 것으로 갬블을 했다는 기록이 남아 있다. 이 이야기를 다시 살펴보

**바카라 플레이어들,
1890년대 유럽**

과거 인간 사회에서 갬블을 제거하려는 시도는 꽤 오랫동안
지속됐었다. 하지만 그럴수록 인간은 갬블에 더 매혹되는 속성을
보였다. 갬블은 인류가 존재하는 이상 계속될 것이며, 계속해서
그 사회와 환경에 맞게 진화할 것이다. 그러니 지금이라도 갬블을
제대로 알고, 자신과 적당한 거리를 유지하는 방법을 먼저 깨우쳐야
할 것이다.

면 이윤을 추구하는 인간의 욕심은 문명사회가 만든 것이 아닌 타고난 본성임을 엿볼 수 있다.

　　갬블은 인간의 본성과 성장 과정, 나아가 국가의 운영에까지 영향을 주는데, 대표적인 예가 빅 리그들의 후원업체다. 한국에서도 마 사회에서 나온 자금 가운데 상당 부분이 정치 자금이라든가 경제 자금으로 사용된다는 사실은 많이 알려져 있다. 한편 하이롤러, 즉 진짜 고수들은 과거에서 단서를 찾아 미래를 예측하는 방법을 알고 있다. 이는 도박에서 사용되는 매우 기본적인 요소들이다. 과거 인간 사회에서 갬블을 제거하려는 시도는 꽤 오랫동안 지속됐었다. 하지만 그 럴수록 인간은 갬블에 더 매혹되는 속성을 보였다. 갬블은 인류가 존 재하는 이상 계속될 것이며, 계속해서 그 사회와 환경에 맞게 진화할 것이다. 그러니 지금이라도 갬블을 제대로 알고, 자신과 적당한 거리를 유지하는 방법을 먼저 깨우쳐야 할 것이다.

누구에게는 미래,
누구에게는 소설

강유정
문학 평론가

저녁이 되면 나는 도심의 허름한 빌딩 7층에 자리 잡은 사무실로 향한다. 사무실에는 전화와 책상, 컴퓨터 말고는 아무것도 없다. 나는 이곳에서 어느 누구도 만나지 않는다. 월세는 꼬박꼬박 **홈뱅킹**을 통해 **PC로 계좌 이체**를 하기 때문에 빌딩 주인조차 만나게 되질 않는 것이다. 사무실에 도착하면 전화와 **ARS 시스템**을 연결하고 자리에 앉아 전화를 기다린다.

— 김영하, 『나는 나를 파괴할 권리가 있다』(문학동네, 1996)

(고딕체는 필자의 강조)

의도치 않게 예언이 된 소설,
우리가 살아갈 미래에 대한 작은 암시

남자의 직업은 '자살 도우미'이다. 그런데, 온라인 일상을 이렇게 거창하게 소개하면서도 정작 '고객'은 신문광고를 보고 전화를 걸어 온 사람들이다. 아직, 이 삶은 SF적 가상일 뿐이다. 짐작했겠지만, 당시 이 구절들은 일종의 예언이고 상상이었다. PC 통신이라는 용어도 낯설었던 1996년이니까. 인용문의 "만나게 되질 않는 것이다."라는 서술어 속에 숨어 있는 강력한 설득의 의지도 그렇다. 그때만 해도, 온라인 상태로 하루 종일 살아간다는 것은 세련된 상상의 일부였다. 자살 도우미는, 당연히, 허구였다. 적어도 1996년엔 김영하의 소설에 등장하는 '자살 도우미'는 묘사나 재현이 아니었고 허구이자 판타지였다. 있을 법하지만 존재하지는 않는 직업이었다는 의미이다.

간혹 어떤 작가들은 뜻하지도 않게 예언가 노릇을 한다. 플로베르는 『마담 보바리』에서 과학자이자 공화주의자, 급진적 사회주의자 오메(고향 용빌의 약제사)라는 인물을 창조했다. 프랑스 제3 공화국 시절의 중심 세력 중 하나인 이런 인물 유형은 1902년 에밀 콩브가 집권하고 나서야 등장했다. 미셸 투르니에는 이를 가리켜, 플로베르의 예언자적 천재성이라고 찬양한다. 투르니에의 말처럼 이렇게 작품 안에서 새로운 삶의 모델들, 직업들을 발견할 때 우리는 그것을 어떻게 받아들여야 할까? 게다가, 그 삶의 유형들과 직업들이 우리가 언젠가 모방하게 될 어떤 행위와 연관되어 있다면, 대답은 더 쉽지 않다. 사후적으로는 인과론이 성립되지만 당시로서는 순수한 허구에 불과한 한 작가의 상상력 말이다.

김영하가 『나는 나를 파괴할 권리가 있다』에서 한 일은 예언이 아니라 개연성 있는 판단이다. 온라인으로 압축될 지배적 삶의 형태를 곰곰이 유추하다 보면 그 연산 끝에 자살 도우미 같은 직업이 도출된다. 얼굴을 맞대지 않고 고민을 상담하고 자신의 깊은 속내를 노출할 수 있다면, 과연 고객은 그에게 어떤 요구를 할 수 있을까?

이런 모습은 가장 1990년대적인 작가로 기억되는 윤대녕의 소설에서도 발견된다. 「은어낚시통신」에는 "엘뤼아르의 시 「자유」, 슈바이거의 책 『깨어나 슬픔을 보라』, 짐 자무시의 영화 「천국보다 낯선」, 고흐와 뭉크" 등을 헌법으로 삼아 모임을 갖는 사람들이 등장한다. 취향이 원칙이자 강령이 되는 소규모 모임은 지금 현재 동호회나 사이버 동아리 형태로 일반화되었다. 과거의 판타지가 현재의 사실이 되기도 하는 것이다.

그렇다면 우리는 문학 안에서 어떤 삶을 예측해 왔고 또 앞으론 어떤 미래를 가늠해 볼 수 있을까? 예언서를 읽는 마음으로 소설을 들여다볼 때, 거기엔 우리가 살아가야 할 미래에 대한 작은 암시와 앞선 미로를 발견할 수도 있다.

개연성 있는 허구,
상상 속 현재

역사와 소설의 가장 큰 차이는 역사가 일어난 일을 쓰는 데 비해 소설은 일어날 법한 일을 쓴다는 데에 있다. 아리스토텔레스는 이를 가리켜 개연성 있는 허구라고 말했다. 개연성이라는 말이 마치 현실과 거리가 먼 상상의 문학 장르에만 속하는 것으로 보일 수 있지만 이는 매우 현실적인 인물과 사건을 그려 내는 사실주의 소설에서 더 중요한 개념이다.

가령, 한국 최초의 현대 소설이라 평가 받는 이광수의 『무정』에 등장하는 인물들만 해도 그렇다. 영어 교사 이형식은 기녀가 된 정혼자 영채와 유복한 여학생 선형 사이에서 갈등을 한다. 여기서 교사-기녀-여학생은 그 당시 지식인 남성이 겪을 수 있는 가장 이상적이면서도 보편적인 형태의 갈등 양상이다. 마치 현재의 주말 드라마에서 부잣집 외아들이 가난하지만 단정한 처녀와 부자이지만 버릇없는 여자 사이에서 갈등하듯이 말이다.

한국 단편 문학 중 최고로 손꼽을 수 있는 황석영의 「삼포 가는 길」에 그려진 삶의 모습도 마찬가지다. 「삼포 가는 길」에는 세 사람이 등장한다. 나이가 꽤 지긋한 정 씨는 감옥에서 출옥한 뒤 일용직을 찾아다니고, 공사판에서 잔뼈가 굵은 영달 역시 일용직이지만 제법 전문적 솜씨를 지닌 일꾼이다. 그리고 마지막 인물, 백화는 작부다. 이 세 사람은 직업만으로도 삶의 형편이나 이력을 대략 짐작할 수 있다. 식모라는 말과 함께 이제는 거의 사어(死語)가 되어 버린 작부는 더욱 그렇다. 세 사람의 직업을 듣는 순간 우리는 1970년 언저리를 살아갔던 어떤 사람들의 삶을 떠올릴 수 있다. 비록, 역사는 아니지만 그들이 걸어간 '길'을 통해 1970년대를 역사적 기록보다 훨씬 더 풍부하고 입체적으로 조감할 수 있다.

아내를 노름빚으로 팔아 버리는 김유정 소설 속 인물들이나 아내의 살해 사실을 돈으로 무마하는 김동인 소설 속 사건들은, 그래서 단순한 과장이나 허구가 아닌 당대 있을 법했던 사건들로 받아들여진다. 1960년대 김승옥, 이청준, 최인훈의 소설 속 주인공이 대부분

대학생이었던 까닭도 이와 무관하지 않다. 소설의 주인공은 당대 혹은 가까운 미래에 만나게 될 '우리'다.

척 팔라닉의 소설 『파이트 클럽』의 주인공이 "신용카드 회사를 파괴하라."라고 했을 때에도, 우린 그저 가상으로만 받아들였다. 신용카드 회사의 신용 정보를 리셋 하는 순간이 우리 삶이 리부팅 되는 순간이 되리라는 걸, 가벼운 상상 정도로 취급한 것이다. 하지만 이 가상은 미야베 미유키의 『화차』에 이르러 현실이 된다. 빚에 쪼들리던 여성은 자신의 신용 정보를 갱신하기 위해 자기 자신을 죽이고 다른 정체성으로 거듭난다. 마찬가지로, 김애란의 소설에 상큼하게 처음 등장한 '편의점'은 이제 상징이 아닌 배경이 되었고, 김애란의 말처럼 이제는 전화기 대수가 아니라 치아 교정 유무가 계층적 형편을 대신한다. 소설 속 개연성의 세계가 너무나도 빨리 현실이 되고 있는 것이다.

누구네 집 딸이
'나만의 방'을 갖기까지

그런데, 문학 속 인물들이 언제부터 직업을 갖게 되었을까? 문학의 출발이라고 부를 수 있는 신화의 세계에 등장하는 인물들은 모두 다 무직자였다. 아니, 엄밀히 말해 그들은 노동할 필요가 없었다. 그들에게는 '왕'이나 '귀족' 같은 고귀한 신분이 주어지고 특정한 '직업'은 부여되지 않았다.

아리스토텔레스는 만족과 보수를 모두 얻을 수 있는 일자리는 없다고 말했다. 이 그리스 철학자는 육체노동을 안타깝게 여겼던 듯하다. 그는 노동하지 않고 소득을 얻어 여가를 즐길 때에만 음악과 철학이 주는 높은 수준의 즐거움을 누릴 수 있다고 말했다.

아리스토텔레스는 『시학』에서 완벽한 이야기의 모범을 비극에서 찾을 수 있다고 했다. 비극을 고귀한 인물의 선한 선택이 불러온 뜻밖의 불행으로 요약할 수 있다면 이 서사에는 노동이 개입할 여지가 없다. 적어도, '왕'은 선택을 할 뿐 노동을 하지는 않는다. 생계에 필요한 노동은 인간을 노예나 동물과 같은 수준으로 끌고 간다.

이는 셰익스피어 4대 비극에 이르러서도 마찬가지다. 맥베스, 오셀로, 리어 왕, 햄릿. 이들이 처한 고민은 생계나 노동이라는 용어와 거리가 멀다. 그들은 배고픔을 견디고 돈을 더 벌기 위해 갈등하는 것이 아니라 타고난 성격이나 사상, 운명이라는 이념적 형태 가운데 놓인 스스로의 선택 때문에 아파한다.

말하자면, 고전적 의미에서의 문학에는 직업이나 노동이 등장하지 않는다. 심지어, 우리가 앞서 살펴보았던, 돈을 받고 자살 의뢰인을 도와준다거나 아내를 팔아넘기는 일 따위가 문학 속에 등장할 리 만무했다.

실로, 현대적 개념의 문학은 노동하는 인물의 발견과 맞물린다고 해도 과언이 아니다. 서양 최초의 근대소설이라 불리는 『파멜라』만 해도 그렇다. 그녀의 직업은 하녀, 하녀는 계층적 호명이기도 하지만 노동으로 인해 정체성을 입증받는, 즉 직업적 호명이기도 하다.

19세기 유럽 소설에 등장하는 남자들이 대개 계층적 상승 욕망을 가진, 그래서 그 욕망을 직업의 이동으로 보여 주는 반면, 당시 여자들에겐 거의 직업이 없었다는 점도 주목할 만하다. 19세기, 20세기 초 소설에 등장하는 여성들은, 마담 보바리나 안나 카레니나처럼 누군가의 아내이거나 제인 오스틴 소설에 등장하는 여성들처럼 누구네 집 딸이었다. 역설적이게도 『제인 에어』는 천애 고아였기에 가정교사라는 직업을 가질 수 있었다. 하지만 여전히 여성의 노동이 돈으로 환산되기는 어려웠고 따라서 버지니아 울프가 말한 "자기만의 방"을 갖기까지 꽤나 지난한 시간을 거쳐야만 했다.

여성 인물이 어떤 '직업'을 가질까 고민하는 정이현 소설 속 인물들은 20세기 초만 해도 판타지에 불과했다. 하루의 노동이 곧 하루의 이야기가 되는 세계, 그것이 바로 현대 소설 속 공간이다. 그러므로 우리는 오늘의 소설 속에서 내일의 노동을 짐작해 볼 수 있다.

오늘의 소설 속에서
발견한 내일의 직업

일과 노동의 세계, 기계적 기술과 원리를 최고의 가치로 그려 내던 『백과전서』 시대에 괴테는 『젊은 베르테르의 슬픔』을 출간했다. 도르래, 집게와 같은 연장의 삽화를 꼼꼼히 학습하는 것이 계몽이었던 18세기에 베르테르는 사랑이라는 매우 주관적인 감정을 유통시켰다. 그건 하나의 예언이었다. 가까운 미래의 사람들이 어떤 삶의 방식을 이상으로 삼을지, 그리고 우리가 어떤 이야기에 관심을 둘지에 대한 것 말이다. 이후 객관적 사실의 묘사가 아닌 주관적 감정의 사적 고백이 영향력을 행사하기 시작했다. 괴테는 어떤 인물을 허구적으로 그려 낸 게 아니라 곧 현재가 될 가치관을 발명했다.

필립 K. 딕이 『안드로이드는 전기양을 꿈꾸는가?』를 썼을 때만 해도 안드로이드는 순수한 SF적 설정이었다. 『혹성 탈출』의 달나라

GOETHE

괴테가 창조한 소설 주인공 베르테르

일과 노동의 세계, 기계적 기술과 원리를 최고의 가치로 그려 내던 『백과전서』 시대에 괴테는 『젊은 베르테르의 슬픔』을 출간했다. 도르래, 집게와 같은 연장의 삽화를 꼼꼼히 학습하는 것이 계몽이었던 18세기에 베르테르는 사랑이라는 매우 주관적인 감정을 유통시켰다. 그건 하나의 예언이었다. 가까운 미래의 사람들이 어떤 삶의 방식을 이상으로 삼을지, 그리고 우리가 어떤 이야기에 관심을 둘지에 대한 것 말이다. 이후 객관적 사실의 묘사가 아닌 주관적 감정의 사적 고백이 영향력을 행사하기 시작했다. 괴테는 어떤 인물을 허구적으로 그려 낸 게 아니라 곧 현재가 될 가치관을 발명했다.

여행처럼, 가상에서나 가능한 일이었다. 달나라 여행뿐만 아니라 유전자로 계층이 나뉘는 「가타카」의 그 놀라운 세계도 상상만은 아니다. 아직 현재화되지 않았지만 현실화될 가능성은 매우 높다. 이는 코맥 매카시의 『로드』나 박민규의 「루디」와 같은 소설 속 묵시론적 세계가 어쩌면 허구만은 아닐 수도 있다는 생각을 하게 한다.

최근 한국 소설에선 특히 가상의 직업들을 자주 목격하게 된다. 윤고은의 소설 「1인용 식탁」에는 혼자 밥 먹는 법을 체계적으로 훈련시켜 주는 학원이 등장하고 김중혁의 소설 「1F/B1」에는 건물 관리비법을 터득한 전문 관리자, 슬래시 매니저가 등장한다. 자기 소개서 쓰는 법을 판매할 수 있다고 이기호가 너스레를 떨었는데 현재는 실제 유통 가능한 상품이 되었다. 그러고 보면, 혼자 밥 먹는 법 따위가 상품이 될 수 없다고 말할 수도 없다. 그런가 하면, 김이설의 소설 『환영』에는 백 년 전 김유정 소설에서나 만났던 생계형 주부 매춘부가 등장하기도 한다. 결국, 우리가 소설 속에서 보는 것은 우리의 과거일까 아니면 미래일까? 아니, 어쩌면 이미 문학 작품들 속에는 오래된 미래가 자리 잡고 있을지도 모른다.

4부

삶의 꽃은
놀이의 화분에서
피어난다

놀이는 우리가 문화라 부르는 것들의 가장 원초적 형태이다. 놀이는 문명의 근원이기도 하지만 생래적 욕망이기도 하다. 쉽게 간과하지만, 놀이에도 학습이 필요하다. 단순히 시간과 체력을 허비하는 것이 아니라 즐거움을 얻는 것이 바로 놀이이기 때문이다. 회색 세대라고 불리기도 하는 고령화 사회에서 놀이는 더욱 중요하다. 일과 노동에 쓰지 않는 시간을 지혜롭게 사용하는 것, 그것이 바로 여가 선용이기 때문이다. 4부 "삶의 꽃은 놀이의 화분에서 피어난다"에서는, 전통적 놀이의 양태인 연극과 음악, 문학에서부터 매우 현재적 놀이 체험인 사이버게임까지 아우르면서 놀이의 미래를 점검하고자 한다. 도래하지 않은 미래의 놀이를 짐작하게 해 주는 단서는 현재 각 문화계의 최첨단 실험에서 찾아볼 수 있다. "놀지 않고 일만 하면 바보가 된다.(All work and no play makes Jack a dull boy.)"라는 말처럼, 놀이야말로 삶에 있어 가장 중요한 일 중 하나다.

스토리텔링의
유혹

정영훈
문학 평론가

다섯 살짜리 딸아이는 종종 숲에 간다. 엄마 아빠 말 안 듣고 제 하고 싶은 대로 하다가 다시 착한 아이로 돌아왔을 때, 딸아이는 숲에 갔었다고 말한다. 조금 전까지 말썽을 부리던 아이의 이름은 땡뚱찡. 제 언니가 꼭 그 나이였을 때 친구 했던, 엄마 아빠 속을 무던히도 긁어 놓았던 상상 속 아이를 동생이 물려받았다. 딸아이의 이야기에 맞장구를 치면서, 한편으로는 자기 꾀에 빠져 당황스러워할 모습을 기대하며 숲에서 한 일을 물어본다. 그러면 딸아이는 힘든 기색도 없이 잘도 이야기를 지어낸다. 다람쥐를 보았다고도 하고, 소꿉놀이를 했다고도 하고. 거기서 만난 친구의 이름이 아진이였던가, 아정이였던가.

아이들은 누구라 할 것 없이 이야기를 좋아한다. 애써 강요하거나 구슬리지 않아도 눈앞에 보이는 것이 있고 손에 쥘 것이 있으면

4부   삶의 꽃은 놀이의
화분에서 피어난다

그걸 가지고 곧바로 이야기를 만들어 낸다. 상상 속 인물들이 되어 이야기를 주고받을 때는 성격과 상황에 맞게 목소리도 바꿀 줄 안다. 누가 가르쳐 주지 않아도 아이들은 저절로 그런 기술을 배운다. 그게 다가 아니다. 우리 집 아이들의 경우 잠자리에 누워 잠이 들기 위해서는 적어도 긴 이야기 하나와 짧은 이야기 두어 개는 '복용'을 해야 한다. 어른들도 다르지 않다. 어른들도 이야기를 좋아한다. 그때 내가 왜 그렇게 행동할 수밖에 없었는지 변명을 늘어놓을 때, 전날 본 야구 경기를 떠올리며 결정적이거나 아쉬웠던 장면들을 복기할 때, 문득 지난날이 돌이켜질 때, 아이가 자라 어른이 되었을 때를 상상할 때, 우리는 이미 한 편의 이야기 속으로 깊이 들어와 있는 셈이다. 어쩌다 손에 쥐게 되는 소설책도, 저녁에 돌아와 텔레비전을 켜면 늘 나오는 드라마도, 극장에서 상영 중인 영화도 모두 이야기다.

　이야기가 없는 삶은 상상하기 어렵다. 우리 삶은 이야기에 깊이 파묻혀 있다. 이야기는 우리에게 어떤 의미가 있을까? 이야기를 좋아하는 성향은 어디서 온 것일까? 이야기는 우리가 살아가는 데 어떤 도움을 줄까?

우리 마음은
능숙한 이야기꾼이다

우리 마음은 능숙한 이야기꾼이다. 마음을 앞세운 것은 우리가 알아차리지 못하는 사이에 우리 의지와 무관하게 저절로 이야기가 만들어진다는 사실을 강조하기 위해서다. 최근의 학문적 논의 방식을 따라 뇌의 작용이라고 좀 더 기계적으로 표현할 수도 있겠다. 마음이 이야기꾼이라는 것은 무슨 뜻일까?

분할 뇌(분리 뇌) 환자를 대상으로 한, 캘리포니아 대학교 심리학과 마이클 가자니가 교수의 유명한 실험이 있다. 분할 뇌란 양쪽 뇌를 이어 주는 뇌량 부위가 손상된 뇌를 말한다. 가자니가 교수는 닭발과 눈 쌓인 풍경을 담은 사진 두 장을 각각 환자의 오른편과 왼편에 놓고 보여 준 다음, 다른 여러 개의 그림들을 보여 주고 조금 전에 본 것과 관련이 있는 그림을 고르라고 부탁했다. 그러자 환자는 오른손으로는 닭의 그림을 고르고 왼손으로는 눈삽을 골랐다. 인상적인 것은 각각의 그림을 고른 이유다. 닭을 고른 것에 대해 환자는 조금 전에 본 닭발 사진을 이유로 들었다. 반면 삽을 고른 것에 대해서는 닭장을 치우려면 삽이 필요하기 때문이라는 대답을 들려주었다. 비슷한 종류의 다른 실험에서 왼편에 놓인 우스꽝스러운 사진을 보고 웃음을 터뜨린 환자는 왜 웃느냐는 물음에 방금 재미있는 일이 생각나서 그랬다고 대답했다. '걷다'라는 단어를 보고 곧장 일어나 방 안을 가로질러 걸어가던 환자는 어디 가느냐고 묻자 목이 말라 콜라를 사러 간다고 대답했다.

이 실험 결과를 이해하기 위해서는 약간의 설명이 필요하다. 우리 눈을 통과한 시각 정보는 시각 피질을 따라 X 자 형태로 교차되면서 양쪽 뇌로 전달된 다음, 뇌량을 따라 교환된다. 좌뇌와 우뇌가 하는 일이 서로 다른데, 좌뇌는 뇌가 주위 환경으로부터 받아들인 정보들을 이치에 맞도록 만드는 역할을 한다. 정보들 속에서 질서와 의미를 발견하고 이를 일관된 이야기가 되도록 설명하는 것이 좌뇌가 하는 일이다. 환자가 닭장을 치우기 위해서라고 대답한 것은, 왼편에 놓인 눈 쌓인 풍경의 이미지를 좌뇌가 전달받지 못했기 때문이다. 좌뇌는 눈삽을 집어 든 이유를 설명할 수 없었기 때문에, 이미 전달받은 닭발의 이미지에 기초해서 그 나름의 이유를 만들어 낸 것이다. 다른 환자들도 마찬가지다. 재미있는 일이 생각났다거나 콜라를 사러 간다는 대답은 자기가 한 행동을 합리화하기 위해 뒤늦게 만들어 낸 이유에 지나지 않는다.

『스토리텔링 애니멀(The Storytelling Animal)』의 저자인 조너선 고찰은 좌뇌가 셜록 홈스를 닮았다고 비유적으로 말한다. 홈스는 손등에 있는 닻 모양 문신과 구레나룻, 머리를 기울이고 단장을 휘두르는 태도, 견실하고 착실한 중년의 이미지 등을 조합해서 초면인 사내가 해병대 퇴역 하사관이라는 사실을 추론해 낸다. 모호한 단서들에서 시작하여 별 연관성이 없는 정보들을 모으고, 꼭 그렇게 보아야 할 필연적인 이유가 없는데도 하나의 가능성만을 생각하면서 곧바로 결론으로 내닫는 홈스의 추론은, 실제 현실이었다면 십중팔구는 오답이었을 것이다. 우리 마음속에도 이와 비슷한 존재가 있다. 오랜 진화 과정은 음모와 모략, 인과적 질서로 가득 찬 이 세계를 더 잘 알아차릴 수 있도록 우리에게 '마음속 홈스'를 선사했다. 마음속 홈스 덕분에 우리는 우리가 사는 세계를 일관성 있고 질서 잡혀 있고 의미 있는 세계로 경험한다. 우리 뇌는 의미에 중독되어 있어서 세계에서 어떤 의미 있는 패턴을 발견하지 못하면, 의미를 만들어 내기 위해 기꺼이 거짓말도 한다.

2000년 봄에 "선영아 사랑해"라고 적힌 현수막이 동네 곳곳에 내걸렸던 것을 기억하는지. 사람들은 이 짧은 문구만으로도 여러 가지 인상적인 이야기들을 만들어 냈다. 만난 지 천 일 되는 날을 기념하여 애인을 위해 마련한 이벤트라는 이야기가 있었는가 하면, 가출한 자녀를 돌아오게 하기 위해 부모가 자신들의 이름을 밝히지 않고 광고를 한 것이라거나, 마음을 표현하는 데 서툰 남자가 짝사랑하던 여인에게 공개적으로 사랑을 고백한 것이라는 이야기도 있었다. 국회의원 총선거가 있기 얼마 전에 현수막이 붙기 시작했기 때문에 '선영'이라는 이름을 가진 후보가 홍보를 위해 붙인 것이라는 소문도 돌았고, 이 이름을 가진 후보 중 일부는 누군가가 자신을 음해하기 위해 벌인 일이라며 중앙선거관리위원회에 수사를 요청하기도 했다. 결국 이 현수막은 어느 포털 사이트에서 내건 광고임이 밝혀졌지만, 그 얼마간 있던 떠들썩한 소란은 이야기를 만들어 내는 일이 우리에게 얼마나 자연스러운지 알려 주는 구체적인 사례로 기록될 것이다.

꿈속 세상은 왜
행복하기보다 불행한가

우리 마음은 우리가 자는 동안에도 이야기를 중단하지 않는다. 뇌과학자들의 설명을 빌리면, 우리 뇌에는 유입된 정보들을 일정한 형태의 패턴으로 걸러 내어 서사화하는 회로들이 있다. 이들은 잠든 뇌가 만들어 내는 의미 없는 잡담과 소음까지도 일관성 있는 서사로 만들기 위해 애를 쓴다. 이렇게 해서 만들어지는 이야기가 바로 꿈이다. 꿈을 꾸는 동안 우리 몸은 경직되는데, 과학자들은 꿈속에서 하는 행동을 실제로 옮기지 못하도록 하기 위해 그렇게 진화되었으리라고 짐작한다. 꿈에서처럼 손발을 놀리다가는 자기가 다치거나 옆 사람이 다칠 수 있기 때문이다. 그러나 이것이 사실이라면, 잠자는 동안 마음속 이야기꾼을 잠들게 하는 편이 더 낫지 않았을까? 몸을 움직이지 못하게 하는 번거로움을 무릅쓰면서까지 이야기를 계속하게 한 이유가 있었을까?

프랑스의 과학자인 미셸 주베가 고양이를 대상으로 한 실험을 잠깐 엿보기로 하자. 주베는 수면 경직에 관여하는 조절 체계를 차단한 후 잠자는 고양이의 행동 양식을 관찰했는데, 그에 따르면 렘수면 상태에 이르렀을 때 고양이는 갑자기 고개를 들고 주변을 살피면서 공격적인 성향을 드러내고 두려움에 사로잡히거나 분노를 표출하고 먹이를 쫓는 등의 행동을 했다. 주베의 실험은 고양이가 꿈을 꿀 뿐 아니라 그 꿈이 매우 구체적인 내용으로 이루어져 있음을 보여 준다. 주베는 고양이가 그들 종에 고유한 행동 특성을 꿈으로 꾸는 것이라고 해석했지만, 조녀선 고찰은 이와는 조금 다른 견해를 제시한다. 고양이가 보인 행동 특성들을 보면 알겠지만, 그 꿈은 고양이가 살아가면서 마주치는 보다 좁은 범위의 문제, 이를테면 먹느냐 먹히느냐 하는 문제와 관련한 내용들로 채워져 있다.

고찰은 고양이의 꿈속 세계가 따사로운 햇살 아래 생선을 먹으면서 한가롭게 즐기는 천국이 아니라, 공포와 적의가 지배적인 지옥에 가까우리라 추측한다. 우리의 경우도 크게 다르지 않다. 꿈속 세계는 그리 행복하지 않다. 꿈속에서 우리는 욕망이 실현되는 상황보다 좌절하고 갈등하는 상황을 더 많이 경험한다. 우리가 흔히 꾸는 꿈의 목록들을 보면 이 사실이 금방 드러날 것이다. 높은 곳에서 떨어지고, 물에 빠져 허우적대고, 길을 잃거나 덫에 걸리고, 여러 사람들이 보는 앞에서 발가벗은 채 서 있고, 다치고, 아프고, 굶주리고, 크고 작은 여러 가지 재난에 빠져 있는 꿈을 꾸어 본 적은 없는지. 수능 시험을 다시 치르거나 군대에 재입대하는 꿈을 꾸고 일어나 서늘해진 가슴을

쓸어내리며 안도해 본 적은 없는지. 어느 보고서에 따르면, 피험자들에게서 관찰한 1200개의 꿈 가운데 860개가 적어도 하나 이상 우리에게 위협이 될 만한 사건을 소재로 하고 있었다. 꿈속 세계는 사람들이 깨어 있는 동안 경험하는 평균적인 세계보다 훨씬 더 고약하다.

이런 꿈들이 우리에게 주는 이득이 있을까? 있다. 꿈이 써 내려가는 이야기 안에서 우리는 인간 삶에서 경험하는 여러 가지 딜레마에 대처하는 훈련을 한다. 언젠가 닥칠지 모를 여러 상황을 위해 일종의 예행연습을 하는 것이다. 우리가 어떤 행동을 할 때 활성화되는 뇌 부위들은 누가 그런 행동을 하는 걸 보거나 이를 머릿속으로 떠올리는 것만으로도 활성화된다. 거울 뉴런에 관한 이야기는 이제 상식이다. 뇌의 입장에서는 꿈과 실제가 다를 것이 없기 때문에, 꿈을 꾸는 것만으로도 실제 경험하는 것과 비슷한 효과를 얻을 수 있다. 어떤 기억들은 우리가 의식하지 못하는 곳에, 프로이트였다면 무의식이라고 불렀을 장소에 저장된다. 꿈에서 되풀이한 훈련의 결과들은 암묵적인(implicit) 지식의 형태로 남아 있다가 우리가 의식하지 못하는 가운데 삶에서 구체화되어 나타날 것이다. 이것이 바로 꿈이 하는 주요한 역할이다. 이는 수많은 이야기들이 우리 마음속에서 은밀하게 하는 일이기도 하다.

우리가 잘 아는 옛이야기들은 한 인물이 자라 집을 떠나고 시련을 겪으며 육체적으로나 정신적으로 성숙해진 후 다시 집으로 돌아오는 패턴을 반복적으로 보여 준다. 이야기는 대부분 "그 후로 그는 오랫동안 행복하게 잘 살았습니다." 같은 상투적인 문장으로 끝이 나지만, 이야기에서 더 많은 부분을 차지하는 것은 이들이 겪는 시련과 좌절, 역경이다. 행복을 약속하는 마지막 문장에 이르기 위해 이들은 자신 앞에 주어진 과제들, 이를테면 사랑하는 사람을 만나고, 헤어진 연인과 재회하고, 권력을 손에 쥐고, 민족을 압제의 사슬에서 이끌어 내고, 부모와 스승의 원수를 갚는 일들을 먼저 처리해야 한다. 이는 대개 우리가 사회에서 살아가는 동안 부딪히는 주요한 문제들이기도 하다. 이야기를 듣고 읽는 동안, 우리는 우리가 실제로 부딪힐지도 모르는 여러 문제들을 놓고 인물들과 함께 고민하고 씨름하고 해법을 모색한다. 무엇보다 좋은 것은 우리가 이 일을 수없이 반복할 수 있다는 점이다. 간혹 잘못된 답을 제출하여 목숨을 잃는 경우도 있겠지만, 죽는 것은 이야기 속 인물이지 우리는 아니다.

물론 이야기가 모든 문제 상황을 다 다루는 것도 아니고, 그 답이 실제 현실에 적용하기에 항상 적절한 것도 아니다. 이야기에 나오는 대로 행동했다가는 미친놈 소리를 들을 수도 있다. 우리는 이야기에서 좀 더 일반적인 차원의 해법을 얻는다. 이를테면 인물들이 한 행동을 보면서 그것만을 따로 떼어 이해하는 것이 아니라 그렇게 행동하게 된 배경과 맥락을 이해하고, 이를 현재 우리가 처해 있는 상황과 비교하고, 그럼으로써 인물의 선택을 우리의 상황에 맞게 변형해 적용한다. 이야기는 개별적인 인물들과 개별적인 사건들을 다루지만, 우리가 이 개별성에만 머무르게 하지 않는다. 이야기에서 우리가 배우는 것은 실생활에 직접 적용할 수 있는 전략이기보다 전략을 짤 수 있는 능력이다. 이 모든 일은 무의식적으로 진행된다. 우리는 우리가 읽은 이야기를 모두 속속들이 기억하지는 못하지만, 이야기를 읽을 때마다 마음은 매번 자신을 새롭게 쓴다. 우리 마음이 이야기를 즐기는 이유는 부분적으로 이를 위한 것이라고 말할 수 있다.

삶이 지속되는 한
이야기도 계속된다

우리는 우리가 읽은 이야기에 덧붙여 우리 이야기를 쓰고, 우리가 읽은 이야기 위에 우리 이야기를 덮어 쓴다. 우리는 위대한 종교 전통이 전해 준 이야기를 읽으면서 신이 인류를 구원하기 위해 써 나가는 구속사의 일부로 개인사를 이해하고, 한때 북방의 드넓은 지역을 호령했던 선조들의 이야기를 읽으면서 위대한 대한민국의 재건을 꿈꾸고, 위인들의 이야기를 읽으면서 그들 삶의 정형화된 패턴에 따라 삶을 계획한다. 우리는 우리에게 주어진 이야기의 틀을 참조하여 파편적으로 흩어져 있는 여러 일들을 일관성 있는 이야기로 만들고, 그 속에서 의미를 발견하고, 우리가 해야 할 일을 찾아낸다. 이야기와 삶은 서로에게 속해 있다. 이야기가 우리 삶의 일부이듯이, 우리의 삶 역시 이야기의 일부이다. 오랫동안 이야기는 언어를 수단으로 만들어지고 전해졌지만, 이야기가 반드시 언어에 매이는 것은 아니다. 오늘날 우리는 이야기를 만들어 내기 위해 영화와 드라마, 웹툰 같은 영상 매체와 이미지에 많이 의존한다. 이야기 문학의 꽃이라 할 수 있는 소설은 이제 이야기보다 이야기를 통해 할 수 없는 어떤 것을 전달하는 데 열중하고 있다. 이야기를 전달하는 형태는 달라졌어도 이야기는 여전히 힘이 있고, 우리 또한 이야기를 필요로 한다. 인류의 삶이 계속되는 한 이야기는 계속될 것이다.

포스트드라마 시대, 연극은 어디로 가고 있는가

이경미
연극 평론가

독일의 연극학자 한스-티스 레만은 그의 『포스트드라마 연극(Das Postdrmatisches Theater)』에서 지금까지의 연극사를 '드라마 이전의 연극(pre-dramatic theatre)', '드라마 연극(dramtisches theare)', 그리고 '포스트드라마 연극(post-dramatic theatre)'으로 구분하여 정리하고 있다. 이 가운데 마지막 단계인 포스트드라마 연극은 희곡이 연극의 절대적인 중심에서 물러나고 대신 다른 매체들이 고유한 표현성을 획득하는, 보다 행위 중심적이고 탈기호적인 공연들을 통칭한다. 그 시대적 스펙트럼은 멀게는 20세기 초, 가깝게는 1960년대를 지나 현재까지 걸쳐 있다. 그러나 현재 진행되고 있는 연극적 실험들의 정도가 때로는 예측 가능한 수준을 뛰어넘어 확장 · 발전되고 있다는 점을 놓고 본다면, 레만이 이 용어를 빌려 설명하고 있는 현대 연극의 일반적 경향 또한 어느덧 진부해진 느낌이 들기도 한다. 다만 이들 연극이 현대사회에서 연극 스스로가 어디에 어떻게 자리 잡아야 하는가를 묻는 치열하고도 진지한 자기반성의 산물이라는 점은 확실하다.

탈희곡, 만들어진 서사에서
구성되는 서사로

'수행적 전환(performative turn)', '시각적 전환(pictorial turn)', 그리고 '공간적 전환(spatial turn)'과 같은 용어가 말해 주듯, 1960년대 이후 문화의 중심축은 언어로부터 행위, 이미지로 옮아갔다. 이러한 문화 현상과 맞물려 연극 역시 서사 중심의 희곡적 연극에서 벗어나 몸과 움직임, 음악과 빛, 그리고 이 모든 것이 어우러진 무대 공간이 갖는 고유한 물질성에 주목하고 있다. 이와 같은 현대 연극의 다양한 실험 속에는 팔십여 년 전, 그전까지 절대적인 중심이었던 희곡이 실제로는 무대에 더없이 커다란 장애물이었다는 점을 지적하며, 정신이 아닌 감각과 소통하는 물리적인 새 연극 언어를 되찾을 것을 요구했던 아르토의 정신이 그대로 살아 있다.

> 내가 의미하는 바는 무대가 구체적이며 물질적인 장소라는 점이다. 무대는 무엇인가로 채워질 것을 요구한다. 그뿐만 아니라 우리는 무대로 하여금 구체적인 언어를 말하도록 해야 한다.
> — 앙토냉 아르토, 『잔혹연극론』(박형섭 옮김, 현대미학사, 1994)

음악이나 춤, 조형, 팬터마임, 무언의 몸짓, 제스처, 억양, 건축,

조명, 무대장치 등 모든 수단들의 결합, 작용과 반작용, 상호 파괴를 통해 무대가 비로소 "고유한 시정(詩情)"을 획득할 수 있어야 한다는 그의 주장은, 다른 연극 실험가들의 생각과 어우러져 오늘날까지 연극 실험에 대한 당위적 근거를 마련해 주었다. 지난 백 년 동안 무용이나 영화, 회화, 건축 같은 고전적인 인접 장르와 연극의 경계는 이미 오래전에 허물어졌으며, 이제는 디지털 미디어에 대해서도 서슴지 않고 경계를 허무는 바람에, 연극 작업에 있어 미디어 아트, 설치(installation)라는 용어도 더 이상 낯설지 않게 되었다. 따라서 전에 없이 매체적으로 풍성해진 이 무대들을 이야기할 때, 이제 많은 연극학자들은 '연극'이 아닌 '공연'이라는 용어를 사용한다. 현재 진행되고 있는 이 모든 실험들은 더 이상 기존의 전통적인 연극의 범주로 묶여 설명될 수 없기 때문이다.

이제 연극은 행위 예술, 무용적 연극, 음악 연극 같은 부분적인 경계 넘기의 단계도 지났다. 연극은 더 나아가 무대를 극장이라는 공간에서 벗어나 기차역, 지하철, 일반 가정집처럼 지극히 일상적인 현실 영역 안에 놓기도 한다. 때때로 관객은 말 그대로 일상의 삶들로 넘치는 도시 공간을 간단한 MP3나 휴대전화 문자메시지에 의지해 돌아다니며, 그전까지 일상의 눈으로 대했던 공간을 전혀 새롭게 바라보면서 공간과 인간, 나의 관계를 현상학적으로 체험하기도 한다. 전문적인 배우가 아니라 일반인이 자신들의 삶의 이야기를 아주 간단한 연극적 약속 아래 무대에 올리기도 하고, 특정 입장을 위해 가공된 이야기가 아니라, 온갖 보고서와 인터뷰, 신문 자료 들이 여과 없이 제시되면서 무대 자체를 사실로 채운 토론장으로 만들기도 한다.

물론 캄캄한 객석에 앉아 무대가 잘 만들어 보여 주는 완결된 허구 세계에 공감하는 것을 커다란 즐거움으로 생각하던 전통적인 관객의 입장에서는, 이와 같은 연극 실험들이 더없이 낯설고도 혼란스러울 수밖에 없을 것이다. 그러나 전과 같이 무대 위에서 연극적으로 완성된 하나의 극적 세계를 보여 주고 그에 대한 관객의 이해와 공감을 구하려고 노력하지 않는다고 해서, 1990년대 이후 현대 연극 무대가 단순히 의미 없는 피상적인 이미지들이나 자기도취적 실험으로 채워졌다고 생각해서는 안 된다. 오늘날 연극학을 그 시대의 문화 및 문화 변동의 차원과 연결 지어 문화학 차원에서 새롭게 논의해야 한다는 이야기가 있는 것처럼, 현대 연극 실험들 역시 사회·문화적 지평과 동떨어진 자기도취적 예술관의 결과물이 아니라, 사회를 연극의 시선으로 바라보고 이에 대해 적극 문제 제기를 하려는 진지한 문화적 반성의 행위이다.

현상학, 상호매체성, 그리고 수행성

현대 연극은 이제껏 의미의 재현에 종속되어 왔던 무대 위의 말과 배우, 배우의 움직임과 소리, 그리고 빛, 더 나아가 카메라와 영화, 비디오, 그리고 더 나아가 시간과 공간에 이르기까지 모든 매체들 하나하나가 갖는 표현성에 주목한다. 그리고 의미 체계로부터 분리된 독립된 기표로서 이들이 갖는 고유한 매체적 성질에 초점을 맞춘다. 의미에 대해 종속적 위치에 있는 것이 아니라, 이들 매체들이 그 자체로서 서로 대등한 관계로 상호 작용하는 '-사이(-inter)'라는 미적 공간은 관객의 상상력이 극점에 달하는 생산적 장이다. 이러한 이유로 오늘날 공연에서는 상호매체성(intermediality)이 더없이 중요한 화두로 부상한다.

예를 들어 2010년 세계 국립극장 페스티벌 초청작이었던 로버트 윌슨의 「크라프의 마지막 테이프」(사뮈엘 베케트 작)에서는 연극의 절대적인 중심축으로 생각되었던 언어조차도 하나의 청각적 울림으로, 리듬으로 변용되면서 지극히 물질적으로 다가온다. 이처럼 언어가 파편화되어 일종의 콜라주 재료가 됨에 따라 배우는 더 이상 내러티브의 주체가 되지 않는다. 이런 배우의 움직임 속에서 심리적 단위로서 인간의 형상은 찾아볼 수 없다. 배우 역시 하나의 물질적 매체가 되어 다른 매체들과 함께 동등하게 배치되는 것이다. 통상적인 감각으로는 견딜 수 없을 정도로 아주 느리게 움직이는 배우의 몸, 그리고 지난 세월 동안 녹음해 두었던 테이프를 몇 번이고 되감아 다시 트는 반복적 행동으로 인해 관객에게는 시간의 흐름조차 매우 낯설게 다가온다. 중간중간 발생하는 침묵이나 바닥을 질질 끄는 슬리퍼 소리, 무대 위에 다양한 각도로 드리우는 빛과 그로 인해 생성되는 그림자 등 다양한 매체들이 서로에 대해 빚어내는 차이 속에서, 관객은 삶이라는 형용할 수 없는 시간의 무게를 묵직하게 느끼게 된다.

이러한 상호매체적 전략 속에서 배우의 몸을 비롯한 연극의 모든 표현 매체들은 그 자체가 하나의 행위로, 과정으로, 미적 사건으로 자리 잡는다. 예컨대 그것들은 모두 허구적 세계를 표현하기 위해 동원된 수단이 아니라, 그때그때 관객의 살아 있는 감각과 조우하는 '물질' 그 자체다. 그것은 끊임없이 변화하고 생성하는 과정 속에 있는 살아 있는 유기체이며 무대와 객석 사이를 끊임없이 순환하는 에너지다. 메를로퐁티의 말을 빌리면, 이 물질들은 관객의 지각 속에서

4부 삶의 꽃은 놀이의
화분에서 피어난다

독일의 실험적 연출가 하이너 괴벨스의 작품, 「나는 그 집에 갔지만, 들어가지 않았다」

"무엇을 보러 가는지 확신할 수 없을 때, 예술적 경험에 관객은 더더욱 열려 있다고 나는 믿습니다. 왜냐하면 그렇게 확신할 수 없을 때야말로 우리의 고정관념을 뿌리째 변화시키니까요. (……) 나는 좁은 의미를 담은 구체적이고 상세한 이미지가 아니라, 우리의 상상력을 펼칠 수 있는 이미지를 만들고자 합니다."

감각을 새롭게 구성하고 궁극적으로 현실에 대한 지각 방식을 변화시키는 현상학적 '몸'이라 할 수 있다. 그것은 현재에 대한 강렬한 경험이면서 동시에 관습적인 사고의 틀을 벗어나 세계를 새롭게 바라보고 또 변화시킬 수 있는 적극적인 힘이 되어 관객의 의식에 작용한다. 이 지점에서 오늘날 연극은 언어학 및 기타 사회·문화 영역에서 논의되어 왔던 '수행성'과 자연스럽게 만난다. 현상학적 몸과 그 몸의 에너지로 충만한 무대는 더 이상 완결된 작품이 아니라 끊임없이 구성되고 있는 미적 과정 그 자체이다.

감각의 교란, 상상력, 그리고 질문하는 무대

독일의 실험적 작곡가이자 연출가인 하이너 괴벨스는 2011년 3월 LG아트센터에서 공연된 그의 작품 「나는 그 집에 갔지만, 들어가지 않았다」에 대해 프로그램 북에 다음과 같이 연출자로서 자신의 생각을 짧게 적어 놓았다.

무엇을 보러 가는지 확신할 수 없을 때, 예술적 경험에 관객은 더더욱 열려 있다고 나는 믿습니다. 왜냐하면 그렇게 확신할 수 없을 때야말로 우리의 고정관념을 뿌리째 변화시키니까요. (……) 무대엔 살롱 하나, 집 한 채, 호텔 방 하나가 있지만 그것이 뭔가를 의미하는 것은 아닙니다. 당신이 보게 될 것은 듣게 되는 것만큼의 경험일 것이고, 무엇이 더 중요하다고 말할 수는 없습니다. (……) 나는 좁은 의미를 담은 구체적이고 상세한 이미지가 아니라, 우리의 상상력을 펼칠 수 있는 이미지를 만들고자 합니다.

지난 역사 속에서 연극은 언제나 사회에 대한 도덕 기관으로서의 역할을 자임하며 사회 통합을 위한 공론의 장이 되어 왔다. 대표적인 예로 고전주의 연극 무대는 관객들이 허구의 형식 속에서 인간이 해야 할 행동 방식, 그리고 덕과 악이 무엇인가를 볼 수 있게 해 주는 일종의 확대경 같은 것이었다. 예컨대 몰리에르나 실러, 레싱의 연극에서 알 수 있듯이 연극은 상황을 관객들이 인식할 수 있게 논리적으로 구성해서, 이를 통해 사람들이 반드시 준수하거나 피해야 할 생각과 행동이 무엇인가에 대한 모델을 정확하게 제시해야 한다고 생각했다.

그러나 오늘날 연극에서는 무대와 객석 사이에 일관된 합의 코드 같은 것은 존재하지 않는다. 한때 연극은 무대가 제시하는 하나의 담론으로 관객을 통합하고자 했으나, 오늘날처럼 각종 이해관계 및 사유화된 담론으로 복잡하게 얽혀 있는 사회체제 속에서 이러한 연극의 교육학적 모델은 더 이상 의미가 없다. 연극이 끊임없이 추구했던 공동체적 이상은 다른 모든 거대 담론과 마찬가지로 그때그때의 사회, 힘, 욕망과 권력 기호에 따라 조성되고 또 파기되고 또 얼마든지 다른 것으로 대체되는, 일시적이고 임의적이며 불완전한 것일 뿐이다.

현대 연극은 더 이상 단일한 '관객 공동체'를 꿈꾸지 않는다. 즉 관객이 수동적으로 자신의 무대 속으로 흡수되기를 바라는 것이 아니라, 자신의 무대를 능동적 · 비판적으로 대면하기를 바란다. 현대 연극은 무대가 의미의 통합체가 되기보다는, 연극 스스로 자신의 형식을 해체하여 작게는 무대 위, 크게는 세계 속 합의된 질서들의 한계를 노출함으로써, 그 무(無)의 공간에서 관객 스스로 세계에 대한 자신의 입장을 구성할 수 있기를 바란다. 그런 이유로 오늘날 연극은 더 이상 관객에게 자신의 가치를 주장하고 설득하지 않는다. 오히려 정해진 의미의 틀을 지워 버린 가운데 매체들이 빚어내는 감각적인 공간들 속에서 관객의 능동적인 상상력을 극대화할 수 있다는 믿음 아래 인간과 세계에 대한 질문들만을 던져 놓을 뿐이다.

그런 점에서 우리는 위의 글, 즉 자신의 무대는 아무것도 의미하는 것이 없으니 보는 것만큼 보고 듣는 것만큼 보라는 하이너 괴벨스의 통명스러운 태도를 이해할 수 있게 된다. 그는 관객에게 특정 화두를 미리 만들어 '전달'하고 이해를 구하려 하지 않는다. 오히려 자신의 무대에서 의미의 흔적을 스스로 지워 버리고 비워 둠으로써, 관객 스스로 자신이 보고 들은 것을 통해 무대를 새롭게 자신의 것으로 구성하기를 원한다.

오늘날 연극은 스스로 의미를 표방하지 않으며 관객을 향해 끊임없이 세계와 인간에 대해 질문한다. 그리고 그 질문에 대한 답을 선택하고 결정할 수 있는 권한은 관객의 몫으로 남겨 놓는다. 선험적인 의미가 배제된 무대 공간 속에서 관객의 상상력이 극대화되며 인간과 삶에 대한 능동적이고 창조적인 '보기(sehen)'가 가능해진다. 이러한 관객 주체는 오늘날 정치철학에서 강조하는 진정한 민주주의적 주체이기도 하다. 그런 점에서 현대 연극에서 행해지는 모든 실험은 동시대 현실에 예술적, 정치적으로 대응하려는 적극적 행위이다.

재현에서 채집으로,
복제에서 그리기로

김영진
명지대 영화뮤지컬학부 교수

영화의 디지털화에 가장 보수적인 입장을 취했던 칸 국제영화제는 2000년대 초반까지 디지털로 제작된 영화의 공식 경쟁 부문 진입을 허락하지 않았다. 그러나 2003년 칸 영화제에서는 공식 경쟁 부문 진출작 가운데 절반가량이 저예산 디지털 작가 영화로 채워지는 큰 변화가 일어났다. 그중 가장 화제를 불러일으켰던 영화가 저명한 이란 감독 압바스 키아로스타미의 「텐」이라는 작품이었다. 어느 가정주부가 하굣길에 아이를 자기 차에 태워 수영장에 데려다 준 다음 연달아 이런저런 이유로 아는 사람 아홉 명을 더 태워 주는 것이 내용의 전부인 이 영화는 제목 그대로 주인공이 열 사람을 태워 준 다음에 끝난다. 운전석과 조수석에 설치된 카메라는 자동차 안에서 오간 인물들의 대화를 찍는다. 감독은 그걸 편집해 보여 준다. 이 영화는 '삶의 여러 조각들'을 자연스레 채집한 느낌을 주는데, 누구나 찍을 수 있는 작품이지만 압바스 키아로스타미라는 감독이 아니었으면 이런 천재적인 아이디어를 기획하지 못했을 것이다.

「텐」은 곧 21세기 영화의 어떤 꼴을 암시한다. 21세기 영화는 20세기 영화와 다르다. 필름의 광학적 처리 과정에 기초한 20세기 영화가 이미지를 만들어 냈다면, 디지털 기술에 기초한 21세기 영화는 채집 작업에 가깝다. 20세기 영화는 고도로 훈련된 전문 인력이 카메라와 조명 메커니즘을 숙지해 고가의 장비를 갖추고 찍어 내야만 하는 것이었다. 오늘날에는 심하게 말해 스마트폰 하나로도 촬영과 편집을 다 해낼 수 있다. 디지털은 영화를 만들고 보여 주는 메커니즘을 혁명적으로 바꾸는 견인 수단인 듯 보인다.

21세기 영화 혁명,
영웅적 장면에서 일상 속으로

전통적인 영화미학에서 중요한 논제는 '재현'의 성격에 놓여 있었다. 사과를 찍는다고 하면 어떤 조건에서 찍는가? 앵글, 사이즈, 빛의 질감, 색의 배치에 따라 사과는 먹고 싶은 싱싱한 사과에서 썩은 사과에 이르기까지 다양한 스펙트럼으로 재현될 수 있다. 반면 지금은 '동시성'이 더 중요하다. 1950년대 이후 꾸준히 경량화한 촬영 조명 장비의 발전에 힘입어 거대한 세트에서 전문 스태프들과 배우들이 만들어 내는 것이 극영화라는 개념을 떨쳐 내고 평범한 가정 안에서 벌어지는 사소한 일상도 드라마가 되는 영화의 개념 전환이 이뤄지고 있다. 예를 하나 더 들어 보겠다. 2009년 시네마디지털서울 영화제에서 상영된 중국 영화 「옥스하이드 2」는 내용 전체가 저녁 식사로 만두찜을 준비하는 일가족의 일상으로 채워져 있다. 영화가 시작하면 소가죽을 다듬는 어느 늙은 가장의 고된 노동을 보여 준다. 장을 보고 온 어머니가 도착하면서 그의 노동은 중단된다. 퇴근한 딸이 합류해 세 사람은 함께 만두찜을 만들기 시작한다. 밀가루를 반죽하고 속을 다져 넣고 솥에 넣어 찐 다음, 오후 내내 아버지가 일했던 책상 위를 치우고 식탁으로 삼아 맛있게 찐 만두를 솥에서 꺼내 먹는다. 그동안 카메라는 딱 여섯 번만 위치를 바꿀 뿐이다.

우리는 그저 한 가족의 저녁 식사를 구경했을 뿐인데 이 가족에 대해 꽤 많이 알게 된 것 같은 느낌을 받는다. 이 가족은 아버지가 하는 가죽 가방 제조 사업이 잘되지 않아 빚을 많이 지고 있고 거기서 헤어 나올 길이 없다. 경제적 곤궁 때문에 근심이 떠나지 않지만 서로 네 탓을 외치며 지지고 볶으면서도 떨어질 수 없는 가족 유대감을 갖고 있다. 그것을 이 영화는 가족이 함께 만두를 먹는 일상적인 행위를 통해 명시적이지는 않지만 화면에 끈끈하게 흐르는 정서적 분위기로 전달한다. 조금 놀라운 것은 카메라의 위치다. 그리 넓지 않은, 부엌을 겸하는 거실 공간 구석 곳곳에 위치한 카메라가 이 가족의 일상을 포착한다. 급기야는 만두를 빚은 책상 아래에 아버지가 솥을 갖다 놓고 만두를 찔 때 카메라가 책상 밑으로 들어가 물이 펄펄 끓는 솥을 응시하는 상황에 이른다. 솥에 든 만두가 잘 익었는지 보기 위해 아버지가 가끔 솥뚜껑을 열고 들여다볼 때 카메라에 담기는 아버지의 손을 제외하면, 십여 분이 훨씬 넘게 진행되는 이 장면에서 우리는 만두가 찌워지는 솥만 볼 수 있을 뿐이다.

카메라는 흔히 어떤 특권적 위치를 상정받는다. 특권적 위치를 부여받은 상태에서 카메라는 또한 특권적 상황을 찍는다. 스냅사진이라고 불리는 일상적 사진에서조차 우리는 대개 근사하거나 멋지다고 생각하는 순간을 찍는다. 「옥스하이드 2」에 나오는 앞서 거론한 장면들은 이 전제를 부순다. 이런 것을 21세기 영화가 혁명적으로 변화한 대표적인 예라고 과장하는 것은 피해야겠지만 20세기 영화 지형에서 상상할 수도 없었던 일이 벌어지고 있다는 것과 앞으로 어떤 더 큰 변화가 일어날지 쉽게 예상할 수 없다는 것은 분명하다. 누군가의 일기가 문학이 되는 게 가능했던 것처럼 영화에서도 비슷한 일이 벌어지고 있는 것이다. 우리에게 「글래디에이터」 등의 영화로 유명한 리들리 스콧 감독의 영화사에서 이 년 전에 전 세계에서 하루 동안 벌어지는 일상의 단편들을 공모해 당선된 이미지들을 묶어 장편 「라이프 인 어 데이」라는 영화를 유튜브에 공개했는데, 이게 커다란 호평을 받았다. 그 영화는 어린 아들을 등교시키는 홀아비의 번거로운 일상을 담은 일본 도쿄의 지저분한 아파트부터 전운이 깊게 감도는 중동 청년들의 일상에 이르기까지 다종 다기한 지구 곳곳 사람들의 삶들이 실시간으로 조합돼 있다는 착각을 준다. 이 경우에도 재현보다는 동시성, 현존, 상호작용성 등의 개념이 더욱 부각된다.

이는 지금까지 영화에 관한 연구가 카메라 옵스큐라, 환등기, 사진 같은 장치들로부터 필연적으로 영화로 발전해 왔다는 쪽으로 계보학을 그린 것에 의문을 던진다. 영화는 카메라와 영사기라는 장치로부터 자유로울 수 없는 매체였으나 디지털 기술의 발달은 역설적으로 이 장치로부터의 유연한 이탈을 감행하게 해 준다. 앞서 말한 영화들이 (적어도 한국의 상황에선) 극장에서 개봉하기는 힘들겠으나 극장이 아닌 다른 방식으로 볼 수 있는 길이 없는 것은 아니다. 유튜

**전 세계로부터 수집한
삶의 조각들**

영화 「라이프 인 어 데이」는 어린 아들을 등교시키는 홀아비의
번거로운 일상을 담은 일본 도쿄의 지저분한 아파트부터 전운이
깊게 감도는 중동 청년들의 일상에 이르기까지 다종 다기한 지구
곳곳 사람들의 삶들이 실시간으로 조합돼 있다는 착각을 준다. 이
경우에도 재현보다는 동시성, 현존, 상호작용성 등의 개념이 더욱
부각된다.

브가 이미 훌륭한 유통 창구 역할을 하고 있고 불법 다운로드 유통망은 그 규모를 감당하기 힘들 만큼 거대해졌다. 작가주의 저예산 디지털 영화가 개인 PC나 노트북, 스마트폰 같은 촘촘한 망을 통해 수용되고 공유될 가능성이 널려 있는 것이다.

사적 표현 예술 vs.
스펙터클한 거대 자본 산업

발터 베냐민은 기계 복제 매체 시대에는 전통적인 예술의 아우라가 사라지는 대신 다른 이점도 있을 것이라고 예측했다. 역사상 처음 등장한 대중 예술로서의 영화가 갖는 영향력에 비추어 많이 배우지 못한 대중도 표준적으로 이해할 수 있는 예술의 민주화가 이뤄질 수 있다고 그는 생각했다. 이는 수직적인 영화 산업과 관객의 구도를 전제한 생각이지만 20세기 중반 이후 많은 영화감독들은 영화가 거대 산업의 굴레에서 벗어나 개인의 사적 표현의 전유물이 되어야만 진정한 예술이 될 수 있을 것이라고 주장했다. 네오리얼리즘에서 시작하는 영화 역사의 모든 새로운 사조들은 영화를 감독 개인의 사적 표현으로 주장하면서 표현 양식의 혁명을 이루었다. 그 역사적 맥락에서 지금은 어느 때보다도 유리한 환경을 맞이하고 있다. 이전 같으면 서너 시간이 걸려야 가능했던 밤 장면에서의 섬세한 표현도 지금은 휴대용 카메라를 들이대고 찍어도 이론적으로는 가능한 시대를 맞이하고 있다. 굳이 고급 카메라를 들고 있지 않아도 누구나 마음만 먹으면 영화를 찍을 수 있다.

디지털 기술로 채집되는 현실은 전통적 조형예술, 심지어 현대적 예술인 20세기 영화에서도 그토록 성취하려고 애썼던 재현의 현존성의 경계를 간단히 무너뜨리면서 그때 거기 있었거나 지금 여기 있다는 느낌을 가져온다. 이 경험의 질이 과연 21세기 영화를 어떻게 규정지을 것이냐에 따라 새로운 영화의 개념이 나올 것이다. 최근 몇 년간 영화미학의 전위적 그룹을 형성하고 있는 필리핀의 젊은 영화감독들 가운데 라브 디아즈라는 감독이 있다. 그가 사 년 전에 만든 「멜랑콜리아」의 상영 시간은 무려 여덟 시간이다. 필리핀 반정부 게릴라 투쟁 경험이 있는 젊은이들의 삶을 그린 이 영화는 3분의 2가 지날 무렵 주인공들의 과거 정글 투쟁 회상을 보여 주는 부분에서 밤을 배경으로 하면서 아무런 조명도 설치하지 않아 두 시간 가까이 화면에 흐릿한 형체만 보이는 수고를 관객이 감내하게 한다. 여덟 시간 동안 이 영화를 본 관객은 그 주인공들의 삶과 함께한 듯한 기묘한 착각마저 하게 되는데 일반 극영화에서라면 엄청난 자본이 들었을 이 영화의 제작비는 수백만 원에 불과했다. 이 영화를 만든 감독의 의도에는 일정한 상영 시간과 극장 배급망이 요구되는 영화 산업 구조를 비웃기 위한 것도 있었다. 라브 디아즈나 조 토레스 등 필리핀의 젊은 감독들은 심지어 자신들의 영화를 누군가가 카피해서 무료로 보여 주는 것에도 반대하지 않고 오히려 권장하기까지 한다.

주로 국제영화제를 통해 유통되고 장려되는 이 21세기형 디지털 베이스 작가 영화의 향배에 관심을 기울이지 않을 수 없는 것과 마찬가지로 동전의 양면처럼 주류 거대 영화 산업 한복판에서 쓰이는 디지털 기술의 변화 추이에도 눈을 돌리지 않을 수 없다. 멀티플렉스 체인 극장과 연계된 거대 영화 산업은 컴퓨터 그래픽에 투자하는 대자본을 무기로 전통적인 이야기체 영화의 범주를 새로이 확장하

**드라마가 아닌 감정의 흐름을
채집하다**

필리핀 감독 라브 디아즈의 「멜랑콜리아」의 상영 시간은 무려 여덟
시간이다. 이 영화를 본 관객은 그 주인공들의 삶과 함께한 듯한
기묘한 착각마저 하게 되는데 일반 극영화에서라면 엄청난 자본이
들었을 이 영화의 제작비는 수백만 원에 불과했다. 이 영화를 만든
감독의 의도에는 일정한 상영 시간과 극장 배급망이 요구되는 영화
산업 구조를 비웃기 위한 것도 있었다.

고 있다. 조지 루카스의 「스타 워즈」 시리즈가 열어젖힌, '그리는' 영화의 신세기는 제임스 카메론의 3D 애니메이션에 가까운 영화 「아바타」가 흥행한 이후 한층 더 과격하게 블록버스터 영화의 개념을 바꿔 놓았다. 조지 루카스는 21세기에 접어들면서 일찍이 제작뿐만 아니라 배급과 유통 방식에서도 디지털에 기반을 둔 변화를 주도했다. 「스타 워즈: 에피소드 1」이 나왔을 무렵만 해도 디지털 영사 방식을 요구하는 루카스에 저항했던 미국의 대다수 극장주들은 그로부터 몇 년 지나지 않아 모두 디지털 영사 장비를 극장에 갖추지 않을 수 없었다. 미국뿐만 아니라 오늘날 전 세계 대다수 극장의 배급 상영은 디지털 방식으로 이뤄진다. 영화사에서 극장으로 필름 프린트를 배달하는 것이 아니라 영상신호를 전송하면 끝나는 것이다.

디지털은 영화 제작의 무게중심을 촬영에서 후반 작업 쪽으로 옮겨 놓는다. 할리우드 블록버스터의 하이퍼리얼리즘에 기초한 스펙터클은 대자본과 시간이 요구되는 컴퓨터 그래픽 기술을 필요로 하고 이는 각국 영화 산업의 격차를 심화시키는 근본 원인이기도 하다. 여기서 방점은 영화가 광학적인 것(사진적인 것)에서 디지털적인 것(탈사진적인 것)으로 전환되면서 일종의 위계 역전이 일어나 실사 영화에 비해 하위 범주로 분류되어 온 애니메이션이나 그래픽 양식이 주류로 올라설 가능성이 커졌다는 데 있다. 이렇게 되면 사진적 이미지의 존재론으로 사유되던 영화가 회화사의 지류로 편입될 가능성이 커진다.

디지털화된 21세기 영화는 이렇게 리얼리티 쇼의 현장성과 값비싼 유사 회화의 경계 사이에서 개인 예술과 거대 산업의 분기점을 형성하고 양극화된 형태로 당분간 진행될 가능성이 높다. 사적 표현

예술로서의 영화와 스펙터클과 사회적 이벤트로서의 영화를 구분해서 생각할 수도 있을 것이다. 이벤트적인 성격은 영화 산업을 지탱하는 중추 기능이다. 오늘날 극장에 가서 영화를 본다는 행위에서는 어느 때보다 이벤트적 성격이 강조된다. 영화를 보는 것은 윈도쇼핑, 애인이나 가족과 함께 외식을 즐기는 행사와 포개진다. 극장에서 영화를 보는 것에는 가정의 일상 경험과는 대비되는 경험의 총체로서의 소비 행위가 전제되어 있다. 극장 나들이는 대개 특정한 이벤트가 끼어드는 시나리오를 요구한다. 쇼핑몰과 결합되어 창궐하는 멀티플렉스 체인은 이런 영화 관람의 이벤트 성격을 위해 갓 지어진 현대식 성채 같은 것이다. 어떤 극장에서 영화를 보고 그에 따르는 쇼핑과 외식의 수준이 어떤 것이냐에 따라 그 사람의 사회적 삶의 위계가 정해진다. 1990년대 이전 성냥갑 같았던 한국의 영화관들과 비교해 보면 현대적 멀티플렉스는 완전히 다른 개념의 공간이다.

이는 영화가 근본적으로 떠안은 제의적·신화적 성격의 본질에 관해 다르게 생각하게 만든다. 영화를 핑계로 쇼핑을 비롯한 다른 소비 행위를 즐기러 가는 현대의 영화 관람 행태는 스크린과 객석 사이의 신비한 제의 체험 분위기를 약화한다. 관객은 훨씬 더 능동적으로 정보를 통제한다는 환상을 가지고, 대규모 자본으로 계획된 마케팅 홍보에 핵 발전소 유출 사고 때처럼 노출된 소비자로서 자신의 유약한 위치를 재고할 틈도 없이 스스로 소비의 주체라는 착각에 빠져든다. 디지털로 신속하게 재편된 배급 유통망은 극장에 머물지 않고 개인의 PC와 휴대전화를 통해서도 접속 가능하게 확장되었다. 이로 인해 관객과 영화를 인터랙티브한 관계로 만들 수 있다는 희망을 품지만, 컴퓨터 가상 게임과 거의 비슷한 수준에서 추구되는 이 시청각적 경험의 성격은 일방적이다. 이렇게 보면 영화의 디지털화는 앞서 예로 든 「텐」이나 「옥스하이드 2」, 「라이프 인 어 데이」가 가능성을 그려 줬던 것처럼 사적인 표현 매체로서 신천지 영화의 개화와 더불어 대자본에 예속된 거대 영화를 중심으로 한 자본주의적 산업 체제의 번창이라는 상반된 현상을 모두 끌어안으면서 지그재그로 전개될 가능성이 크다. 어느 쪽이든 영화는 현실을 복사, 모사, 재현하는 것에서 채집하고 그리는 것으로 나아갈 것이다. 양자가 팽팽하게 균형을 이룰지 일방의 승리로 끝날지 지금은 그저 지켜보도록 하자.

테크놀로지가
만들어 낸 음악 세상

현지운
음악 평론가

테크놀로지는 우리의 삶을 변화시킨다. 놀랍게 들릴지 몰라도 생활 뿐만 아니라 우리의 감성마저 바꿔 놓는다. 테크놀로지가 없는 음악 은 상상하기 힘들다. 테크놀로지가 대중음악계를 훑고 간 자국을 살 펴봄으로써 그것을 확인해 보자.

전자음악, 인간의 삶을 표현하는
새로운 소리의 탄생

1998~1999년을 강타한 셰어의 「빌리브(Believe)」를 들어 보면 다섯 마디의 "Breakthrough", 아홉 마디의 "Sad" 부분 등에서 목소리가 기 계음으로 바뀐다. 전 세계적인 유행을 가져온 이 기법은 오토튠이라

는 기기를 사용해 목소리를 변형하는 것이다. 이 기술은 안타레스라는 회사가 가수의 음정을 보정하기 위해 오디오 플러그인으로 개발했다. 사용자가 멜로디의 조성 및 음계를 지정하면 음계를 이탈한 음정을 자동 혹은 수동(마우스로 직접 그래프를 그림)으로 가까운 음계에 강제로 맞춰 줌으로써 음정을 보정해 주는 프로그램이다. 그런데 셰어에 이어 2005년 티페인이 「바이 유 어 드랭크(Buy U A Drank)」에서 보정용이 아닌 페이즈 보코더(Phase Vocoder)로 오토튠을 활용하면서 이 기기는 뮤지션들이 목소리로 작은 실험을 해 볼 수 있는 기제로 확장되었다. 오토튠으로 불규칙한 파형을 지닌 보컬의 음정 간격을 강제로 직선에 가깝게 변환해 마치 로봇의 목소리처럼 들리게 할 수 있기 때문이다. 한국에서도 김건모, 장근석, 보아 등이 썼고 빅뱅의 G-드래곤이 자신이 만든 음악에 활용함으로써 국내 리스너들 사이에 오토튠 논쟁이 일어나기도 했다.

하지만 미국에선 아울시티처럼 자신의 목소리에 은근하게 입혀 캐릭터화한 경우가 생길 정도로 오토튠이 보편적으로 인정받고 있다. 노골적으로 목소리를 변형하는 소수만이 이 장치를 사용하는 것처럼 느끼겠지만 사실 모든 가수가 오토튠을 사용한다. 사용 여부를 알기 힘들 정도로 정밀하게 목소리를 수정하기 때문에 일반인들에게는 기계음으로 들리지 않는 것뿐이다.

음악에서 이런 작은 기술들은 1996년 전 세계를 휩쓴 마카레나 춤처럼 일시적인 유행을 가져오기도 하고 하나의 음악적 트렌드를 형성하기도 한다. 음악적인 조류를 형성하는 데 가장 큰 공을 세운 전자악기가 남긴 족적을 살펴보자.

이제는 음악을 만드는 데 실제 악기가 더 이상 필요 없다고 해도 과언이 아니다. 전자악기만으로 충분히 음악을 만들 수 있으며 이 세상의 모든 악기 소리를 담아내는 가상 악기(VSTi) 프로그램도 등장했다. 전자악기가 등장하기 전까지만 해도 음악을 만들기 위해선 악기가 필요했다. 그러나 지금은 음악이 감상 못지않게 기능적으로 사용되는 시대다. 가령 드라마나 다큐멘터리 음악이 갑자기 필요할 경우 작곡가에게 곡을 의뢰하면, 과거에는 작곡가가 오선지에 음표를 그리고 연주자들을 모아 연주 날짜를 잡고 연습해서 그 곡을 익힌 다음 녹음을 해야 했다. 그러니 연주자의 숙련도나 경험과 이해도에 따라 상당한 시간과 노력이 더 필요할 수밖에 없었다. 반면 지금은 컴퓨터 한 대와 주변기기 몇 대만 있으면 아주 빠른 시간에 음악을 만들어 낼 수 있다. 그것도 단 한 사람이 말이다.

지금의 이런 기술이 가능하기까지의 과정을 거슬러 올라가 보면 그 시원은 1907년 타데우스 케이힐이 만든 200톤에 가까운 전기오르간이라 할 수 있다. 하지만 창작자가 단순히 기계를 두드리는 것이 아니라 기계음을 통한 창작의 역량을 보여 준 것을 기준으로 하면 일반적으로 피에르 셰페르를 시작점으로 찍는다. 셰페르의 음악을 학계에선 구체음악(Musique Concrete)이라고 부른다. 셰페르는 이전의 추상음악과는 다른 구체적이고 실질적인 대상을 가지고 음악을 하려고 노력했다. 그래서 그는 작품은 공학적이고 어떤 변화 없이 반복적이며 연주자와 상관없다는 주장을 하게 되었다. 1948년 소음 음악회를 열어 격렬한 찬반 분위기를 이끌었던 것도 그런 이유에서였다. 음악사에서 셰페르는 새로운 음향을 찾아 나선 개척자로 인정받고 있다.

그러나 작품만을 따진다면, 최초의 전자음악이라는 영광은 구체음악을 전수받은 카를하인츠 슈토크하우젠의 1954년 작 「습작 54」에 돌아간다. 이듬해에 그는 사람의 음성과 전자악기 음향을 합성한 「소년의 노래(Gesang Der Jünlinge)」로 완전한 전자음악의 시대를 열었다. 이후 에드가르 바레즈를 거쳐 웬디 카를로스에 의해 1969년 전자음악이 상업적으로 이용되기 시작했다. 카를로스의 「스위치드 온 바흐(Switched-On Bach)」는 모든 음을 전자음으로만 만든 역사적인 음반이다.

전기를 통해 음의 증폭만을 사용한 전기기타나 기존 악기에 다른 기기를 이용해 음을 만들어 낸 비치 보이스의 「굿 바이브레이션(Good Vibrations)」, 비틀스의 「어 데이 인 더 라이프(A Day In The Life)」 같은 곡을 들어 보면 이미 1960년대에 부분적으로 전자음악을 사용했음을 알 수 있다. 하지만 1970년대 아날로그 신시사이저를 사용하는 팀들이 대거 등장하면서 전자음악이 본격적으로 상용화되었다. 이런 경향은 아트록 혹은 프로그레시브라는 장르를 탄생시켰다. 킹 크림슨, 핑크 플로이드, 예스, 에머슨 레이크 앤드 팔머 등이 이 분야에서 인기를 얻은 그룹들이다. 이들은 기존의 사랑 일변도에서 벗어나 인간의 삶이나 시공을 다룬 철학적 주제들로 좀 더 심오하고 난해한 가사를 썼으며 여기에 적절히 전자악기들을 사용해 이전의 음악이 표현하지 못했던 깊고 신비로우며 오묘한 색채의 음을 만들어 냈다.

이들이 사용한 악기들 중 신시사이저는 이런 음악을 만드는 데 있어 절대적인 무기였다. 초창기 신시사이저는 가변 전압을 발생시키는 회로로 구성되어 있었는데 전압이 흔들려 안정적이지 않았다. 그러다 로버트 모그가 전압 제어 방식을 사용하여 만든 모그 신시사이저가 등장하자 음악가들은 새로운 시대가 도래한 것처럼 폭발적인 반응을 보였다. 한층 몽환적이고 신비한 사운드를 낼 수 있어 지금까지도 모그 신시사이저를 찾는 사람이 있을 정도다. 스티비 원더의 「리빙 포 더 시티(Living For The City)」를 들어 보면 모그 신시사이저의 소리를 잘 느낄 수 있다.

전자악기로 만든 음악이 인기를 누리자 음악계에서 전자악기의 쓰임이 다양해지기 시작했다. 가사에 의존하지 않고 표제와 연주만으로 승부하는 그룹들이 등장했다. 대표적인 그룹으로 탠저린 드림을, 솔로 음악 감독으로 그리스 작곡가 방겔리스 같은 뮤지션을 들 수 있다. 1980년대와 1990년대에는 피아노를 메인으로 하고 전자악기로 배경음을 만든 데이비드 란츠, 야니 등이 등장하면서 이런 스타일이 뉴에이지라는 장르로 크게 각광받았다.

보컬을 강조한 쪽은 주로 춤과 연계된 방향으로 나아갔다. 1970년대 후반에 인기를 끈 디스코, 1990년대 초반에 등장한 강한 베이스 리듬과 멜로디 강한 후렴구에 랩으로 조화를 이룬 유로댄스, 비트보다는 반복적인 리듬으로 몽환적인 미니멀리즘을 이어 간 일렉트로니카, 4분의 4박자의 반복적인 베이스드럼으로 대표되는 테크노 등이 확산되는 데 전자악기가 중요한 역할을 했다.

기존의 팝 밴드들 역시 전자악기를 기꺼이 받아들이는 현상이 1970년대 후반부터 1980년대 중반까지 보편적으로 진행되었다. 이를 뉴웨이브 혹은 신스팝이라고 한다. 신시사이저와 멜로트론 같은 빈티지 아날로그 악기들을 이용해 듀란듀란이나 웸, 컬처 클럽 같은 밴드들은 이전에는 표현할 수 없었던 산뜻함과 밝음을 효과적으로 구현해 낼 수 있었다. 펫 숍 보이즈나 이레이저처럼 전자음만을 토대로 음악을 만들기 시작한 뮤지션들도 이때부터 본격적으로 나오기 시작했다. 이들은 실제로 연주한 것보다도 완성도 높은 앨범들을 발표해 전자음악만으로 음악성을 구현할 수 있음을 증명했다. 이로 인해 전자음악은 음악을 녹음하는 데 있어 더 이상 선택적인 요소가 아니라 필수 불가결한 요소가 되었다.

하루가 멀다고 새로운 전자악기와 거기에 장착해 다양한 효과음을 낼 수 있는 이펙터가 개발되고 시판돼 누가 먼저 사용하느냐에 따라서 어떤 기기가 그 음악가의 상징처럼 쓰이는 경우도 발생했다. 팻 메스니는 롤랜드 GR-300이라는 기타 신시사이저를 통해 자신만의 고유성을 표현하고 있고 그룹 유투의 기타리스트 디 에지는 기타 이펙터 중에서 딜레이 페달을 통해 트레이드마크 같은 소리를 만들어 냈다. 기타에 있어서는 누구보다도 지미 헨드릭스의 공헌을 빼놓을 수 없다. 1960년대에 기타만으로 음을 증폭시켜 천둥 같은 소리를 만들어 낸 앰프의 역할을 확대했으며 그가 사용했던 퍼즈 페이스와 와와 페달은 기타인들에게 필수품이 되었다.

전자악기가 뮤지션들에게 보편화된 후 무엇보다도 가장 많이 사용되는 곳은 영화음악이다. 앨프리드 히치콕의 1960년 영화 「싸이코」의 샤워 장면에 사용된 음악만 해도 바이올린을 실연해 만든 것이다. 하지만 이후 영화에서 다양한 상황을 비롯해 불안, 초조, 위기감의 고조 등 인간의 복잡한 감정을 표현하는 효과음은 모두 전자악기를 통해 만들어진다. 영화음악에서 사용되는 음계는 길게 보면 바그너가 음악극에서 사용한 반음계주의와 라이트모티프에서 기인한 것이고 가깝게는 쇤베르크와 그의 제자 알반 베르크와 베베른으로 이어지는 현대음악의 무조음악과 십이음기법 등에서 내려온 것이다.

인간의 삶을 진실되게 음악으로 표현하려고 했던 현대 음악가들의
꿈은 영화음악을 통해 이루어지고 있다.

LP부터 MP3까지
음악 유통 시장을 바꾼 테크놀로지

위에서 살펴봤듯이 음악의 트렌드는 기술과 함께 변화한다. 하지만
음을 만드는 악기에만 기술이 활용되는 것은 아니다. 아무리 훌륭한
음악이라 할지라도 저장 공간을 뛰어넘을 순 없다. SP 시대에는 SP
에 맞게, LP 시대에는 LP를 기준으로, CD 시대에는 CD에 맞게 음
악을 만들어야 했다. 싸고 간편하게 휴대할 수 있는 카세트테이프가
개발되어 플레이어를 들고 다니며 음악을 들을 수 있는 시대가 되면
서 카세트테이프인지 LP인지 CD인지에 따라 순서와 곡 수가 달라
졌다.(CD에는 흔히 보너스 트랙이 들어갔다.) 음악가들은 카세트테이프
의 A면과 B면에 들어갈 곡들을 잘 배분해야 했다. 이때만 해도 한 시
간 분량의 음악을 한 가지 주제를 가지고 콘셉트 앨범을 만들 수 있
었다. 가령 한 앨범에 수록된 열 곡이 모두 하나의 주제 아래서 만들
어지는 것이다. 아트록 그룹들이 대부분 이런 방식으로 창작을 하곤
했다.

MP3 시대가 되면서 소비자들은 전체 앨범이 아니라 각각의 싱
글로 음악을 듣기 시작했다. LP 시대에는 손으로 원하는 곡을 옮겨야
했고 CD 시대에는 스킵이 가능했지만 MP3가 활성화되면서 소비자
들은 각 앨범에서 자기가 좋아하는 곡만을 따로 담아 듣는다. 거기에
휴대전화가 필수품이 되면서 통화 연결음이나 벨 소리에 맞게 음악

이 조직되었다. 2000년대 후반에 국내에 불어닥친 후크송 열풍이 그 것이다. 작곡가들은 반복되는 멜로디를 통해 가능하면 빨리 자신의 곡이 알려지길 원하게 되었고 짧은 시간에 귀에 꽂힐 수 있는 멜로디를 만들어 시장성을 확보하고자 했다.

또한 MP3는 인터넷이 가능해진 사회에서 더욱더 빠르게 확산되며 음악 유통 시장을 싱글 위주로 바꾸는 데 한몫했다. 매장에 가지 않고도 집에서 인터넷으로 아주 빠른 시간 안에 MP3를 다운로드 받거나 스트리밍(실시간 청취)으로 음악을 들을 수 있게 되었고 음원 사이트들이 스마트폰 서비스를 실시하고 있어 이제는 컴퓨터 없이도 언제 어디서든 음악을 듣거나 다운로드 받을 수 있다. 대부분의 음악을 제작하는 사람들도 이런 흐름에 발맞춰 싱글 곡에 좀 더 많은 신경을 쓰게 되었다. 그리고 여건이 된다면 많은 곡을 한꺼번에 발표하지 않고 다섯에서 여덟 곡 정도를 수록하는 EP(Extended Play) 형식으로 음악을 발표하고 있다. 이런 싱글 시장의 순기능은 이제 음악에 관심 있는 사람은 누구나 디지털 싱글 시장을 노려볼 만해졌다는 것이다.

음악의 미래, 누구나 만들고
취향에 따라 편곡하다

앞으로는 테크놀로지로 음악을 만들고 소비하는 경향이 점차 심화될 것이다. 매뉴얼만 익히면 아무나 쉽게 곡을 만들 수 있다. 이미 스마트폰 애플리케이션만으로 그것이 실현 가능해졌다. 리스너들도 무한대로 상상력을 발휘할 수 있게 되었다. 몇 년 전부터 음악을 악기

별, 소스별로 분리해서 들을 수 있는 상품이 나왔으며 앞으로는 들으면서 곡의 빠르기를 바꾸거나 피아노 등 악기의 음색을 더할 수 있게될 것이다. 그러면서 댄스음악으로 변화를 준다거나 어쿠스틱한 느낌을 더 강조하는 식으로 음악을 감상할 것이다. 지금의 MP3보다 용량이 더 적으면서 음질은 CD에 버금가는 저장 매체를 갖게 될 것이고 이퀄라이저를 이용해 자신의 취향에 맞게 채널링을 하게 될 것이다. 그렇게 되면 공연장에 가지 않고도 현장에서 듣는 것처럼 생생하게 음악을 감상할 수 있다. 이외에도 (소수의 소비자만이 필요로 할지도 모르지만) 연주자의 연주 기법을 분석한다든가 음악을 들으면서 악보를 추적할 수 있다든가 하는 시스템들이 개발되었거나 연구 중이다.

스포츠의 탄생과
민족주의

정윤수
스포츠 평론가

스포츠는 일부 특수한 종목을 제외하고는 대체로 그 사회의 집합적 정념이 여과 없이 드러나는 (대결의) 장이다. 특수한 사회적 신분이나 훈련 과정을 거친 개인이 참여하는 종목(승마, 사격, 골프, 리듬체조), 지역이나 기후의 제약을 많이 받는 종목(비치발리볼, 컬링, 스키) 혹은 그 자체로는 스포츠의 제도적 성격을 지녔으나 아직은 특정 지역의 문화인류학적 범주에 머물러 있는 종목(크리켓, 세팍타크로, 피렌체 칼치오)에서도 그 사회적 정념의 한 자락을 엿볼 수 있다. 하지만 축구, 야구, 농구 같은 일반적인 종목에서는 한 사회의 정념뿐만 아니라 세계사적인 열정이나 그 쌍생아인 집단적 광기까지도 쉽게 발견된다.

특히 축구로 예를 들면, 그 작용은 상호적인데, 축구 그 자체가 갖고 있는 전투적 집단주의와 21세기 세계의 다양한 정념이 서로를 자극하여 극한까지 고양된 감정 상태를 여실히 보여 준다. 이 글에서는 주로 축구를 중심으로 하여 오늘날 스포츠가 어떻게 민족주의와 극단적 감정의 전시장으로 치닫고 있는지 살펴보고자 한다.

고대와 중세의 격렬한 전투 놀이가
근대 스포츠로 자리 잡다

오늘날과 같은 축구가 아닐지라도, 최소한의 물리적 규칙과 사회적 약속에 근거하여 공놀이를 한 것을 축구의 기원이라고 해 보면, 그 시작은 주술이 성행했던 고대와 영토 확장에 집중했던 중세 시대 초기까지 소급한다. 국제축구연맹은 공식적으로 기원전 200년 무렵 고대 중국 한나라에 축국(蹴鞠)이 있어 그것을 축구의 기원으로 삼는다고 한다. 그러나 삼천오백여 년 전 북중미 대륙에서 고무공이 만들어졌다거나 같은 지역에서 삼천이백여 년 전에 널찍한 경기장이 있었다는 기록은 외적 형식이 오늘날의 축구와 유사한 공놀이가 지구 곳곳의 고대 문화에 그전에도 존재했음을 말해 준다.

멕시코를 중심으로 한 북중미 고대 문화권에는 '울라마'라는 공 문화가 전해 내려오는데, 요즘은 옛 양식을 복원한 관광 문화가 되었지만 고대에는 인신 공양까지 포함된 제의였다. 우리의 경우 신라 시대에 김유신과 김춘추가 축국을 하였다는 에피소드를 떠올릴 수 있는데 일연은 『삼국유사』에서 "신라 사람들은 공 차는 것을 구슬을 가지고 논다고 말한다."라고 썼다. 그 밖에 고대 그리스의 에피스쿠로스와 고대 로마의 하르파스툼도 문헌이나 유적에 확실히 남아 있거니와 이 모든 행위는 오늘날의 축구와 적어도 그 외적 형식은 엇비

숫하다고 할 수 있다. 다만 차전놀이나 강강술래가 제의적인 성격에 더하여 전투 훈련에 기원을 두듯이 대체적으로 중세까지의 공놀이는 '모의 전투' 형식을 띤 세시 풍속이었다.

노르베르트 엘리아스는 『문명화 과정』에서 15세기의 폭력적인 행동 양태나 16세기 파리에서 벌어진 요하네스 축제의 고양이 화형식 같은 것을 예로 들면서 중세의 이 격렬한 놀이 문화가 '세련화'와 '문명화'를 거쳐 점점 사라지거나 완화되었다고 분석했다. 그에 따르면 중세 시대에 거침없이 표현되었던 감정들이 근대에 접어들면서 "세련되고 합리적인 형태로 변형(억압)되어 문명화된 사회의 일상에서 정확하게 규정된 정당한 자리를 차지"하게 된다고 썼다. 그가 적시한 대표적인 문명화 형태가 바로 근대 스포츠다.

엘리아스는 "공격적으로 표출되던 쾌락이 수동적이고 순화된 관전의 쾌락"으로 전환되었다고 말한다.(『문명화 과정 I』(박미애 옮김, 한길사, 1996)) 바로 이 지점에서 19세기 중엽 영국의 사립학교나 유럽 각국의 근대식 군대에서 매우 체계적인 교육 규정과 훈련 규칙을 중심으로 스포츠가 자리 잡는 과정을 연상할 수 있으며, 1857년 잉글랜드 탄광 지대 셰필드에서 최초의 프로 축구 클럽이 탄생하는 것을 떠올리게 된다.

시민계급의 출현, 근대 스포츠의 계급성과 민족성

근대에 스포츠가 진화하여 새로운 지평을 열었다고 해서 다른 종류의 진화가 그렇듯이 이전의 유전자를 완전히 상실하는 것은 물론 아니다. 예컨대 고대의 주술적 요소는 오늘날 사회적 불안이 가중되고 있는 현실에서 '비현실적인 상징 제의'를 통해 일말의 초월성을 확보하고자 하는 인간 내면의 욕망으로 깊이 자리하고 있다. 사람들은 현실의 냉혹함을 잊기 위하여 사랑을 하거나 여행을 하거나 경기장에 가서 함성을 지른다. 중세 민속놀이에서 나타나는 비일상의 카니발리즘 또한 오늘날 경기장에서 쉽게 찾아볼 수 있다. 사람들은 경기장에 갈 때 좋아하는 팀을 상징하는 색깔에 맞춰 옷을 입거나 모자를 쓰거나 페이스 페인팅을 한다. 미하일 바흐친이 말한, 비일상의 유희를 통한 위계질서로부터의 일탈은 오늘날 경기장의 기본 기능이다. 이에 더하여 근대 스포츠는 계급성과 민족성이라는 20세기만의 강렬한 정념을 품게 되는데, 이 정념(사실상 하나의 이념으로 고착된 정서)은 앞서 말한 제의적이고 유희적인 요소와 결합하여 더욱 강렬한, 때로는 상당히 폭력적인 형태로 경기장에서 표출된다.

쿠베르탱 남작이 애초에 올림픽을 상상했을 때 근대 스포츠는 '인류의 화합'이니 '지구촌 한마당'이니 하는 수사와는 무관한 것이었다. 쿠베르탱의 근대 올림픽 이전에 프랑스는 이미 일종의 종합 스포츠 대회인 '공화국 올림픽(L'Olympiade de la République)'을 치른 적이 있다. 왕정을 몰아내고 혁명을 성취한 1790년대 일이다. 그 열기가 곧 19세기 근대 도시로 번져 나갔다. 산업혁명의 나라 영국에서는 1866년에 바로 그 혁명의 상징인 런던 수정궁에서 윌리엄 페니 브룩스가 최초의 영국 올림픽 대회를 만들었다.

기존의 왕권이나 세습 귀족 세력, (많이 허약해져 있었던) 종교 권력 등을 대체하면서 근대국가의 핵심 세력으로 성장한 시민계급은 자신들의 정치적 영향력과 사회적 위상과 문화적 취향을 확립하기 위하여 대규모 스포츠 대회를 상상하기 시작하였다. 시민은 스스로 직접 스포츠를 행하기 시작한 최초의 영향력 있는 계급이었다. 그들은 맨몸으로 산업사회의 중추가 되었고 거리 투쟁을 통해 왕후장상의 권력을 이양받았다. 그들은 직접 공부하고 직접 투쟁하고 직접 항해하고 직접 기술을 연마해서 그들의 세계, 곧 19세기 근대사회를 쟁취했다. 그래서 그들은 남에게 운동을 시키고 그것을 구경하는 게 아니라 스스로 직접 하려 했다. 대도시 곳곳에 확립된 근대적인 교육 체제는 이러한 시민의 아들딸을 가르치는 기능을 맡았는데, 당연히 체육 시간이 안정적으로 주어졌다. 시민들은 자신들의 육체를 통하여 근대적인 계급적 세계관을 확장하고자 했다. 그렇게 하기 위해서 그들은 직접 스포츠를 했다.

쿠베르탱이 근대 올림픽을 상상하고 마침내 영향력 높은 몇몇 유럽 사람들과 연대하고 협상하여 1896년 아테네에서 1회 대회를 개최할 수 있었던 정치적, 사회적, 경제적 배경은 이러한 시민계급의 출현과 관련이 깊다. 여기에 더하여 오스만제국의 지배와 탄압에 맞서고자 했던 그리스가 올림픽 부활에 큰 관심을 보인 것이나 프랑스의 쿠베르탱이 프로이센-프랑스전쟁의 여파(프랑스가 프로이센에 대패했다.)로 참혹하게 구겨진 프랑스인의 정신적 자존심과 육체적 박탈감을 회복할 수 있는 방안을 꾀한 것도 올림픽을 구상하게 된 주요 원동력이었다. 쿠베르탱은 비스마르크 군대에 비해 프랑스 청년들이 제대로 체력 훈련을 받지 못하고 팀 구조도 체계적이지 않았기 때문에 프로이센-프랑스전쟁에서 패배했다고 보았다. 이렇듯 계급성과 민족성은 근대 스포츠에서부터 자리 잡았다.

민족주의,
스포츠 이벤트를 지탱하는 기둥

경기장 안의 스포츠 역사는 새로운 기록과 자신의 목표를 향한 선수들의 고결한 땀방울로 기록되어 있지만, 그 바깥의 역사, 곧 저 본부석이나 귀빈석의 역사는 권력과 이권을 움켜쥐려는 자들에 대한 추악한 기록이다. 1970년대 이후 미디어는 올림픽과 월드컵이라는 세계적인 스펙터클을 가공할 만한 자본의 전시장으로 탈바꿈했다. 국제적인 스포츠 기구와 거대 미디어, 그리고 이를 뒷받침하는 엄청난 규모의 스포츠 산업은 개최권, 중계권, 후원권이라는 무기를 이용하여 수십 년 동안 국제적인 스포츠 이벤트(예컨대 올림픽과 월드컵)라는 블루 오션을 확장해 왔다.

얼핏 보기에 이 거대한 구조는 민족주의 또는 그와 잇대어 있는 인종주의 같은 폭력적 정서에 반대하고 그것을 경기장에서 추방하기 위해 노력하는 듯 보인다. 그러나 민족주의(또는 인종주의)는 이 메가 스포츠 이벤트를 지탱해 주는 기둥이다. 2012년 6월 폴란드와 우크라이나에서 공동 개최된 UEFA 유로 2012가 대표적인 사례다.

이 대회를 앞두고 유럽의 각국 선수단은 동유럽의 인종주의 사태를 염려하여 여러 가지 안전 조치를 마련해야 했다. 잉글랜드 대표팀의 시오 월컷(아스날)과 졸리언 레스콧(맨체스터 시티)의 가족들은 현지 관람을 포기했다. 둘 다 흑인 선수다. 영국 외무부는 130쪽에 달하는 현지 방문 지침서까지 마련했다. 잉글랜드의 수비수 솔 캠벨은 "조심하라. 관에 누워 귀국하는 수가 있다."라는 말로 동유럽 축구장이 얼마나 위험한 상황으로 치닫고 있는지 경고하기도 했다.

이러한 안전장치를 마련하고 전개된 경기들은 민족주의로 똘 똘 뭉친 유럽 각국의 대리전이었다. 수없이 쏟아지는 경기 보도들은 쉴 새 없이 이루어지는 전투 상보와 다를 바 없었고 골을 넣는 선수 나 승리한 팀의 감독은 영토 정복 시대의 군 병장이나 독전관에 버금 가는 찬사를 받았다.

　　2010년 12월 18일 러시아 모스크바에서 벌어진 폭력 사태 또한 같은 맥락에서 살펴볼 수 있다. 문제는 그해 12월 6일, 모스크바를 연 고로 하는 프로 축구팀 스파르타크의 팬이 캅카스계 청년의 총탄을 맞고 사망한 사건에서 비롯했다. 이 총격으로 러시아 민족주의자 청 년들과 무슬림 소수민족인 캅카스계 청년들 사이에 충돌이 비화되었 다. 민족주의자 청년들은 "러시아인을 위한 러시아"를 주장하며 연 일 모스크바 시내 곳곳에서 시위를 벌였고 이에 맞서 캅카스 청년들 이 대응하면서 3000여 명이 체포당했다. 당시 러시아 특수부대원들 은 붉은 광장의 상트 바실리 성당 인근을 샅샅이 순찰했다.

　　러시아의 축구 경기장은 1991년 소련 붕괴 이후 신나치주의, 인종주의, 극단적 민족주의 등 여러 성격을 가진 단체들의 활동 무대 로 변해 버렸다. 다른 대륙에서 건너온 선수들, 특히 아프리카계나 아 시아계 선수들에 대한 언어적 · 물리적 폭력이 급증했다.

　　스페인의 경우 왕조와 프랑코 독재의 그늘 아래 성장한 레알 마 드리드와 오랫동안 이에 저항해 온 카탈루냐의 FC 바르셀로나, 아르 헨티나의 경우 항만 노동자들을 대변하는 보카 주니어스와 부자들 의 클럽 리버 플라테, 터키의 경우 유럽에 속하며 중산층을 대변하는 갈라타사라이와 아시아에 속하며 노동자의 클럽인 페네르바체, 네덜 란드의 경우 중산층 도시 암스테르담의 AFC 아약스와 노동자계급이 주축인 로테르담의 페예노르트 등이 누적된 사회적 감정을 축구장 안에서 격발하는 대표적인 사례들이다. 이상의 사례는 '내부적인' 경우로 볼 수 있다. 한편 우리가 때때로 겪는 한일전처럼 지구 곳곳의 경기장이 20세기 '제국 대 식민지'라는 역사적 관계로 인하여 순식간에 민족주의의 대결장으로 급변하는 경우도 있다.

이러한 긴장이나 폭력의 내면에는, 오랜 역사적 관계에 더하여, 당대의 심각한 경제난이나 사회적 불안이 깔려 있다. 신나치 운동이나 외국인 혐오증(제노포비아)은 그 자체로 독립된 사회적 맥락에서 작동하는 정념이지만, 일정한 사회집단 내의 컬트적인 활동에 그치지 않고 경기장 안팎에서 물리적인 폭력으로 드러나기도 한다.

에릭 홉스봄은 신자유주의 세계화가 불평등을 양산하여 대규모 불안정 상태가 장기화되고 있다고 분석했다. 이 불만을 응집하는 이데올로기가 바로 민족주의다. 홉스봄은 세계화, 국가 정체성, 외국인 혐오증이라는 세 가지 요소가 민족주의를 발판 삼아 화학작용을 일으켜 축구 경기에서 폭력적으로 표출된다고 말했다.

스포츠 경기장, 자극적인 집합적 정념이 분출되는 장

민족주의는 그 성격상 불가피하게 동일자의 견고한 원심력을 확보하고 이로써 타자를 상정(혹은 생산)하여 그 폭력적 구심력의 확대를 꾀한다. 사회 내부의 불안과 위기가 팽배할수록 이 감정은 더욱 부풀어 오르거니와, 세계가 다원화되는 현실에서 이런 감정을 거침없이 드러내는 것은 적어도 공리적으로 위험한 금기 사항이 되고 있다.

이렇게 잠복(억압)된 감정은 비일상의 영역에서 예기치 못하게 격발되기 마련이다. 그 공간은 대체로 사회적 상식이나 제도가 일일이 간섭할 수 없는 내밀한 관계 혹은 장소이거나 아니면 일시적으로 감정의 해방을 누릴 수 있는 공간이기 쉽다. 후자의 대표적인 예로 경기장을 들 수 있다.

비교적 안정된 사회체제를 유지하고 있는 서유럽에서 축구가 점점 더 과열되는 양상이 나타나는 것은 우연이 아니다. 사회적으로나 경제적으로 '하나의 유럽'이 가속화되고 있는 상황에서 오직 축구장만이 각 지역(국가 혹은 도시)의 정체성을 강력하게 재확인할 수 있는 공공 영역이다. 또한 "유동하는 공포"(지그문트 바우만)가 만연하면서 사회(공동체)와의 단절 상황에 내몰린 개인은 경기장에서나마 이를 회복한 듯한 감정에 휩싸인다. 대규모 경기장에서 수많은 사람들이 지역 클럽이나 제 나라 이름을 힘껏 외쳐 부를 때, 어떤 점에서 그들은 그 순간 자기 이름을 부르고 있는 것이다.

아울러 스포츠와 관련하여 중요한 연구 과제인 '신체성' 역시 민족주의와 결부하여 살펴볼 필요가 있다. 일상을 살아가는 평범한 사람들과 달리 스포츠 선수들의 신체는 오랫동안 매우 특수한 방식으로 재조직된 형태인데, 그것을 미디어는 우월한 것으로 신화화해왔다. 그 '가짜 신화'는 이제 민족주의와 결부되어 새로운 지평을 열고 있다. 예컨대 김연아와 장미란의 몸을 '아름답다'고 할 때, 그 아래에 흐르는 정서는 '한국을 빛낸……'이 된다. 다른 맥락에서 유럽 선수들과 아프리카 선수들을 호명할 때 미디어가 덧붙이는 수사는 철저히 오리엔탈리즘적이다. 이를테면 축구에서는 대단히 조직적이고 합리적인 전술훈련이 세계 각국의 어느 팀에서나 강조되는데도 아프리카 선수들을 표현할 때는 각 팀의 견고한 조직력이나 과학적인 전술 능력보다는 '유연성'이니 '탄력'이니 하는 인종적인 선입견이 섞인 표현을 주저 없이 사용하는 식이다.

이상 살펴본 바와 같이 스포츠의 고유한 성질(대결) 위에 억압된 일상을 일시적으로 벗어난 상태의 제의적 · 유희적 감정이 도화선이 되고, 여기에 현대 세계가 빚어낸 대결적 민족주의가 스파크를 일으킴으로써, 오늘날 경기장은 매우 자극적인 집합적 정념이 손쉽게 분출되는 장으로 달아오르고 있다.

바둑,
형상의 놀이, 신화의 놀이

문용직
전 한국기원 전문기사 5단

바둑은 즐거운 것. 밤새워 두어도 질리지 않는 것. 바둑은 홀로 앉는 것. 상대를 앞에 두고도 홀로 정좌(靜坐)하는 것. 한 시간 두 시간 깊이 잠기는 것.

　그러기에 놀이다. 경계가 세워지고, 두는 자 현실을 잊고 딴 세상에 들어가 있으니 놀이다. 하위징아의 명저『놀이하는 인간』, 그대로의 자화상, 심리, 신성함. 바둑은 그런 세상을 제의(祭儀)의 차원에서 체험케 한다. 그러하다. 우린 바둑에 던져진다.

바둑은
어떤 속성을 지니기에 즐겁나

이유는 단순하다. 바둑이란 것이 대지에 선 우리 인간의 체험, 몸과 마음의 연계, 모호한 세상을 이해하는 방식으로서의 상징과 은유, 그런 것을 열아홉 줄 격자무늬(grid) 반상을 통해 굴절 없이 반영하기 때문이다. 자신을 비추어 갖고 노는 것보다 더 즐거운 놀이는 세상에 없으리.

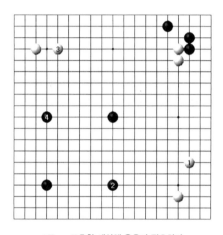

1도 — 모호한 세상엔 은유가 필요하다

1도를 보자. "파천황의 1국"으로 알려진 오청원 5단과 슈사이 명인의 1933년 대국이다. 텅 빈 반상에 돌 몇 개 놓여 있다. 소위 초반 포석 단계. 자, 저런 상황에서 인간은 어떻게 세상을 건너가나? 어떤 방식으로 저 모호하고 불확실한 세상을 이해하나? 도구를 창조하여 이해한다. 이해하기 위해서 창조한다. 어떻게? 반상을 상징적으로 받아들인다. 그 상징적인 세상을 은유로 표현한다.

예를 들자. 흑2 흑4. 왜 저리 둘까? 바둑은 집이 많아야 이기는 놀이. 상대의 돌을 잡으면 그것도 좋다. 잡는 만큼 집이 넓어지기 때문이다. 그런데 집이란 어떤 특성을 지니고 있는가? 이 글 읽는 여러분의 집은 어떤 특성을 갖고 있는가? 네모다. 네모의 특성을 갖고 있다. 동서남북 벽이 세워져 있으며 하늘은 천장으로 덮여 있다. 대지는 우리가 쉴 기초가 된다.

바둑도 그러하다. 반상은 선분 열아홉 개가 씨줄과 날줄로 엮인 격자무늬 네모로 뒤덮여 있다. 그런 곳에서 어떻게 집을 만드나? 선과 선이 만나 만들어 낸 점은 면적이 없는 것. 선도 면적이 없다. 알 수 있다. 네모가 되어야 한다. 그것이 핵심. 1도에서 흑과 백은 네모로 집을 짓기 위해 노력하고 있는 것이다. 우주 창조 신화에서 하늘과 땅은 떨어져야 하고, 가운데 공간은 거인의 어깨로 세워지고 기둥으로 받쳐져야 하는 것. 신전에 가 보라. 그 공간에 서 보라. 무릎을 꿇어 보라. 그러면 알 수 있다. 네모를 알 수 있다.

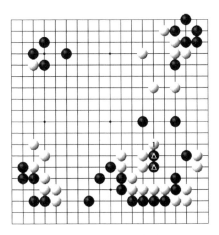

2도 ― 형상은 은유로 표현된다

흑백이 경쟁하는 곳엔 돌이 모이고 형상이 드러난다. 2도 백1은 유명한 급소로 "두점머리는 두드려라."라는 그것. 흑돌 두점(▲) 형상과 백1은 우리의 몸이 지각하는 바를 그대로 표현한다. 저 백1 맞는 자, 머리를 한 방 얻어맞는 지각 온다. 그렇지 않은가? 시각적 형상은 신체의 감각으로 반영된다. 기보는 1964년 오청원 9단(흑)과 후지사와 9단(백)의 명인전 리그 대국으로, 천재 오청원도 저 두점머리 아픔은 느낄 수밖에 없었을 것이다.

왜 그런가? 우리는 우리의 몸 언어로 이야기하지 않고서는 현실에서 단 한 걸음도 내딛기 힘들기 때문이다. 대지에 두 발로 선 우리는 나무와 같다. "허연 수염의 저 노인, 앞산 노송 같구면." 바로 그런 이야기. 3도를 보자. 저 형상에서 급소는 백1이다. 저 한 수로 흑은 휘청거린다. 큰 나무의 한쪽 가지가 부러진 형상이 되는 것이다. 흑2를 보자. 만약 백1이 두어지기 전에 흑2를 두면 흑은 좌우로 균형이 잡힌다.

실로 형상과 이미지를 놀이의 본질로 하는 것은 수많은 놀이(보드게임) 중에서 바둑만의 귀한 특성으로, 이는 장기나 체스의 단선적이고도 비(非)형상적인 세상과는 차원이 다른 것이다. 줄리언 제인스가 걸작 『의식의 기원』에서 밝혔듯이, 공간의 은유적 모사(模寫)야말로 의식 진화의 핵심이자 본질. 이미지와 상징이 제의와 의식의 불가결한 조건임을 볼 때, 바둑의 원시적 생명력을 짐작할 수 있겠다.

그리고 반상은 이차원 평면이지만, 그래서 네모가 기본 조건으로 드러나지만, 돌이 더해지면 그 형상은 삼차원이 되고 우린 그것을 입체로도 받아들인다. 입체로 인지되면? 그러면 우리네 감성이 새롭게 드러난다.

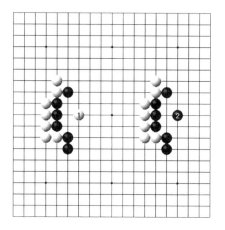

3도 — 형상은 때론 나무와 같다

바둑에는 모호한 질감을 표현하는 언어가 발달해 있는데, 대표적인 것이 두터움(厚). 대단히 난해한 표현으로, 3도에서 흑2가 놓인 형상에서 프로들은 두터움의 질감을 몸으로 느낀다. 잠시 흑돌의 형상을 그려 보시라. 돌이 세모 — 이는 네모의 유사(類似)이다. — 로 되어서 입체감을 안겨 준다. 그 입체감이 전해 주는 질감을 반상에서는 두터움이라 한다.

흥미로운 것은, 두터움이라는 질감이 삼천 년 바둑 역사에서 불과 지난 백 년 전에야 제대로 형성되었다는 사실이다! 반상은 형상과 질감을 이루는 기술이 발전해 온 역사. 여기서 깊이 논의할 수는 없지만, 20세기 초에야 비로소 두터움의 기초가 되는 형상의 힘을 새롭게 인식하게 되었다는 것으로, 그 귀착은 새로운 감성의 창조였다.

감성은 창조되고 구성되는 것. 형상으로 삶을 엮어 가는 반상에서 감성은 형상 따라 일어나고 형상 따라 무너진다.

4부 삶의 꽃은 놀이의
화분에서 피어난다

바둑은 예(藝)인가
도(道)인가 기(技)인가

동양의 정신사에서 기(技)는 존숭되었다. 『장자』「포정(庖丁)」편에서 보듯이, 기가 절정에 이르면 도와 통한다. 인격의 완성이 이루어진다. 그것이 동양의 이상.

바둑에서도 기는, 오랜 세월 닦아서 이루어진 기는 예(藝)로 받아들여지고 도의 경지로 인정된다. 1도를 돌아보자. 그 모호한 공간에서 우린 세상을 상징적으로 받아들인다. 가시적인 형상과 그 너머를 표현하고 다루기 위해 우린 은유를 사용한다. 그것이 언어. 너와 나의 이해는 다르다. 비록 같은 용어를 써도 모호하고 상징적인 세상을 다루기에 만지듯 붙잡는 질감은 서로가 다르다. 그것이 바둑에서는 예라고 불리는 것의 기초를 이룬다.

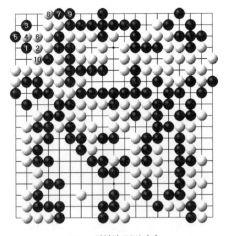

4도 ― 명인의 묘(妙) 수순

물론 고금의 뛰어난 끝내기로 알려진 4도(1705년 흑: 혼인보 도치, 백: 야스이 센카쿠)의 경우는 은유가 필요 없다. 저렇게 굳어진 형상 속에서 흑1 이하의 수순은 반상의 또 다른 얼굴. 반상은 초반의 모호하고 불확실한 세상에서 중반 이후엔 이렇게 결정적인 세계로 변화해 간다. 그것은 순수한 논리만의 세계. 수학에서 조합론으로 다뤄지는 세계. 바둑은 상징과 논리가 혼합된, 기와 예가 혼융된 세상인 것이다.

삼천 년을 이어 온 이유,
도전과 영웅신화

이제까지 반상의 조건, 그 기본을 돌아봤다. 그 조건이 우리 인간, 원시의 인간이 대지를 걸어갈 때와 다르지 않고, 수풀을 헤쳐 나갈 때의 도구 ── 언어와 근육 등 ── 와 다를 바 없는 도구를 사용하고 있음을 강조했다.

반상의 조건만으로 바둑은 성립되는가. 어떤 이유로 바둑은 삼천 년을 이어 왔는가. 그리고 특히 20세기에 와서 바둑은 왜 그토록 융성했는가. 일본은 물론이고, 한국에서도 지난 오십 년 급격한 성장을 이룬 바둑. 왜 그런가. 그것은 바둑이 사회성 짙은 측면을 포함하기에 그러하다.

바둑은 근본적으로 두 사람이 놀이하는 공간. 여러 명이 편을 잡고 두어도 결국엔 2인 제로섬게임. 고대 중국에서부터 21세기 지금까지 바둑의 속성 하나는, 사회적으로 볼 때, '도전'을 핵심으로 하는 놀이라는 것이다. 고대 중국에서는 나라의 첫째 실력자를 국수(國手)라 불렀다. 일본에서는 명인(名人). 어느 시대에나 대국은 명인, 국수에게 도전하는 형식으로 치러졌다. 한국의 국수전을 보면 매년 국수는 도전자를 맞이하여 승부를 가린다. 승부는 다섯 번, 홀수로 갈린다. 단 한 명에 홀수라는, 질서를 세우는 숫자의 상징성!

개인의 성장과 문화의 역동성에 관심을 기울이면, 도전제는 영웅신화의 양식을 재현하는 것이 된다. 신화에서 볼 때 영웅은 돌아온다. 아버지에 대한 반항, 어머니로부터의 탈출, 형제간의 경쟁. 그리고 엘리아데가 말한 영원회귀의 충동. 반상엔 그 윤회와 성장, 풍요의 신화가 도전제 양식으로 쏟아지고 있기에, 우린 자신도 모르게 그 신화에 의해 물들여진 이미지를 현실로 받아들인다.

그 점이, 1960년대 이후 한국에서 바둑계가 급성장한 까닭을 알려 준다. 산업화 과정에서 도시로 모여든 청년들에게 영웅은 필요했으나, 현실의 이야기는 빈곤했다. 다행히 바둑의 승부는 그들에게 상징적인 모델이 되었다. 예를 들어 발전의 초기였던 1968년《동아일보》주최 제13기 국수전 도전 3국을 광화문 사옥 밖에서 두 키가 넘는 대형 바둑판에 해설할 때 그 앞에 몰린 인파는 놀라울 정도였는데, 도전과 극복의 영웅신화에 그들은 매료되었던 것이다. 20세기 일본과 한국의 바둑 흥왕은 바로 그 점을 이해한 신문사의 기전(棋戰) 개최에 크게 의존했던 바, 한국의 경우 열다섯 개를 넘나들던 신문 기전은 모두가 도전기를 택하였기에 자신들도 모르게 영웅신화를 창조했던 것이다. 물론 그것은 곧 바둑의 사회적 정체성, 즉 직업으로서의 기사(棋士)를 의식화했다.

신화 없이는 삶도 의미가 없다 1968년 《동아일보》 주최 제13기 국수전 도전 3국을 광화문 사옥 밖에서 두 키가 넘는 대형 바둑판에 해설할 때 그 앞에 몰린 인파는 놀라울 정도였는데, 도전과 극복의 영웅신화에 그들은 매료되었던 것이다.

4부　　삶의 꽃은 놀이의
화분에서 피어난다

정보혁명의 시대,
초점은 승부가 아니라 '승부의 이야기'

영웅신화와 결부되어 개인의 승부는 수많은 이야기를 낳았다. 삭발한 머리에 달빛 받으면서 반상에 몰두하는 오청원의 정적(靜寂)은 청승(淸僧)을 떠올리기에 족하여 동양 정신의 정화로 각인되었다. "바둑은 슬픈 드라마"라며 승부 세계의 비정함을 보여 준 사카다, 두 손으로 머리를 누르며 초읽기를 버텨 낸 조치훈의 투혼은 극한적인 고뇌로 이해되어 문화적 공감, 즉 이야기로 회자되었다.

그러나 이제 바둑은 변하고 있다. TV의 진화와 인터넷의 확산으로 신문이 쇠퇴하면서 한 판 두는데 사흘, 때론 세 달이 걸렸던 전통은 사라졌다. 이제는 길어야 세 시간, 짧으면 한 시간. 아니, 한 수에 사십 초만 줄 정도로 대국 시간은 제한되고 있다.

그나마 도전기의 명맥을 유지하고 있는 일본에 비해, 오늘 한국의 변화는 실로 놀랍다. 도전기 확산의 정점에 올라선 지 불과 십여 년 만에 도전기는 하나둘 사라져 이제는 대부분의 기전이 도전기를 포기하고 있으며 신문의 관전기 또한 힘을 잃고 있다. 한 수 사십 초 단체 대항전인 바둑TV의 한국 리그는 시간을 견뎌 내는 개인의 신화도 밀어내고 있다. 개인은 집단 속으로 사라지고 개인의 성장을 다룬 이야기도 더 이상 찾아보기 어려워졌다.

이창호와 이세돌의 대좌(對坐)는 더 이상 개인의 성장 과정(initiation)으로 해석되지 않는다. 문제 하나는, 그 상실감을 승부의 빠르기로 대신하는 경향이 점점 강해지고 있다는 것이다. 짧은 제한 시간과 사이버 대국은 현실을 공허로 흔들고 있으며, 반상은 그 공허감을 메우기 위해 이야기 없는 승부만을 양산하고 있는 것이다. 정보혁명의 도전은 거세고 삼천 년 바둑 세계는 흔들리고 있다. 최근 바둑이 스포츠로 변하고 있는 것은 그 상징적인 사건.

돌아보면 정보혁명이 몰고 온 시간과 공간의 변화를 지난 십 년 바둑계는 거의 이해하지 못했다. TV와 인터넷의 속도 요구에 의문 없이 동조했던 바둑은 적응은커녕 반응했을 뿐이었다. 그 결과 도래한 것은 은유적인 공간의 축소와 신화의 상실.

묻게 된다. 과연 바둑은 신화를 다시 끌어낼 수 있을 것인가. 예측은 어렵지만 하나는 분명하다. 바둑은 원시의 싱싱한 언어를 우리 몸과 마음의 은유로서 간직하고 있기에, 바둑의 생명은 승부가 아니라 승부의 이야기에 있음을, 이제 바둑은 다시금 확인하는 길목에 서 있다는 것이다.

게임을 넘어선
게이미피케이션

한혜원
이화여대 디지털미디어학부 교수

초현실주의 화가 르네 마그리트는 1929년 작품 「이미지의 반역」에서 종이 한 가운데에 파이프를 그려 놓고는 "이것은 파이프가 아니다."라고 써 넣어 보는 이를 당황시킨다. 최근 세계적인 게임쇼에서 선보이는 게임들의 면면을 들여다보면 문득 마그리트의 메시지가 떠오른다. 과연 게임이란 무엇일까. 새로운 게임의 등장은 늘 우리의 기대치를 넘어서기 때문이다.

이것은 게임이 아니다
This is not a game

영화보다 더 극적으로 고뇌하는 인간의 갈등을 묘사한 「헤비레인」

(퀀틱드림), 증강현실을 활용해 도시 어린이에게 판타지 애니멀을 펫으로 제공하는 「아이펫」(소니), 23만 명이 동시에 즐기는 MMORPG 「블레이드 앤드 소울」(엔씨소프트) 등 게임의 스펙트럼은 끝없이 확장하는 중이다.

콘텐츠를 표현하는 기술도, 담아내는 매체도, 추구하는 가치와 장르도 전부 제각각이건만 우리는 위의 콘텐츠들을 모두 '게임'이라고 부르고 있다. 문학만 하더라도 시대, 표현 양식, 추구하는 가치 등에 따라 그 장르나 유형이 구분되며 시, 소설, 희곡이 엄연히 다르게 취급받건만, 게임은 어찌된 일인지 그냥 다 게임이다. 스크린 위에 손가락 하나만 까딱해서 열 받은 암탉으로 분해 온몸으로 돼지들의 아지트를 부수는 단순 반복형 게임도 게임이요(「앵그리버드」, 로비오), 방대한 세계관을 갖추고 열네 편이 넘는 대서사시를 재현하는 SF(「파이널 판타지」, 스퀘어 에닉스 재팬)도 게임이다.

'게임' 하면 떠오르는 공간에 대한 단상만으로도 세대 구분이 가능할 정도로 게임을 둘러싼 문화적 공간에 대한 인식 역시 제각각이다. 50원짜리 동전 한 닢과 그것마저 없을 때면 쭈쭈바를 위안 삼아 어깨너머로 남의 손놀림만 구경하던 오락실 풍경을 떠올린다면 필경 그는 1970년대 생일 것이요, 어두컴컴하지만 인텔 듀얼코어의 PC들이 즐비한 광경을 떠올린다면 분명 1990년대 생일 것이다. 여기에 더해 화면을 보자마자 손가락을 갖다 대거나 화면을 흔들어 본다면 분명 21세기에 태어난 디지털 네이티브일 것이다.

도대체 게임이란 무엇인가? 과연 어디까지를 게임이라고 범주화할 수 있을까? 이에 대한 답은 소설이란 무엇인가, 나아가 문학이란 무엇인가를 파헤치는 것만큼 복잡다단하다. 게임의 경우, '게임은 이렇다.'라는 법칙이 먼저 존재하고 그 밑으로 그 조건을 충족하는 개별적인 텍스트들이 모여드는 형상이 아니라 오히려 그 반대의 양상을 나타낸다. 다양한 컬러의 텍스트들이 각자의 개성을 유지하면서 게임이라는 거대 왕국을 지지하고 있다. 그 때문에 얼핏 보기에 게임의 세계는 무정부주의 같기도 하고, 혼돈 같기도 하다. 물론 게임이란 반드시 다수의 사용자들에게서 그 생을 부여받기 때문에, 주류와 비주류로 구분될 수는 있다. 그러나 전편의 신화를 뒤엎는 또 다른 신화가 등장하면 그 즉시 게임에 대한 개념과 구조와 필요충분 법칙들이 일순간 바뀐다는 점에서, 게임은 분명 전복적이며 예측 불가능하다.

혹자는 게임이란 결국 기술을 이용해 무언가를 표현하는 양식인 만큼, 주로 공학의 영역에서 다뤄야 한다고 주장한다. 어떻게든 영역을 구체화해 보려는 시도이지만 덧없는 억측이다. 과연 게임이란 기술의 가장 효과적인 재현 방식에 불과할까? 기술의 스펙터클을 보겠다고 23만 명이 한꺼번에 소중한 잉여 시간과 재화를 할애해 게임 플레이에 빠져드는 것은 결코 아닐 것이다.

지금 이 순간에도 게임이라는 텍스트는 계속해서 생산되고 소비되고 평가되고 있다. 과하게 표현하자면, 게임계의 1년은 문학계의 10년과 맞먹는다. 그만큼 내용적, 형식적 패러다임이 빠르게 전환한다. 문학하는 사람들이 느리고 게임하는 사람들이 빠르다는 뜻은 결코 아니다. 형식적으로 문학이나 영화는 종이와 필름이라는 고정적인 재화를 소비하지만, 게임은 스크린이라는 유동적인 인터페이스를 전제로 하기 때문이다.

현대의 게임은 우리가 생각하던 게임 그 이상의 존재가 되어 버렸다. 마치 '작을 소' 자를 쓰던 소설(小說)이 사회적 영향력을 지니게 된 것처럼, 뤼미에르 형제의 1분짜리 영화가 전 세계에 감동을 주게 된 것처럼, 게임 역시 이미 존재 가치를 부정할 수 없는 거대한 문화적 현상이자 텍스트가 되었다. 따라서 단순히 기술적으로, 혹은 산업적으로 디지털 게임의 개념을 정의 내리고 가치를 규정하는 것만으로는 부족하다. 이것이 바로 게임에 대한 인문학적 성찰이 절실하게 필요한 이유이다.

진지한 게임?
재미있는 게임!

2013년 한국의 현실에서 '게임' 하면 연이어 떠오르는 단어는 역시 '중독'이다. 중독이란 특정한 대상이나 행위를 반복해서 즐기되 자아의 의지로는 그 애착을 끊을 수 없는 경우를 지칭한다. 그런데 중독이라는 단어를 가만히 뒤집어 놓고 보면 열정 혹은 열광이라는 또 다른 면이 엿보인다. 몰입과 중독, 열정과 중독은 그야말로 한끝 차이다. 자아가 좋아하는 것을 맹목적으로 생산하고 소비할 때에만, 우리는 진정한 '주이상스' 차원의 쾌락을 맛볼 수 있다.

　일본의 문화 비평가 아즈마 히로키는 최근작 『게임적 리얼리즘의 탄생』을 통해 라이트노벨과 게임에서 두드러지게 나타나는 오타쿠를 통해 동시대 일본의 문화와 사회를 가늠했다. 그에 따르면 게임적 리얼리즘이란 포스트모던이 확산한 이야기 소비와 그 확산이 만들어 낸 구조의 메타 이야기성을 통해 유지되고 있다. 게임적 리얼리즘의 경우 이야기가 복수화되고 캐릭터의 삶 역시 복수화되면서 죽음마저 리셋 가능한 것으로 만든다는 점에서 기존의 만화 및 애니메이션적 리얼리즘과 차별적이다. 가이낙스의 창업자 오카타 토시오 역시 현대 일본 애니메이션의 저변과 힘이란, 고도의 백과사전적 능력과 질리지 않는 향상심, 자기과시 욕구를 지닌 '오타쿠'에서 비롯된 것이라고 주장한다.

아마도 우리 사회에서 게임에 몰입하는 행위를 열정이라기보다 중독이라고 표현하는 이유는, 게임 플레이의 결과가 재화나 지식의 생산과 연결되지 못하기 때문일 것이다. 우리 사회에서 "놀고 있네."라는 말은 분명 부정적 어감을 띠고 있다. 이처럼 게임은 늘 쓸모없는 일, 시간을 축내는 일, 노동이나 공부와 정반대되는 일로만 치부되어 왔다. 놀면서는 일할 수도, 공부할 수도 없다고 믿는 것이다.

물론 '모든' 게임을 플레이한다고 해서 재화가 생산되거나 지식이 창출되는 것은 아니다. 그런데 '어떤' 게임은 플레이할수록 개인의 지식이 늘어나기도 하고, 가치나 사고가 변화하기도 한다. 가만히 게임의 속성을 따져 본다면 안 될 것도 없다. 게임 디자이너 라프 코스터는 평생 소방서장으로 근무했던 할아버지에게서 게임 디자이너로서 자신의 일을 자랑스럽게 생각하느냐는 질문을 받는다. 그리고 그에 대한 답변으로 『라프 코스터의 재미이론』이라는 책을 발표한다. 그는 "진심으로 노는 것과 일하는 것(공부하는 것) 사이에는 차이가 없다."라고 주장한다. 게임의 본질적 특성 중 하나가 바로 지속적인 반복과 패턴 습득, 레벨업이다. 일단 인간의 뇌가 패턴을 인식한 뒤, 이 패턴을 다시 경험하면 그 과정에서 재미를 느끼게 된다. 공부라는 것도 결국엔 지속적인 반복과 패턴 습득, 다음 단계로의 이동으로 이뤄진다. 게다가 최근의 게임은 혼자 플레이해 나가는 것이 아니라, 타인과 함께 대립과 협력을 반복해야만 한다. 따라서 타인과의 협업 능력은 물론 개인의 성취감 역시 더 높아진다.

이러한 문제의식과 전제 속에서 등장한 것이 진지한 게임, 설득적 게임, 사회적 게임, 기능성 게임(serious game)이다. 솔직히 나는 한국에서 '진지한(serious) 게임'을 유독 '기능성 게임'으로 번역하는 것에 심히 불만을 품고 있다. 오죽 게임이 사행성, 중독과 같은 개념들과 악연을 맺었으면 스스로 자정 능력을 갖췄다면서 '기능성'이라는 단어를 앞세우고 쓸모 있는 모습으로 나타났겠는가? 기능성 게임은 그 존재 자체로 굉장히 아이러니하다.

우루과이 출신의 게임학자 곤살로 프라스카는 피아제의 구성주의적 교육 이념을 수용해 "재미있는 경험을 유지하면서도 이데올로기적 이슈들과 사회적 갈등에 대한 비판적 사유를 강화하는 비디오 게임"이 존재할 수 있다고 믿었다. 그리고 실제로『억압받는 사람들을 위한 비디오게임』과 같은 연구 결과를 발표했다. 소설, 연극, 영화처럼 허구성에 입각한 이야기 예술이 인간의 정신을 치유할 수 있다면, 게임 역시 그 역할을 할 수 있다는 것이 프라스카의 전제이다. 출구 없는 현실에서 도피하기 위해 게임을 할 수도 있지만, 현실의 돌파구를 찾기 위해 게임을 활용할 수도 있다는 뜻이다. 게임의 부작용을 어떻게든 막고 보겠다는 국내적 발상과는 사뭇 차별적이다.

게임 디자이너이자 연구가인 제인 맥고니걸 역시 "게임과 비교한다면 현실은 망가져 있다."라는 충격 발언을 한 적이 있다. 얼토당토않은 말 같지만 가만히 곱씹어 보면 슬프지만 맞는 말이다. 현실에서 개인은 늘 세계에 대해 패배하기 마련이다. 게임과 현실은 양자택일의 대상이 될 수 없다. 게임은 인간의 욕망과 긴밀하게 연결된 거울과도 같기 때문이다. 그나마 소설, 연극, 영화, 게임과 같이 환상성을 전제로 한 이야기 예술 안에서 우리는 희망과 미래를 논할 수 있다. 그것이 바로 이야기의 힘이요 게임의 힘이다.

모든 길은
게임으로 통한다

디지털 게임이 나오기 전에도 '게임성'은 분명 존재했다. 요한 하위 징아가 놀이하는 인간 '호모루덴스'를 주창하고, 로제 카이와가 놀이 와 인간 문화의 상관관계를 논했던 것처럼, 게임과 인간은 뗄 수 없는 관계이다. 규칙과 경쟁, 자발성과 결과가 있다면 그것은 모두 게임이 될 수 있다. 도로도 법정도 학교도 시장도 올림픽도 얼마 뒤 닥칠 대 선도 따지고 보면 모두 게임적 속성을 내포하고 있다.

최근 소설, 텔레비전, 영화, 애니메이션의 발전 방향을 보면 그 속에서 게임적 면모를 쉽게 찾아볼 수 있다. 전 국민이 열광하며 시청 하는 「무한도전」, 「1박2일」, 「런닝맨」, 「짝」 등의 텔레비전 예능 프로 그램들의 면면을 보면, 영락없이 잘 만든 게임이다 싶다. 소설의 세계 에서조차도 미로와 퍼즐을 제시하는 게임적 유형이 대중에게 각광받 고 있다.

이와 같은 현상은 J. 데이비드 볼터와 리처드 그루신이 줄기차 게 강조해 온 '재매개'로 이해할 수 있다. 초기에 디지털게임은 때로 는 판타지 소설, 때로는 애니메이션의 내용과 형식을 재매개하면서 자신의 정체성을 공고히 하기 위해 노력했다. 이제는 역으로 다른 매 체에 그 영향력을 행사하고 있는 중이다. 특히 스마트패드, 스마트 텔 레비전 등 사용자의 참여가 당연시 되는 매체들이 대거 등장함에 따라, 게임성의 활용이 보다 중요한 요소로 떠오르고 있는 것이다. 일명 '게임화'라고 하는 '게이미피케이션(gamification)'이 화두로 떠오르는 이유이다. 바로 이 점이 기존의 텔레비전이나 영화와는 차별적인 게임의 매력이다.

　　게임이 다른 미디어에 비해 매력적인 이유는, 바로 사용자(user)인 나에게 주도권이 있다는 행복한 착각, 이야기의 주인공이 나 자신이라는 멋진 환상을 심어 주기 때문이다. '보다(see)'와 '하다(act)' 사이에는 큰 차이가 있다. 보는 객체가 되기보다는 하는 주체가 되고 싶어 하는 것이 최근 게이미피케이션 세대의 당연한 욕망이다. 게이미피케이션 세대는 보고 감탄하는 것으로 만족하지 못한다. 가수 싸이의 뮤직비디오 「강남 스타일」을 보고 재미를 느낀 수용자들은 이내 사용자로 분하여 그것을 따라하다 종국엔 자신의 스타일로 변형해 오픈한다.

　　우리 시대, 디지털게임은 결코 특이한 오타쿠들만의 협소한 매체가 아니다. 20세기 말, 경제학자 에드워드 카스트로노바는 "지금 우리 앞에 게임이라는 허리케인이 닥쳐오고 있다."라고 그 긴박감을 표현했지만, 21세기에 게임은 더 이상 한때 휩쓸고 나면 그만인 허리케인이 아니게 됐다. 21세기의 디지털게임은 공기와도 같은 존재다. 게임 안에는 허구적 공간과 세계가 있고, 커뮤니케이션할 수 있는 타자들로 가득하다. 그 속에서 사용자는 나의 욕망, 나아가 우리의 욕망을 거울처럼 들여다보면서 상상력을 구체화할 수 있다. 게임은 문화의 어떤 요소와도 맥을 이을 수 있는 유연성과 대중을 흡입할 수 있는 마력을 지닌 미디어다. 그래도 게임을 받아들이지 못하겠다면? 글쎄. 숨쉬기를 포기해야 하지 않을까?

기술을
예술로 길들이기

이진숙
미술 평론가

2012년 9월 9일 《가디언》 블로그에서 철학자 줄리언 바지니와 물리학자인 로런스 크라우스가 "철학 vs. 과학: 누가 인생의 큰 문제에 답을 줄 것인가?"라는 주제를 두고 논쟁을 벌였다. 과학자는 인간의 모든 행동을 과학적으로 설명할 날이 올 것이라고 확신하는데, 철학자는 도덕과 윤리 같은 인간사의 가장 중요한 문제를 과학에 맡길 수 없다고 맞선다. 이런 논쟁이 벌어진 배경에는, 과학자의 자신감을 가능하게 만든 경이로운 과학 기술의 발전이 있다. 예술가가 이 논쟁에 참여했다면 좀 더 흥미로웠을 것이다. 비록 과학기술을 받아들여 작품에 적용하지만, 예술가는 어느 정도는 철학자의 편일 것이다. 더 나아가 예술가는 과학을 전혀 비과학적으로 사용하는 엉뚱한 존재, 보편적인 법칙에서 벗어나 늘 예외적인 경우를 주장함으로써 역설적으로 인간의 변화를 가장 먼저 감지하는 존재다.

　이런 의미에서 "사고방식, 과학적 패러다임, 정치적 변화를 예고하는 징후를 알고 싶으면 도서관보다 차라리 현대미술관으로 가라."고, 『이미지의 삶과 죽음』에서 프랑스 인문학자 레지스 드브레는 주장한다. 멀리 갈 필요도 없다. 과천 국립현대미술관의 '오늘의 작가전', 서울시립미술관의 '미디어 시티 서울', 광주 비엔날레, 부산 비엔날레 등 최근 한국의 주요 미술관에서 열린 굵직한 전시만 봐도 우리가 어떤 삶을 살고 있고 살게 될지 알 수 있다. 이 주요한 미술관들이 의욕적으로 전시하고 있는 대부분의 작품들은 통칭 미디어아트(media art)이다.

미술관에서
바라본 미래

백남준에 의해서 본격화된 미디어아트가 디지털 혁명과 대중문화의 발전을 통해 더욱 가속화되리라는 것은 의문의 여지가 없다. 미켈란젤로가 먹었던 유모의 젖에는 대리석 가루가 들어 있었다면, 현대의 젊은 예술가들이 어린 시절 먹는 분유 속에는 만화영화와 게임이 들어 있다는 말이다. 시각예술의 발전은 과학의 발전과 늘 밀접한 관련을 맺고 있다. "예술가의 역할은 미래를 사유하는 것이다."라고 말했던 백남준도 과학-인간-미술을 늘 하나의 세트로 생각했다. 과학기술의 발전을 막연하게 두려워하거나 부정적으로 바라보는 대신 그는 거기에서 다른 가능성과 현대 미술의 새로운 과제를 설정했다. 과학기술의 발전에 예민하게 반응하면서 그의 작품도 행위예술-비디오

아트-사이버네틱스-레이저아트로 발전해 갔다. 20세기 중반 이후의 미술은 그의 예측이 실현되어 가는 과정이라 해도 과언이 아니다.

백남준이 설정한 중요한 예술적 과제 중 가장 중요한 하나는 "너무 빠르게 변화하는 전자 표현 방식인 기술을 인간적으로 만드는 일"이다. 다른 하나는 플럭서스 시절부터 요셉 보이스와 공유했던 오래된 꿈이다. 요셉 보이스는 '모든 사람은 예술가다.'라고 주장했었고, 백남준은 그 전제로 많은 사람들이 기술 수단들과 정보 수단들을 자유롭게 사용할 수 있는 시대를 꿈꾸었다. 또 백남준이 미디어에 대해 동시대의 다른 누구보다도 유연한 사고를 할 수 있었던 것은 샤머니즘과 선사상 등 동양적 사유에 대한 탁월한 이해를 가지고 있었기 때문이다.

피할 수 없는 과학의 발전에 직면해서, 백남준의 스펙트럼으로 미래의 미술을 바라보는 것은 매우 시의적절하다. 미술의 발전은 과학의 발전처럼, 후속하는 것이 전자의 성공에만 기대지 않는다. 미술의 세계는 더러는 과거의 실패가 미래의 다양성을 열어 가는 초석이 되기도 하고, 과학기술뿐 아니라 사회, 정치, 경제의 여러 가지 문제와 개인적인 체험과 문화적 전통이 동시에 영향을 미치는 불확정성의 세계 자체이다. 그렇기 때문에 미술은 늘 문제적으로 진행된다. 한편으로는 실행하면서 계속 질문을 던짐으로써 미래로 나아가는 문을 열어 놓는다. 그런 의미에서 현재의 미술은 이미 실행되고 있는 미래의 예술이다. 기술의 발전과 더불어 미디어아트의 테크닉은 무한히 변화할 수 있다. 그러나 어떤 미디어를 사용하건 예술이 던지는 문제는 오직 하나, '인간'이다. 우리는 현재 어떠한 존재이며, 어떻게 살아가는가에 대한 지난한 물음을 예술은 포기하지 않는다.

정연두, 「사춘기 **(Adolescence 7)」(2011)**

정연두는 수백억을 쏟아 부어 만든 영화와 게임들이 제공하는 화려한 이미지들 속에 망실된 우리의 진짜 삶을 예술적으로 구해낸다. 이는 일종의 안티 블록버스트 전략으로 매스미디어의 일방적인 메시지 전달에 대한 효과적인 방어책이기도 하다. 자본주의 사회에서 가격이 형성되지 못하는 것은 가치가 없는 것으로 간주된다. 평범한 우리의 삶이 바로 그런 경우들이다. 정연두는 상품적 가격이 형성되지 못한 평범한 사람들의 꿈, 상상, 과거의 기억을 주목함으로써 우리의 삶에 예술적 가치를 부여한다.

정연두의 미디어아트
최우람의 로봇아트

예술가들은 기술에 인간의 숨결을 입힌다. 미디어아티스트 정연두는 1969년생으로 아날로그적인 감수성을 가진 채 유년기와 청년기를 보내고, 디지털미디어 시대를 살고 있는 세대이다. 그는 '손으로 만든(handmade)'이라는 아날로그적인 감수성이 듬뿍 묻은 단어를 자신의 작품에 적용하며, 매스미디어 밖에 있는 평범한 사람들을 예술 속으로 끌어들인다. 「내 사랑 지니」, 「원더랜드」, 「보라매 댄스홀」, 「수공 기억(Handmade Memory)」 등 그의 작품들은 유치원 아이들, 미래를 꿈꾸는 청소년, 오래된 기억 속에서 살아가는 노인들 등 획일화된 대량생산 시스템 속에서 침몰한 개개인을 호명하여 의미 있는 '한 인간'으로 돌려놓는 휴머니즘 프로젝트이다.

정연두는 수백억을 쏟아 부어 만든 영화와 게임들이 제공하는 화려한 이미지들 속에 망실된 우리의 진짜 삶을 예술적으로 구해낸다. 이는 일종의 안티 블록버스트 전략으로 매스미디어의 일방적인 메시지 전달에 대한 효과적인 방어책이기도 하다. 자본주의 사회에서 가격이 형성되지 못하는 것은 가치가 없는 것으로 간주된다. 평범한 우리의 삶이 바로 그런 경우들이다. 정연두는 상품적 가격이 형성되지 못한 평범한 사람들의 꿈, 상상, 과거의 기억을 주목함으로써 우리의 삶에 예술적 가치를 부여한다.

또한 그는 사진과 영상 같은 현대적인 미디어가 이미지를 제시하는 방법 자체를 그대로 보여 줌으로써 미디어 속의 이미지가 보여주는 허와 실을 변별해 낸다. 장 보드리야르 식 표현에 따르면, 시뮬

최우람, 「쿠스토스 카붐」
(2011)

「쿠스토스 카붐」은 작은 구멍들로 서로 연결되어 있는 두 세계가
서로 닫히지 않도록 지키는 존재인데, 최근에 멸종 위기에 처했다고
한다. 이때 두 개의 세계는 일종의 괄호 기호가 붙여진 존재로,
물질과 정신, 나와 너, 국가와 국가 등 어떤 것이든 대화의 상대가
되는 두 쌍의 존재를 의미한다. 그런데 이들이 멸종 위기에 처한
것은, 다름 아니라 사람들이 소통 능력을 잃어 갔기 때문이다.
「쿠스토스 카붐」은 일종의 지표동물로서 소통의 부재라는 열악한
현대적인 환경에서는 살아갈 수 없는 존재라는 것이다.

라크르가 새로운 실제가 되어 현실에 영향을 미치고 진짜 실재를 대체하는 하이퍼리얼의 현실에서 실재의 삶을 구제하기 위해 정연두는 이미지 제작 과정의 허상을 드러낸다. 그는 사진, 다큐멘터리 영상 작업은 당연히 진실을 말할 것이라는 우리의 상식을 재치 있게 깨 준다. 정연두의 트리밍 안 한 사진은 가짜를 가짜로 드러내고, 편집 없는 영상 작업으로 진짜를 진짜로 드러낸다. '하이' 테크놀로지가 아니라 '로우' 테크놀로지를 의도적으로 사용함으로써 여러 미디어가 만들어 내는 가상의 이미지 속에서 우리의 온전한 삶을 지켜내려는 것이다. 이것이 바로 그가 꿈꾸는 '사람 냄새 나는 작업'이다.

최우람의 로봇아트 역시 기계 문명을 인간의 이름으로 기술을 다스리는 예술이다. 거대한 기계 문명 앞에서 "기계를 두려움의 대상으로 삼기보다는 인간의 동반자로 바꾸어 놓은 것이 더 설득력이 있다."는 생각과 더불어 그의 작품은 시작되었다. 그는 갖가지 통신망과 보이지 않는 복잡한 회로로 연결된 현대 문명의 거대한 집산지인 도시에 우리가 알지 못하는 새로운 기계 생명체들이 탄생했다고 상상했다. 기계 생명체라고 불리는 이 로봇아트 작품들은 생물학적 분류 체계에 입각한 학명을 흉내 낸 제목과 그에 걸맞은 SF적 스토리를 가지고 있다. 또한 동시에 가장 단순해 보이는 작품도 2000개 이상의 부품으로 이루어져 있으며, 그 디테일은 매우 세련돼 아름다운 기계 미학을 구현한 조각 작품으로도 손색이 없다. 최우람의 기계 생명체에는 최신 기술이 탑재되는 것보다 예술적 상상력과 서정성이 담기는 것이 더 중요하다. 서정성과 기술력이 황금비례를 가지고 결합할 때 비로소 로봇아트의 예술성이 돋보이게 된다. 최우람의 '기계 생명체'들이 펼치는 이야기는 우리의 현대적인 삶에 대한 성찰이다.

그의 최근 작품은 기계 문명의 발전과 소통이라는 문제를 다루고 있다. 작품 「쿠스토스 카붐(Custos Cavum)」('구명의 수호신'이라는 뜻의 라틴어)은 곤충을 숙주로 자라 나온 버섯류인 동충하초에서 아이디어를 얻어 탄생한 기계 생명체이다. 「쿠스토스 카붐」은 작은 구멍들로 서로 연결되어 있는 두 세계가 서로 닫히지 않도록 지키는 존재인데, 최근에 멸종 위기에 처했다고 한다. 이때 두 개의 세계는 일종의 괄호 기호가 붙여진 존재로, 물질과 정신, 나와 너, 국가와 국가 등 어떤 것이든 대화의 상대가 되는 두 쌍의 존재를 의미한다.

그런데 이들이 멸종 위기에 처한 것은, 다름 아니라 사람들이 소통 능력을 잃어 갔기 때문이다. 쿠스토스 카붐은 일종의 지표동물로서 소통의 부재라는 열악한 현대적인 환경에서는 살아갈 수 없는 존재라는 것을 보여 준다. 미래를 예측하는 견자(voyant)가 예술가의 숙명이듯이, 진정한 소통이 부재한 시대에도 소통의 희미한 가능성을 읽어내고 희망을 전하는 사람은 바로 예술가, 최우람 자신이다. "어젯밤 나의 작은 마당에 마지막 남은 쿠스토스 카붐의 뼈에서 (일종의 홀씨인) 유니쿠스(Unicus)들이 자라나기 시작했다."라고 최우람은 작품 설명서에 쓰고 있다. SF적인 상상력에 빗대어 예술가는 끊임없이 현실의 위기를 드러낸다. 현실 속에서 더 깊은 현실을 상상하는 예술가가 있는 한 세상은 자기 교정을 거치면서 위기를 헤쳐 나갈 것이며 세상은 인간의 이름을 잊지 않을 것이다.

만인예술가
"모든 사람은 예술가다"

요셉 보이스는 "모든 사람은 예술가다."라고 주장했었고, 백남준은 그 전제로 많은 사람들이 기술 수단들과 정보 수단들을 자유롭게 사용할 수 있는 시대를 꿈꾸었다. 이 꿈을 가능하게 해 준 것이 디지털 혁명이다. 손안에 들고 다니는 일종의 '웨어러블' 컴퓨터의 일종인 스마트폰이 가져온 혁명은 이 꿈에 다가가는 데 크게 일조한다. 기술 대중화를 통해 예술 대중화의 기반이 만들어진 셈이다.

얼마 전 아트센터나비에서 개최된 '만인예술가' 전은 이런 흐름을 잘 보여 준다. 만인예술가(layartist)는 평신도(layman)에서 따온 말로 일상의 실천 속에서 예술을 하는 사람들을 의미한다. 이 전시는 건축, 패션, 공연, 공공예술, 만화, 영화, 미디어아트, 공예, 사회운동 등 삶의 전 영역을 포괄하는 총체 예술이자 평범한 사람들이 행하는 풀뿌리 예술을 보여 주었다. 작아진 아이 옷을 다른 아이의 것과 바꿔 입히는 운동, 풍경을 획일화하는 4대 강 사업에 반대해 내성천 하류의 삼강보 공사를 막아 내는 일, 모바일 게임으로 환경을 살리는 나무를 심고 가난한 나라의 아이들에게 쌀을 보내 주고 말라리아로부터 어린 생명을 지키는 행위들이 모두 예술이라는 이름으로 포괄된다. 미디어아트가 가진 관계 지향성이 극대화되는 순간들이다.

이 풀뿌리 예술들은 대문자 A를 고집하는 예술(Art)을 해체시킨다. 르네상스 이후로 독자적인 발전 논리를 가진 존재라고 주장하는 초월적 존재인 대문자 A로 시작하는 'Art'는 미술관에 있기를 자처하는, 삶과 유리된 엘리트주의 예술이었다. 많은 사람들은 이 예술

앞에서 (무지한) '대중'이 되어 미술관에서 문전박대를 당했다. 그러나 이제는 대중 스스로가 예술가가 되고자 한다. 사람들은 저마다의 위치에서 보다 좋은 삶, 더 재미있는 세상을 위해 궁리하고 다양한 노력을 행한다. 장애인 차별, 이주노동자, 새터민, 통일, 환경 문제 등 사회적 이슈가 될 수 있는 문제부터 개인들의 자잘한 개성의 표현까지, 과학이나 철학으로도, 정치적 해결책으로도 포착되지 않는 우리 사회의 크고 작은 다양한 삶의 문제를 제기하고 해결해 나가는 사람들의 행위가 문화와 예술이라는 우산 아래서 펼쳐진다.

　새롭게 등장하는 신종 예술가들은 타인의 예술 창작물을 그저 바라보는 것이 아니라, 자기를 적극적으로 표현하기 위한 수단으로 예술을 이해한다. "오픈소스, 자유문화, 공유경제, 지식 생태를 지지하며, 여러 가지 민주적인 창작과 소통 도구를 활용하는 독립 활동가이자 생활예술가"라고 자신을 소개하는 아티스트 어슬렁(본명 이미영)의 말은 핵심을 집어낸다.

> 구경꾼으로 남아 있지 않겠다. 내게 필요한 것을 상품과 서비스로만 해결하는 소비자로 살지 않고 내 삶의 주인으로 살기로 했다. 예술가가 되는 것은 자신의 본성을 되찾고 내 삶의 주인이 되는 것이다. 그리고 창작을 공유하면 세상이 좋아질 것이다.

　이 신종 예술가들의 참여 의식은 예술이 일방적인 기술적 발전에서 초래될 수 있는 우울한 예측을 넘어 좀 더 좋은 세상을 만드는 데 기여할 수 있음을 분명히 보여 준다.

김아타, 동양 사상의
근원적인 힘

예술이 기술을 인간적으로 사용한다는 것은 예술이 물질문명에 의해 분열되고 찢겨진 세상에 대한 치유책을 함축하고 있다는 뜻이다. 인간의 영혼을 어루만지는 치유의 행위는 예술의 주요한 임무 중의 하나이다. 20세기 중반 이후 포스트모더니즘의 대두와 더불어 한동안 예술이 사회학적 담론의 실행자처럼 되는 과정에서 예술은 영성 (spirituality)을 잃어 갔다. 영성의 회복은 예술이 행하는 치유의 기능 중의 하나이다. 여기서 '영성'이란 특정 종교를 염두에 둔 것이 아니다.『테마 현대미술 노트』에서 진 로버트슨과 크레이그 맥다니엘은 '영성'을 "자신보다 더 큰 존재에 속하고자 하는 통상적 갈망이나 삶의 근원과 죽음의 본질을 알고 싶은 욕망, 우주에 작용하는 말로 표현할 수 없는 불가해한 힘에 대한 인정 같은 것"이라 설명한다. '영성'의 문제는 궁극적으로는 "도덕과 윤리에 대한 관심" 때문이다.

미술 평론가 수지 개블릭은 1991년에 이미 "일종의 영적 치유를 거치지 않고 우리가 만들어 놓은 세상의 난장판을 치유할 수는 없다."는 진단을 내렸다. 이것은 전쟁과 분열의 근거가 된 현대 종교가 결코 할 수 없는 일이 되었다. 차라리 종교라는 이름을 버리고 서로 다른 종교를 하나의 다른 문화로 인정할 수 있다면 신의 이름으로 인간들이 서로에게 총부리를 들이대는 일은 일어나지 않을 것이다. 예술은 인간의 '영성'을 지속적으로 다룸으로써 "인간성의 가장 깊은 측면에 대해 심도 있게 이야기할 수 있는 힘"을 놓치지 않을 것이다.

분열에 대해서 서유럽 철학에서는 더 이상 답을 찾을 수 없다.

김아타, 「드로잉 오브 네이처 프로젝트: 한국의 깊은 산속」

‘드로잉 오브 네이처 프로젝트’는 강원도 점봉산, 인도 보드가야, 갠지스 강가, 그리스 철학의 모태인 파로스 섬 등 역사적으로 의미 있는 곳에 빈 캔버스를 설치하고 자연의 흔적을 채집하는 작업이다. 캔버스 위에는 곰팡이 꽃, 빗물이 흐른 자국, 벌레가 지나간 흔적, 보이지 않는 바람의 숨결과 구름 사이로 수없이 드나들던 햇빛의 형적 같은, 우리가 알지 못하는 자연의 작용들이 남긴 흔적들이 쌓이면서 작품을 이룬다. 사진작가 김아타는 카메라를 내려놓았고, 대신 자연이 스스로 그림을 그리도록 하였다.

김아타, 「드로잉 오브 네이처 프로젝트: 인도, 갠지스 강」

캔버스에 남아 있는 흔적들은, 보이지 않는 것들과 보이는 것들이 모두 관계 속에서 서로 영향을 주고받고 있음을 보여 준다. "존재하는 모든 것은 관계한다."라고 김아타는 말한다. 결국 모든 것이 사라진 것처럼 보이는 순간에도 존재는 다시 생생하게 숨 쉬고 있는 생명의 대순환을 보여 준다. 합리성에 근거하여 사유하는 근대 서유럽의 주체가 구성해 낸 객관성의 신화를 예술적으로 부정하고 모든 것을 원점으로 돌려놓았을 때 비로소 펼쳐지는 세계인 것이다.

4부 삶의 꽃은 놀이의
화분에서 피어난다

"찬양과 비방, 선과 악, 정신과 육체라는 이원론적인 바이러스"에 물든 서유럽 문화는 오래전부터 자신의 몰락을 예감하고 있었다. 나와 타자를 구별하는 모든 이원론적 화법은 실천에 있어서는 타자를 적으로 간주하는 이상 바이러스가 되면서 세계를 좀먹어 나갔다. 서유럽 사회는 이 종말론적인 분열에서 스스로를 구원하지 못한다. 한 손으로는 구원을 갈망하는 동시에 다른 손으로는 죄를 지었기 때문이다. 대표적인 것이 19세기 식민지 침탈이다. 보편과 이성적인 근대화라는 이름으로 그들은 아시아의 많은 나라들을 침략해서 고통에 빠뜨렸다. 유럽인이 유럽인을 죽인 나치즘은 반성했어도 타인 종에 대한 식민지 침탈에 대해서 반성한 적은 내 기억으로는 없는 것 같다.

현대미술의 논리는 동양 미술을 배척한 채, 르네상스 시대의 재현 논리를 기반으로 해서 발전해 왔다. 논리의 자기 전개였던 셈이다. 그들은 '지연'이라는 개념을 도입하여 끊임없이 결론을 유보하고, 해체 과정 자체만을 즐기는 해체중독증에 빠진 문화이다. 미술 작품은 작품에 대한 작품으로 메타언어를 구사하게 되면서 인간의 감각적인 직접성을 상실하고 철학화되어 갔다. 이런 논리에 입각한 작품들은 인간을 치유할 수 없다. 현대미술의 논리 역시 전체로서 해체하고 대안적인 철학을 모색해야 할 것이다.

동양사상의 근원적인 힘을 강조하는 김아타의 작품은 하나의 가능성을 보여 준다. 2009년부터 시작한 '드로잉 오브 네이처 프로젝트(The Project: Drawing of Nature)'는 강원도 점봉산 곰배령, 향로봉, 인도 보드가야, 갠지스 강가, 그리스 철학의 모태인 파로스 섬, 동양사상의 발원지인 중국 허난성의 황하 강변, 뉴욕 맨해튼, 뉴멕시코 인디언 보호구역, 산타페, 히로시마 등 역사적으로 의미 있는 세계 삼십여 곳에 빈 캔버스를 설치하고 자연의 흔적을 채집하는 작업이다. 캔버스 위에는 곰팡이 꽃, 빗물이 흐른 자국, 벌레가 지나간 흔적, 보이지 않는 바람의 숨결과 구름 사이로 수없이 드나들던 햇빛의 형적 같은, 우리가 알지 못하는 자연의 작용들이 남긴 흔적들이 쌓이면서 작품을 이룬다. 사진작가 김아타는 카메라를 내려놓았고, 대신 자연이 스스로 그림을 그리도록 하였다.

"모든 것은 결국 사라진다."라는 말은 김아타의 전작을 관통하는 핵심적인 사유이고, 이 작품들은 그 논리적인 귀결물들이다. 1980년대 무형문화재들을 찍은 '포트레이트(The Portrait)' 시리즈, 알몸의 사람들을 논밭과 고속도로변에 "볍씨를 뿌리듯 세팅"하고 촬영한 충격적인 장면들인 '해체' 시리즈, 평범한 사람들을 아크릴 박스에 담아서 찍은 '뮤지엄 프로젝트', 그리고 마침내 모든 사물이 사라진 인달라 시리즈로 마감된 '온에어(ON-Air)'에 이르기까지 그의 작품들은 보존-해체-보존-궁극적인 해체라는 일련의 변증법적 구조를 가지고 전개되어 왔다.

마치 고은의 『화엄경』처럼 대화엄의 세상에서 구도의 주체마저 사라져 갔듯이, '드로잉 오브 네이처 프로젝트'에서는 작가가 사라져 간 것이다. 김아타가 물러서자 세상이, 자연이 얼굴을 드러내기 시작했다. 그는 시간의 흐름과 자연의 미묘한 파동 등 보이지 않는 것을 보이게 만든 것이다. 객관성의 신화에 사로잡힌 서유럽 철학은 눈에 보이지 않는 것들을 믿지 않았다. 현미경과 망원경은 가시적 세계의 확장에 도움을 주었으나, 여전히 그것들은 이성에 의해 접촉된 존재들로 객관성의 신화를 지속하게 하는 근거일 뿐, 보이지 않는 거대한 우주의 존재론에는 도달하고 있지 못하고 있다.

캔버스에 남아 있는 흔적들은, 보이지 않는 것들과 보이는 것들이 모두 관계 속에서 서로 영향을 주고받고 있음을 보여 준다. "존재하는 모든 것은 관계한다."라고 김아타는 말한다. 결국 모든 것이 사라진 것처럼 보이는 순간에도 존재는 다시 생생하게 숨 쉬고 있는 생명의 대순환을 보여 준다. 합리성에 근거하여 사유하는 근대 서유럽의 주체가 구성해 낸 객관성의 신화를 예술적으로 부정하고 모든 것을 원점으로 돌려놓았을 때 비로소 펼쳐지는 세계인 것이다. 이것이 그가 '드로잉 오브 네이처 프로젝트'를 시작하면서 보여 주고 싶었던 "세상의 이치"의 일부일 것이다.

서양 철학의 대안으로서 동양 철학을 주장하는 것이 단순한 우월성의 주장으로 끝나서는 안 된다. 디지털 혁명이 가속화되고 급속하게 삶을 변화시키는 상황에서, 삶에서 제기되는 다양한 문제에 대한 구체적인 답을 하나하나 찾아 나가며 미래의 예술을 들어 올리기 위한 결정적인 지렛대가 되어야 한다. 디지털 세계의 간접성을 극복할 수 있는 사람과 사물, 세계를 통합적인 시각에서 볼 수 있는 새로운 철학이 되어야 할 것이다. 다시 백남준으로 돌아가 보자.

"우리는 또다시 세기말에 서 있다. 훨씬 새로운 소프트웨어를 발견해 내고 있으며, 이때 발견하는 것은 새로운 사물이 아니라 새로운 생각이다. …… 우리는 또다시 이 많은 생각 사이에 새로운 관계를 발견할 뿐만 아니라, 이들 사이의 관계망을 구축한다!"

새로운 생각, 새로운 관계의 발견과 관계망을 백남준은 언급하고 있다. 그가 생각하는 관계망(network)은 과학기술의 발전에 의해 이미 구축되었다. 백남준의 말대로, 미래의 예술가들의 과제는 새로운 관계의 새로운 발견, 주객관을 통일적으로 파악할 수 있는 이 통합된 시야의 확보로 "인간성의 가장 깊은 측면에 대해 심도 있게 이야기할 수 있는 힘"을 확보하는 것이다.

5부

삶은
재앙을 통과하는
긴 여정이다

아도르노의 『계몽의 변증법』을 향해서 하버 마스는 "세상에서 가장 어두운 책 중의 하나"라고 말했다. 자연의 공포를 제거해 온 계몽의 역사를 우리는 살아왔지만, 그 역사는 우리에게 새로운 예측 불가능한 재앙들을 불러들이고 있다. 삶과 역사와 세계의 예측 불가능한 재난들을 사유한다는 것은 우리의 삶과 역사와 세계를 깊숙이 되돌아보는 일이기도 하다. 그것은 '희망'에 우선하여 '공포'를 윤리의 근본 감정으로 돌려놓는 일일지도 모른다. 5부는 화산, 쓰레기, 재난경제, 외계 생명체라는 화두를 내놓은 다음에, "내일 지구가 멸망한다면 당신은 무엇을 하시겠습니까?"라고 물어 오는 짧은 소설 한 편을 제시한다. 그 안에 어떤 물음들이 담겨 있는지, 우리는 서둘러 해법을 찾기보다는 그 물음 앞에 먼저 서야 할 것이다.

재난의 일상화,
새로운 경제

우석훈
경제학자

나는 가끔 상상을 한다. 비바람 치던 날 동굴 속에 살던 최초의 인류는 무슨 생각을 했을까? 아마 그들에게 세상은 두려움으로 가득 찬 곳이었을 것이다. 굳이 플라톤의 동굴의 비유를 꺼내지 않더라도, 우리에게는 동굴에 살던 역사가 한 번쯤은 있었다. 그리고 인류는 동굴을 나왔다. 오랜 역사를 거치면서 동굴 밖의 세계를 두려워하지 않게 되었다. 원거리 항해가 가능해지자 전 세계로 쏟아져 나온 유럽인들은 결국 세계를 정복했고, 그 세계를 자신의 이해 영역으로 넣었다. 과연 그들에게 두려움이 있었을까?

18세기 이후의 근대는 두려움이 없는 시대, 그래서 언젠가 인간이 모든 것을 정복할 수 있다는 희망의 시대였다. 지금 모르고 있을 뿐이지 언젠가는 전부 알게 될 것이고, 그 두려움은 모두 정복될 것이다. 암에 대한 끝없는 집착 역시 그런 근대적 사명 의식의 연장과도 같다고 할 수 있다. 우리가 모르는 것이 있어서도 안 되고 인간 앞에 그 무엇도 막아서서는 안 된다. 그런 근대의 행진이 자본주의와 만난다. 인간 의식의 팽창주의와 자본의 확대 재생산, 그것은 필연처럼 만날 수밖에 없던 것이 아닐까.

희망의 종언,
묵시론의 부활

이런 20세기 인간들에게 두 가지 공포가 있었다. 20세기 후반에는 인간 자신, 그리고 자연 혹은 물리적 힘, 그렇게 두 가지 적이 있었다. 인간의 적인 인간은 바로 소비에트 등 사회주의 국가를 의미한다. 영화 「에일리언」에 등장하는 인간 안의 또 다른 존재, 그러나 통제할 수 없을 정도로 전염성이 강한 에일리언은 바로 소비에트에서 퍼져 나오는 공산주의 사상을 은유한다. 1편에서 에일리언의 퀸이 살고 있는 행성을 향해 핵미사일이 날아가는 장면. 리들리 스콧은 이 순간만큼은 정말로 상업적인 감독이었다. 영화 「스타워즈」의 은하제국도 소비에트의 전체주의를 은유로 담고 있다. 「스타트렉」 시리즈의 영화 중에서 가장 성공적인 것 중 하나로 평가받는 6편 「미지의 세계」는 체르노빌 사고, 고르바초프의 개방정책인 글라스노스트, 그리고 개방 이후 소비에트가 붕괴하는 과정을 노골적으로 그리고 있다. 같은 인간이지만 종이 다르다고 느껴질 정도로 극단적 은유를 가능케 한 사회주의 국가들의 존재, 이것은 20세기 중후반 인류에게 가장 큰 공포이자 멸망 시나리오 속 핵심 요인 중의 하나였다.

또 다른 공포는 자연 그 자체이다. 도넬라 메도스 박사가 주축으로 참여한 「로마클럽 보고서」의 인류 멸망 시나리오는 결국 인간이 이 지구에서 살 수 없는 순간이 올지도 모른다는 궁극의 묵시록이다. SF를 장르문학의 반열로 올려놓은 아이작 아시모프의 『파운데이션』은 이런 자연의 문제를 모티브로 가져왔다. 만약 이 지구에 우리가 살 수 없게 되는 순간이 온다면, 우리는 지구를 버리고 화성이든 목성의 어느 위성이든, 혹은 은하계 너머이든 떠나야 할 순간이 올지도 모른다. 이 지구를 어떻게든 사람이 살 수 있게 유지해야 한다고 생각한다면 생태경제학자 아니면 좀 더 극단적인 생태근본주의자가 될 테고, 과학으로 모든 것을 해결할 수 있다고 믿는다면 우주 탐구에 더 열을 올릴 것이다. '아라키스'라는 아주 특수한 사막으로만 구성된 별에서의 생태 문제에 집중한 프랭크 허버트의 『듄』이냐, 아니면 은하제국을 재건한 아시모프의 세계냐, 이것이 1970년대에 인류의 미래를 바라보는 두 가지 버전이었다.

이런 문제의식을 조금 더 묵시론적으로 계승한 것이 영화 「매트릭스」라고 할 수 있다. 인간은 지구를 떠나지도 못했고 새로운 대체 에너지원을 찾아내지도 못했다. 그렇다고 과학이 인간을 구원해 준 것도 아니다. 인간이 만든 로봇의 배터리가 되어 꿈꾸도록 프로그래밍된 인간, 그나마 2편에서는 로봇이 결국 인간을 대체할 에너지를 찾아낸다. 인간들의 마지막 실낙원, 사이온이 있거나 말거나 상관없는 로봇, 그리고 그 로봇들의 가장 큰 안타고니스트는 로봇의 운영체계에 불과한 변종 에이전트 프로그램이다. 형식적으로 이보다 더한 묵시론적 시각이 있을까?

이렇게 20세기 중후반에 한쪽에서 본격적인 묵시론이 전개되는 동안, 좌파들은 일상적으로 묵시론적인 시각을 지니고 있었다. 사회주의가 도래하지 않으면 자본주의는 스스로 파멸의 길을 갈 것이라는 『자본론』의 시각에서 일상은 고통이고 궁극에는 파멸에 이를 뿐이다. 이런 시선 속에서, 21세기가 왔다. 지구는 멸망하고 우리는 결국 미래로 갈 것이라는, 한때 수많은 추종자를 거느렸던 과학만능주의는 사라졌다. 과학이 많은 문제를 해결하기는 할 테지만 지구를 떠나서 새로운 별에 정착하는 차원의 일은 최소한 우리가 살아 있는 동안은 가능하지 않으리라는 생각이 어느 정도 확대된 듯하다. 우주여행은 이제 그냥 낭만이지 인류 미래를 책임질 절체절명의 미래 과제로 이해되지는 않는다.

경제학, 아니 지금의 주류 경제학은 케인스가 그렇게 질색을 한 '장기적 균형'이라는 개념 위에 서 있다. 지금은 아니더라도 시간이 흐르면 모든 문제는 풀릴 것이다. 지독할 정도로 근대적 사유이고 무책임한 생각인지도 모른다. 그러나 이제는 21세기도 첫 10년이 지나고, 새로운 10년대가 시작되었다. 그리고 묵시록 버전들이 다시 돌아오고 있다.

희소성의 시대에 등장하는
재난 버전의 묵시론들

몇 가지 다른 버전의 생태경제학이 딛고 있는 기본 가설들은, 정도의 차이는 있지만 한마디로 요약하면 "너희들 이딴 식으로 하다가는 다 죽어."라는 것이다. 그리고 그 출발점은 자연의 재앙에서 찾고 있다. 어떤 식으로든 도넬라 메도스 박사의 「로마클럽 보고서」의 테제를 승계하고 있는 것이다. 그 바탕에는 '인간에게는 착한 본성이 있어서 자신이 죽을 수 있다는 생각을 하면 살기 위해서라도 착해질 것이다.'라는 철학을 깔고 있다. 그래서 생태경제학에서는 공동체나 사회적 경제와 같은, 기존의 시장경제만으로 100퍼센트 설명되지 않는 장치들이 계속해서 연구되고 있는 것이다.

이 최초의 버전은 21세기에는 조금 더 정형화되고 구조화되었다. 처음에는 에너지 위기에서 출발했는데, 기후 문제와 결합되면서 기후변화협약이라는 거대한 틀로 발전해 나갔다. 지구 생태에 대한 테제가 묵시론의 한 형태로 정형화된 것이다. 영화 「투모로우」에는 지구온난화 과정에서 북극의 한파를 막고 있던 대기 균형이 깨져서 결국 북미 대륙 전체가 영하 수십도 이하로 내려가 아무도 살 수 없게 되는 특수 상황이 나온다. 최근 겨울마다 한국을 덮치는 북극 한파의 드라마틱한 북극 버전이다. 아주 춥거나 아주 덥거나 하는 재난극들은 기후변화로 인한 이상기온과 연결되는 경향을 보인다. 영화 「해운대」도 기본적으로는 지구온난화로 활동이 더욱 강해진 지구판이 충돌하면서 생긴 쓰나미 현상 위에 서 있다. 영화 기획 과정에서는 부산 근처에 있는 원자력발전소 하나가 폭발하는 내용이 포함되어 있었다. 흥행에 도움이 되었을지는 모르지만 일본 후쿠야마 대재앙의 데자뷔가 바로 「해운대」가 될 뻔하였다.

이런 종말론적 대재앙 시나리오는 몇 가지 가설로 연결된다. 가장 소극적인 버전은 내가 '희소성의 시대'라고 부르는 가설이다. 석유자원 및 우라늄의 고갈을 고려하면, 이제 더 이상 자원이나 에너지가 무한대가 아니라 희소하다는 것을 인정해야 하는 시기가 온다. 지금까지 자원에 의한 재앙론자들을 '맬서스주의자'라고 비판해 온 사람들이 세운 가장 큰 가설은 기술이 발전했으므로, 필요한 자원보다 더 많은 자원을 공급할 수 있다는 것이다. 한편에서는 그 자원이 과연 무한대로 공급될 것인가 하는 문제를 제기하기도 한다.

맬서스주의에 대한 반박이 무너지면, 이제 희소성 문제는 농업 재앙으로 연결된다. 에너지가 부족하니까 바이오매스라는 이름으로 식량 자원을 에너지 자원으로 전환한다. 옥수수를 이용해서 에탄올을 만들고 이것으로 차를 움직이는 상황이라고 할 수 있다. 장기적으로 석탄이나 석유 등의 에너지원을 대체하는 작업이 기술적으로는 가능하다. 그러나 잘사는 나라들이 실제로 식량을 에너지로 전환하면 저개발국가나 1세계의 빈곤층에서 당장 식량 문제가 생겨난다. 옥수수 자급국가였다가 나프타에 가입하면서 자국의 옥수수 생산 기반이 무너져 버린 멕시코의 빈민층에게도 이러한 변화는 현실의 문제가 되었다.

물론 아직 이런 일은 전면적으로 현실화되지는 않았지만, 수십 년 동안 국제적으로는 언제나 잉여 상태에 있던 곡물시장에 다시 투기의 손길이 등장하는 정도의 문제는 생겼다. 여기에 국제 기축통화인 달러의 대체재로서 석유와 곡물 등의 자원이 각광을 받으면서, 6개월 이상의 생산품을 미리 거래하는 자원 선물시장은 이제 투기 1순위 시장으로 바뀌었다. 환투기만큼 쌀투기 혹은 옥수수투기가 현실화된 것이다.

이런 묵시론 중 가장 드라마틱하고 비극적인 것은 2001년에 타계한 도넬라 메도스 박사의 유고집 『성장의 한계, 30년 만의 업데이트』이다. 간추리자면 모든 기술 발전을 감안하더라도 2050년쯤 중국 등 개도국의 자원 수요 증가량을 자원의 공급 증가량이 따라갈 수 없는 순간이 오고, 아마 그 전, 예를 들면 2030년쯤에는 자원을 둘러싼 전면전이 시작될 것이라는 내용이다. 자원으로 인한 국제적 긴장관계 강화를 신냉전이라고 부르기도 한다. 어쨌든 인류는 석유나 희토류 같은 자원을 둘러싼 전쟁을 하면서 멸망할 것이다, 이것이 도넬라 버전의 궁극의 묵시록이다.

재난에도
좌우가 있다

'희소성의 시대'라는 테제를 둘러싸고 전개된 사건들 중에서 가장 특징적이며 드라마틱한 것은 지금 미국 농가 직불금 정책에서 벌어지는 변화라고 할 수 있다. 미국 농민에 대한 보조 정책은 프랭클린 루스벨트 시절 '뉴딜' 정책에서 생겨난 핵심적 변화 중의 하나다. 한국에는 토건 정책 정도로 아주 이상하게 소개된 뉴딜의 절반은 농민 지원 정책이었고 그 이후로 누구도 흔들지 못하는 튼튼한 정책이 되었다. 이 정책이 지금 미국에서 흔들리고 있다. 자연 재해가 증가한 이후 국가가 직접 관리하기 어렵다는 이유로, 농민 지원을 보험 정책으로 바꾸는 일이 농업 개혁으로 진행되는 중이다. 외견상으로는 부당하게 지급되는 농업 보조금을 좀 더 합리적으로 만드는 것처럼 보인다.

그러나 그 핵심에는 두 가지 흐름이 숨어 있다. 첫째는, 2008년 금융위기 이후 큰 타격을 받은 월스트리트의 금융자본이 새로운 탈출구로 농업 분야의 정부 지원금을 노리고 있다는 것이다. 지급 창구를 보험회사로 단일화하는 것은 기술적 해법인 것 같지만, 결국 정부

보조금을 농민들이 가지고 가느냐 아니면 일단 보험회사가 가지고 가느냐 하는 문제가 여기 숨어 있다. 두 번째는 궁극의 메시지로, 그것이 지구적이든 국가적이든 간에, 국가는 재난의 문제를 개인의 문제로 떠넘기고 도망가고 싶어 한다는 것이다. 정부의 돈을 보험회사에 지원금으로 주고 나면 형식적으로 국가는 궁극적인 책임을 면한다. 보험회사가 돈을 제대로 지급하든지 말든지, 이제 개인과 회사 사이의 민사 사건이지 정부가 책임을 져야 한다는 행정소송의 대상은 아닌 것이다. 궁극적으로는 이것을 금융자본의 새로운 사업 기회로 볼 것이냐, 아니면 국가가 이 문제에 대한 예방 대책을 내놓고 '재앙의 공공성'을 책임지는 것을 궁극의 상태로 볼 것이냐에 따라서 좌우가 나뉜다.

　기상예측 분야에서도 비슷한 문제가 드러난다. 우리나라에서 제일 처음 기상예측을 본격적으로 연구한 민간 단체는 삼성지구환경연구소였다. 기상청이 기상예측을 민간사업으로 전환해 자신들은 연구 감독만 하고 책임은 보험회사에 떠넘기고 도망갈 것이냐, 아니면 기상예측 자체가 지닌 공적 성격을 강화할 것이냐, 이것은 이미 한국에서도 기상예측의 미래 방향을 놓고 실무진 사이에서 첨예하게 논쟁이 벌어지는 사안이다. 어느 쪽이 좌고 어느 쪽이 우인지 너무 명확하지 않은가?

　이 문제가 농업에서의 식량안보로 넘어오면 또 다른 버전으로 좌우가 갈린다. 우파들은 외국에 가서 식민지 개척하듯이 땅을 개척해서 식량을 공급하자고 한다. 원래 농업 정책의 미래 전개 방향은 생태농업이었다. 자원외교도 마찬가지다. 자원의 위기를 재생가능에너지의 전면화로 돌파할 것인가, 아니면 아프리카 어딘가에 가서 자주 개발 유전이라는 미명 아래 제국주의 방식으로 돌파할 것인가. 이와 같은 앞서와 유사한 논쟁이 벌어진다. 식량안보 문제로 서로 전쟁 직전까지 가는 상황에서 식량 운송로를 확보하기 어렵다면 해외 개발은 정말 말장난이다. 여기에 자연스럽게 대양해군의 꿈이 얹힌다. 외국에서 무엇인가를 확보해 국내로 들여오자니 자연스럽게 원거리 작전 능력이 필요하고, 그를 위해서는 항공모함도 확보해야 한다. 참고로 1929년 세계 대공항의 여파로 인한 농업공황 때, 일본의 군국주의 학자들이 정확히 이런 주장들을 했었다. 일본은 식량과 자원을 확보하기 위해 무장을 했고, 결국 2차 세계대전에 전면적으로 참여했다.

우리를 기다리는 미래에는 20세기와는 다른 방식으로 재난이 일상화된다. 그리고 새로운 영역에서 금융기법과 예방기법, 그리고 분산기법 같은 것들이 사용된다. 그러나 변하지 않는 것은 여기에도 좌우가 있다는 사실이다. 재난을 둘러싼 이 새로운 접근에서도 '우리의 문제를 풀자.'는 공동의 시선보다는 기존의 우파 버전이 더욱 강화되는 흐름이다. 그렇다면 재난을 공적 영역에서, 공공선의 방식으로 푸는 논의는 어떻게 시작될 것인가, 그리고 누가 할 것인가? 새롭게 제기되는 질문이다.

폐기물 처리와
자원 순환의 양면성

유정수

일본 도호쿠 대학교 교수

현대사회에는 수많은 환경문제가 존재한다. 지구 규모의 온난화나 오존층 파괴, 자원 고갈은 물론 개발도상국의 수질·대기·토양 오염에 따른 건강 피해, 지진이나 쓰나미 같은 자연재해, 그리고 후쿠시마 원전 사고 같은 치명적인 문제까지 그야말로 복잡하고 다양하다고 할 수 있다. 하지만 한 개인이나 기업, 특정 국가가 환경문제 해결을 위해 노력한다고 해서 당장 해결될 일도 아니고, 아직도 명확한 원인과 해결 방법을 찾아내지 못하고 있는 실정이다.

　이러한 환경문제 중에서 일상생활에 가장 밀접한 것이 폐기물 처리와 재활용에 관한 것이다. 자연이 받아들일 수 있는 범위 안에서 자원을 소비하고 생태계의 틀 안에서 적정 수준의 폐기물이 배출되어 재활용된다면 큰 문제가 되지 않겠지만, 경우에 따라선 폐기물이 사회 · 경제 · 환경 시스템에 큰 걸림돌이 되기도 한다.

일본 에도시대에는 도시와 농촌이 연계해서 도시에서 발생하는 분뇨를 농업용 비료로 쓰고 그 비료로 농산물을 키워서 도시에 파는 자원 순환이 이루어졌다. 반면 우리나라는 1970년대까지만 해도 폐기물 문제에 관심조차 보이지 않았다. 지금 우리의 생활 패턴은 어떠한가? 마음속으로는 폐기물 감량과 재활용의 중요성을 인식하고 있는 듯하면서도 자동판매기나 편의점에서 아무런 생각 없이 일회용품을 구입해서 쓰고, 휴대전화는 이 년도 되기 전에 신기종으로 바꾼다. 환경문제의 중요성을 논하면서도 남들보다 멋지고 최신 기능을 갖춘 신제품에 대한 관심을 멈출 줄 모른다.

우리에게 주어진 자원은 유한하지만 인간의 욕망은 무한하다. 최근 각종 지하자원 매장량이 바닥을 드러내기 시작하자, 이젠 도시 광산, 지상 자원 확보라는 슬로건을 내걸고 자원 순환과 재활용의 가치가 강조되고 있다.

여기서는 과연 폐기물 처리와 재활용은 어떤 의미가 있는지, 앞으로 폐기물의 발생과 자원 고갈의 위기를 어떻게 극복할지를 따져보고, 작년 동일본 대지진과 쓰나미 때문에 발생한 엄청난 양의 폐기물 앞에서 너무나도 무력해진 일본 사회에서 우리가 무엇을 배워야 하는지도 살펴보고자 한다.

하루가 멀다고 쌓이는 쓰레기
에너지 회수와 자원화의 관계

거리에 설치되어 있는 쓰레기통은 하루가 멀다고 꽉 채워지고 매끼

어김없이 음식물 쓰레기가 나온다. 만약 이삼 일만이라도 쓰레기 수거를 안 한다면 어떤 일이 벌어질까? 필자가 사는 도시의 일부 지역에서는 몇 년 전 여름에 쓰레기 소각로가 고장 나는 바람에 삼 주 정도 쓰레기 수거와 처리가 제대로 이루어지지 않았던 적이 있다. 쓰레기 분리 수거장에 쓰레기가 넘쳐 나서 급기야 학교 운동장에 임시 쓰레기 적치장을 설치할 수밖에 없었고, 그 주변 지역은 파리, 모기 등 해충이 대량으로 발생했으며 악취와 오수로 고생한 적이 있다. 만약 적절한 소독이 이루어지지 않고 이러한 상태가 지속되었다면 주변 지역이 심각한 환경오염과 건강 피해를 입었을지도 모르는 일이다.

중세 프랑스에서는 인간의 분뇨나 음식물 쓰레기 처리가 제대로 이루어지지 않아 심각한 전염병이 발생했으며 수백만 명의 인명 피해가 일어났는데, 이처럼 우리가 매일같이 무심하게 버리는 폐기물이 심각한 환경문제를 유발할 수 있다.

한편 폐기물을 획기적으로 줄이고 위생적으로 처리하는 데 가장 간단하고 확실한 방법은 소각 처리라고 알려져 있다. 쓰레기를 소각하면 양을 10분의 1 수준으로 줄일 수 있으며 위생적인 처리가 가능하다. 특히 국토 면적이 좁아 매립장 확보가 어려운 나라에서는 소각장 건설을 추진하는 경우가 많다. 실제로 일본의 경우, 일반폐기물의 소각 처리 비율이 약 79퍼센트에 달하고 있다.

하지만 소각 처리를 반대하는 의견 또한 많다. 우선 주변 지역에서는 소음, 악취, 먼지, 트럭 운송에 의한 사고 위험, 그리고 다이옥신류 발생에 대한 두려움을 가지고 있는 경우가 많다. 특히 맹독성을 가진 다이옥신류 발생에 대해선 주민과 지자체가 첨예하게 대립하기도 하지만, 최신 시설인 경우에는 고온 소각, 이십사 시간 모니터링,

주민 협의체의 감시 등 이중 삼중으로 대비를 하고 있다. 우리나라는 주민 반대의 영향으로 소각에 의존하기보다는 재활용을 적극적으로 추진해 온 덕에 일반폐기물 소각률이 20퍼센트 정도에 그치고 있다.

　　최근에는 폐플라스틱, 폐지, 헌 옷 등의 재활용도 적극적으로 추진하고 있는데, 폐기물 소각량을 줄이고 재활용 물질을 늘리는 것은 자원 절약과 유효 이용의 측면에서 본다면 참으로 좋은 일이다. 다만 엄청난 비용이 투입된 소각 시설의 입장에서는, 열량이 높은 폐기물을 분리수거한다면 에너지 회수 효율이 점점 낮아지게 된다. 재활용의 우선순위로 본다면 소각에 의한 에너지 회수는 거의 마지막 단계에 속한다. 폐기물에 불을 붙여서 열을 회수하고 발전을 한다는 건 에너지와 소각재가 발생한다는 것인데, 이것들을 재활용하는 건 거의 불가능하기 때문이다. 유해 물질이나 에너지 회수 외에는 더 이상 재활용이 어려운 폐기물이 소각 대상이 돼야 정책상 모순이 없어진다. 자원으로 다시 태어날 수 있는 것들을 열량이 높다고 해서 무조건 태워서도 안 되지만, 에너지 회수를 하겠다는 방침을 세워 놓고 적자를 감수한 자원화를 무리하게 시도해서 소각 시설의 가동률을 낮춰서도 안 될 일이다.

무엇이 폐기물이고 무엇이 자원인가
유행 따라 흔들리는 폐기물 정책

불과 칠팔 년 전까지만 해도 자동차나 가전제품이 수명을 다하거나 못 쓰게 되면 인적이 드문 곳에 불법 투기하는 경우가 많았고, 이들을 적절하게 처리하려면 돈을 지불해야만 했다. 그야말로 쓸모없는 폐기물이었던 것이다. 하지만 지금은 어떠한가? 중국, 인도 같은 신흥 개발국의 자원 수요가 급격히 증가하고 자원 가격이 급등하면서 폐차나 폐가전에 포함된 금속 자원과 귀금속, 희유금속류의 가치가 주목받기 시작했다. 급기야 중소업자에 의한 무상 회수가 시작되더니 이젠 유가물로 거래되는 게 상식이 돼 버렸고, 서울시가 소형 가전을 중심으로 하는 자원 재활용 센터를 건립하고 일본이 소형 가전 재활용을 법제화하려고 하는 등 국내뿐만 아니라 국제적으로 자원 순환이 주목받고 있다. 이러한 움직임에 발맞춰 각 나라는 재생 자원의 유효 이용과 자원 확보를 위한 재활용 정책을 도입하고 있다.

유가물은 시장경제의 원리를 통해 유통할 수 있는 물건이라는 뜻인데, 유가물과 폐기물의 구분이 명확하지 않은 상태에서 이들을 관리하고 규제하는 것은 쉽지 않다. 실제로 중고품으로 수출된 자동차나 가전제품이 수입국에서 폐기될 때, 제품에 포함된 유해 물질이 환경을 오염시키는 경우도 적지 않다. 게다가 중고 부품으로 수출된 폐차가 개발도상국에서 신차로 변신하는 경우도 많은데, 환경오염은 물론 안전에 대한 리스크가 몇 배나 늘어난다. 물론 폐차에서 회수할 수 있는 자원도 무척 많지만, 재자원화 기술이 없고 자동차 본래의 기능에 가치를 두는 개발도상국에서는 자원 재활용이나 환경문제를 고려하기보다는 자동차를 좀 더 길게 쓰려는 의지가 훨씬 강하다.

일본에서는 1세대 하이브리드 차를 폐기하는 경우, 제조사가 배터리를 자율적으로 회수해서 재활용하려고 노력하고 있다. 1세대 하이브리드 차에 쓰인 희유금속의 양이 3세대의 약 세 배에 달한다고 하니 재활용률을 높이기 위해 중요한 자원이라고 할 수 있다. 하지만 이러한 노력에도 불구하고 몽골의 수도 울란바토르 시에 가 보면,

**2009년 2월 피지에서
불법 투기된 폐차**

실제로 중고품으로 수출된 자동차나 가전제품이 수입국에서
폐기될 때, 제품에 포함된 유해 물질이 환경을 오염시키는 경우도
적지 않다.

십오 년이나 지나 일본에서는 폐차가 되었어야 할 1세대 하이브리드 차가 대량으로 유통되고 있다. 이렇게 오래된 차라도 몽골에서는 에코카로 인정받아 세금이 면제되기 때문이다. 하지만 이들 차량이 몽골에서 폐차가 된다면 희유금속을 회수해서 재활용할 방법이 전무하다. 재사용과 재활용 중에 가치를 어디에 둘 것인가도 문제겠지만, 몽골 사람들이 비록 마지막엔 폐기물이 되더라도 연비가 좋은 하이브리드 차를 쓰고자 하는 것은 환경을 생각해서일까, 아니면 단순히 수입세가 면제되고 기름 값이 적게 든다는 이유에서일까?

흔히 제품을 생산하거나 판매하는 측에서는 에너지 효율이나 환경문제를 생각한다면 기존의 제품을 길게 쓰기보다는 친환경 제품을 구입하는 게 좋다고 선전하는 경우가 있는데, 물건을 구입한 후 어느 정도의 기간을 사용하고 나서 신제품을 구입하는 것이 자원 소비량, 환경오염, 에너지 사용량, 구입 및 유지 비용을 모두 최적화할 수 있는지 자신 있게 말할 수 있는 기업이 얼마나 있을지 의문이다.

좀 더 간단한 예를 들어 보자. 유리병이나 캔 중심의 음료 시장에 페트병이라는 획기적인 용기가 출현해서 이젠 유리병이나 캔보다 페트병이 훨씬 인기가 높다. 디자인이 수려하고 가벼울뿐더러 뚜껑이 있어서 위생적이고 가지고 다니기 편하기까지 하다. 페트병이 자원으로서 재활용이 된다고는 하지만, 무게가 가벼운 반면 부피를 많이 차지하기 때문에 수집하고 운반하는 데 비용이 많이 드는 등 재활용 비용이 너무 비싸다는 문제가 있다. 결국 환경적이나 경제적으로 그다지 바람직하다고 볼 수 없는 페트병은 편리함과 상품의 다양성을 선호하는 소비자 심리와 다양한 제품을 손쉽게 만들어서 판매량을 늘릴 수 있는 제조사의 경영 전략이 맞물려 세계적으로 폭발적인 인기를 누리고 있다. 아래 도표에서 미국의 페트병 소비량과 재활용률을 보면 미국이 어마어마한 대량 소비 사회이고 환경에 대한 배려가 적다는 것이 명백해진다. 페트병 재활용률이 가장 높은 일본은 소비량도 많다. 도시 곳곳에 자동판매기와 편의점이 설치되어 있는 일본은 재활용에 대한 노력이 놀랍지만 자원 소비 또한 많다. 이 사실을 뒷받침하듯 일본에서는 페트병과 함께 자동판매기도 빈번하게 폐기되고 있다. 한편 우리나라는 페트병 사용량이 비교적 적은 편이며 재활용률도 일본에 뒤지지 않을 만큼 높은 수준인 것을 알 수 있다. 바람직한 경향이라고 볼 수 있지만, 최근 맥주나 생수를 비롯한 페트병 용기 사용량이 증가하고 있으므로 언제 일본과 같은 상황이 발생할지 모르는 일이다. 앞으로 사오 년간은 우리나라 소비자들이 어떤 소비 패턴을 보일지 주목해 봐야 할 문제다.

일본에서는 얼마 전까지만 해도 각 지자체가 페트병 재활용을 추진하면 할수록 재정 압박을 받았다. 이 문제를 해결해 준 것이 다

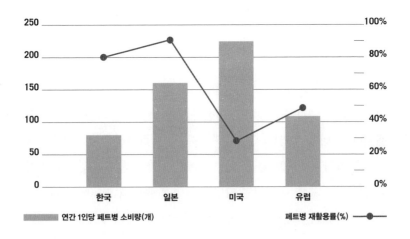

름 아닌 중국이었다. 중국에 수출할 경우, 국내 판매가의 1.2~1.3배 (2011년 여름 기준)를 받을 수 있기 때문에 재활용하기 위해 수거된 페트병은 중국이나 개발도상국으로 수출되는 경우가 많았다. 일본 국내에서 유통할 경우, 운송비와 인건비 증가로 재활용 수지가 맞지 않으므로 수출을 선호할 수밖에 없다. 국외로의 자원 유출(?)을 막은 것은 EU의 경제 위기였다. 중국에서 만든 페트병 가공품의 유럽 수출이 줄어들자 중국의 페트병 수입량과 수입 가격이 급락했고, 이는 페트병뿐만 아니라 고철, 플라스틱에 이르기까지 한국, 중국, 일본의 재활용 시장에 큰 영향을 미치고 있다.

결국 폐기물 재활용 정책과 리사이클링 시장도 이젠 세계경제 동향과 밀접한 관계를 갖게 되었다. 이것이 폐기물 문제를 단순하고 단기적인 시각으로 접근해서는 안 되는 이유다. 또한 환경 의식에 호소해서 해결될 일도 아니다.

과연 폐기물 정책의 우선순위는 무엇일까? 폐기물의 위생 처리, 감량에 의한 매립지 확보, 재활용에 의한 자원 절약, 국내의 자원 확보, 에너지 회수 등 다양한 정책 목표가 제시되어 왔지만, 정책 결정자는 정확한 방향성을 제시하지 못한 채 폐기물 정책의 유행만을 좇고 있지는 않은가 돌아볼 필요가 있다. 국내외의 경제·사회·환경 문제를 종합적으로 판단하고 폐기물 처리와 재활용에 관한 신뢰할 수 있는 데이터에 근거해서 소각과 재활용, 국내외 자원 순환을 어떻게 조화시킬 것인가를 따져 봐야 할 것이다.

똑같은 페트병이 짧은 기간 안에 폐기물과 자원의 기준을 오간다면, 어떻게 지속 가능한 자원 순환이 가능할 것이며 다음 세대에 어떤 기준으로 재활용의 중요성을 설명해 줄 수 있을 것인가?

자연재해와 인재가 만들어 낸
폐기물의 상처

2011년 3월 11일, 일본 동북 지방을 강타한 진도 7의 강진으로 인해 거대한 쓰나미가 발생했다. 필자는 지진의 중심지였던 센다이 시에 살고 있는데, 당시의 기억이 아직도 생생하다. 그동안 일본은 대규모 지진에 대해서 참으로 많은 준비를 해 왔다. 실제로 센다이 시 중심지에는 지진으로 무너진 건물이 거의 없다. 하지만 센다이 시와 그 연안을 덮친 대규모 쓰나미에는 국제공항도 내진 주택도 아무런 소용이 없었고, 수많은 차량과 건물이 형태조차 알아볼 수 없게 되어 버렸다. 아마 다른 나라였으면 더 많은 피해를 입었을 테지만 결국 엄청난 규모의 자연재해 앞에서 인간의 대응은 너무나도 무력했다.

지진 열도라고 불리는 일본은 1995년 1월에 발생한 고베 대지진의 피해 규모를 훨씬 넘는 엄청난 재해에 직면했는데, 후쿠시마 원자력발전소의 사고 처리가 원활하게 이루어지지 않아서 이번 지진으로 지금까지 경험하지 못한 큰 피해를 입었다고 할 수 있다. 즉 자연재해와 인재가 겹친 최악의 상황이 발생한 것이다.

동일본 대지진의 피해 지역은 도시 지역이 아니라 연안의 농어촌이었으므로 목재와 토사류, 건축 폐기물, 폐차, 폐가전은 물론 각종 혼합 폐기물이 발생했다. 매뉴얼을 중시하는 일본 사회에서는 무엇을 분류하고 선별해서 어떤 방식으로 처리하고 자원화할 것인지, 유가물의 기준은 무엇이며 어떤 방법으로 매각할 것인지, 임시 적치장은 어디에 설치할 것인지, 누가 책임을 지고 지시를 할 것인지, 어떤 근거로 비용을 산출해서 어느 부서가 집행할 것인지 등을 두고 우왕

**일본 동북 지방 대지진
피해 지역**

후쿠시마 원자력발전소의 사고 처리가 원활하게 이루어지지 않아서
일본 동북 지방 대지진으로 지금까지 경험하지 못한 큰 피해를
입었다고 할 수 있다. 자연재해와 인재가 겹친 최악의 상황이
발생한 것이다.

5부   삶은 재앙을 통과하는
긴 여정이다

좌왕하기 시작했다. 강력한 리더십과 행동력이 있었던 지자체는 정부나 상위 기관과의 정보 공유, 긴밀한 커뮤니케이션, 지역 내 재해 폐기물 처리망 구축은 물론 타 지역과의 협력과 연계를 통해 비교적 신속하게 폐기물을 처리했으나, 그렇지 않은 중소 지자체는 아직도 폐기물 처리를 다하지 못하고 있다.

피해 지역 중에서도 재정이나 인적 자원이 풍부한 지자체는 폐기물 적치장이나 매립지 확보, 소각 시설 건설도 빨랐다. 다른 도시와 협약을 맺고 재해 폐기물 광역 처리를 하기도 했다. 그러나 재해 폐기물 처리의 발목을 잡은 것은 이것들과는 별개 문제였다. 지진 발생 초기에 폐기물 발생량을 과잉 추정하는 바람에 처리 시설도 과잉 투자가 되어 버린 경우가 많고, 당초 계획보다 훨씬 적은 양의 재해 폐기물이 발생해서 적정 소각량을 확보하지 못하고 있으며, 무리하게 광역 처리를 고집한 나머지 피해 지역에서 1500킬로미터 이상 떨어진 곳까지 폐기물을 운반해야 하는 모순도 발생했다.

더욱 심각한 것은 방사선 오염 문제다. 후쿠시마 원자력발전소 주변의 폐기물은 처리 시기도, 방법도, 비용 부담도 검토조차 시작되지 않은 상황이지만, 극히 적은 양의 방사선에 오염된 폐기물도 태워서 소각재가 발생하면 몇 배나 높게 방사능이 축적되기 때문에, 당장 중간 처리가 완료된다 해도 마지막에 남은 소각재와 고농도 방사선에 오염된 폐기물에 관해서는 손을 델 엄두도 못 내고 있다. 또한 방사선 물질이 포함된 폐기물의 처리에 관해서도 정확한 기준과 방침이 제시되지 못했다.

언제까지 '소유'에 집착할 것인가?
자원 순환형 사회시스템을 위한 노력

인간의 소유욕은 끝이 없다. 새로운 것을 소유하고자 하면 지금 소유하고 있는 물건을 새것과 같이 갖고 있든지 필요한 사람에게 주든지 아니면 버려야 한다. 선진국들이 자국의 발전에 자원을 많이 쓴 만큼, 후발국들도 풍부한 자원을 이용해서 더욱 풍요로운 나라를 만들어 보려고 한다. 또한 중국은 최첨단 제품 개발에 필요한 희유금속이나 희토류를 확보하고자 한다.

자신이 소유하고 있는 물건을 타인에게 양도하든 버리든 본인의 마음이다. 이러한 논리로 본다면 폐기물인지 자원인지 중고품인지는 소유의 개념과 밀접한 관계가 있다고 할 수 있다.

최근 일본의 젊은 세대는 자동차를 사려고 하지 않는다. 스마트폰이나 태블릿 PC에는 관심이 많지만, 여자 친구나 결혼에도, 좋은 직장과 출세에도 별 흥미가 없다. 자동차를 사지 않는다는 것은 전체적인 경기가 나빠질 거라는 징조로 볼 수 있지만, 중고차나 폐차의 발생량이 줄고 천연자원의 소비량과 재활용할 자원이 적어진다는 얘기이기도 하다.

앞서 우리는 폐기물의 적정 처리나 재활용에 있어서 모순이 생기거나 쓸데없는 낭비나 불합리한 시스템 운용, 쓰나미 같은 돌발 상황에 처했을 때의 리스크 관리에 대해서 알아보았다.

현대 사회 · 경제 · 환경 시스템 안에서 폐기물을 완벽하게 처리하고 재활용하는 것은 불가능하지만, 적절한 예측과 관리를 하지 못하고 자원을 계속 낭비한다면 국내외 자원 순환 시스템이 붕괴되어 국가 간 분쟁이 일어날 수도 있다.

결국 제품의 제조, 판매, 이용, 폐기, 재활용(재사용, 자원화)에 관해서 어느 정도 예측과 계획이 필요한데, 이를 체계적으로 관리 · 운영하기 위해서는 소유에 관한 논의가 필요하다. 일반적인 재활용 정책은 생산자 책임을 원칙으로 한다. 즉 만든 사람이 폐기물의 적정 처리와 재활용을 책임지라는 것이다. 하지만 일단 판매한 물건이 폐기될 때까지의 시간을 예측할 수도 없을뿐더러 자기 물건이 아닌 것을 마음대로 회수하거나 재활용할 수도 없다. 예를 들면 자동차를 소유하고 싶지는 않지만, 어떤 차라도 좋으니까 가끔 차가 필요한 사람은 렌터카를 이용하면 된다. 요즘 카 셰어링이라는 시스템도 늘어나고 있는 걸 보면 이런 사람들이 많아지고 있음을 알 수 있다.

고급 차나 특수한 가전제품, 고급 브랜드를 선호하는 사람은 자기 물건을 소유하면 되고, 환경을 생각해서 자동차나 가전을 공유해도 된다고 생각하는 사람은 제조사나 리스 회사가 소유하는 하이브리드 차나 전기 자동차를 빌리면 된다. 최근 각 기업들은 프린터나 복사기 등을 필요한 기간만큼 빌려 쓰는데, 제품의 이용률을 높일 수 있고 적절한 폐기 시기를 예측해서 부품 재사용과 자원 재활용을 극대화할 수 있다. 대부분의 기업에서는 영업용 차량이나 운송용 차량을 리스하는 경우가 많은데, 실제로 이러한 차량을 해체해서 분석해 보면 내부 구조도 간단할뿐더러 재활용하기 쉬운 재질로 만들어져 있고 해체도 간단한 경우가 많다. 하지만 회사 중역들이 타는 고급 승용차는 복잡한 재질로 만든 경우가 많고 해체해서 재활용하기도 어렵다. 다시 말하면 고급 제품이 친환경적인 제품이라고 단정하기는 어렵다.

자동차나 사무용 기기의 공유를 늘리는 것, 즉 물건을 사고파는 것이 아니라 서비스를 제공하고 이용하는 비율을 높이고, 생산자와 판매자가 일반 판매와 리스나 렌탈, 적정 폐기와 재활용(중고품 유통과 재자원화), 국내 자원 순환과 국제적인 자원 순환, 평상시와 긴급 재해 발생 시의 폐기물 관리와 자원화, 유가물과 유해 물질 관리 등에 대한 정확한 정보를 제시하고 공유한다면 좀 더 효율적인 자원 관리와 리스크 관리가 가능해질 것이다.

종이의 사용량을 줄이자고 페이퍼리스(paperless) 회의를 하자고 했지만, 결코 종이 사용량은 줄지 않았다. 스마트폰이 노트북을 대체한다고 선전하지만, 실제로는 스마트폰으로 전화하기 불편하다거나 화면이 작다는 이유로 휴대전화, 스마트폰, 태블릿 PC에 노트북까지 가지고 다니는 사람도 있다. 이렇듯 자원이나 에너지 사용을 줄이려는 새로운 노력이, 인간의 소유욕과 편리함을 추구하는 마음을 제어하기는 쉽지 않다. 자원 순환형 사회시스템을 만들려는 노력이 하나의 유행이나 퍼포먼스로 끝나지 않아야 다음 세대가 어떤 유형의 폐기물 처리와 자원 순환 시스템을 만들어 가야 할지에 대한 고민을 덜게 될 것이다.

화산 분화와
인류 문명

소원주
화산학자

단군 신화의 배경으로, 또는 우리나라 애국가에 나오는 민족 발상의 영산으로만 여겨지던 백두산이 지구상에서 가장 위험한 화산의 하나로 인식되기 시작한 것은 극히 최근의 일이다.

백두산은 10세기경, 서기 이래 지구 최대의 화산 분화를 일으켰다. 이때 백두산 천지에서 높이 25킬로미터에 달하는 분연주가 하늘 높이 치솟았으며, 이는 에베레스트 산이나 제트항공기 순항 고도의 약 세 배에 해당하는 높이이다. 이 분연주가 중력에 의해 붕괴되어 발생한 거대 화쇄류(pyroclastic flow: 화산 분화에 의해 발생하는 화산가스와 화산분출물이 혼합된 고온의 흐름)가 천지를 중심으로 방사상으로 100킬로미터 이상 질주하며 모든 동식물을 전멸시켰다. 또한 이때 상공의 화산재는 한반도 북부와 중국 동북부, 러시아 극동지역, 동해, 그리고 일본 열도의 넓은 지역을 순식간에 백색 카펫으로 덮어 버렸다.

서기 이래 최대 규모의 백두산 폭발,
발해 멸망의 원인인가?

이 화산재에는 B-Tm(Baegdusan-Tomakomai volcanic ash)이라는 이름이 붙었다. B는 백두산의 머리글자이며, Tm은 1981년 일본 화산학자 마치다 히로시가 이 화산재를 최초로 발견한 홋카이도 도마코마이라는 지명에서 딴 이름이다.

　백두산은 이때 약 100세제곱킬로미터 이상의 화산분출물을 분출했으며, 화산폭발지수(VEI: 화산 폭발의 크기를 나타내는 지표로, 화산분출물의 양으로 구분된다. 0~8까지이며, 8이 최대 규모이다. 지수가 1 많아질 때마다 크기는 열 배 더 커진다.) 7로 평가된다. 그것은 서기 79년에 이탈리아 폼페이와 헤르쿨라네움 두 도시를 흔적도 없이 매몰시킨 베수비오 화산분출물(2세제곱킬로미터)의 약 쉰 배 규모였고, 서울 잠실경기장 5만 개를 채울 수 있는 용량이며, 우리나라 남한 전역을 빈틈없이 1미터 높이로 매몰시킬 수 있는 용량이다. 백두산이 실제로 그렇게 대폭발했다면 과연 백두산 주변에서는 어떤 일이 일어났을까? 당시 그곳을 지배하던 국가는 발해였고, 백두산은 발해의 한복판에 위치하고 있었다. 그래서 '백두산 폭발과 발해 멸망'에 관한 가설이 등장한 것이다.

　백두산을 연구해 온 화산학자들은 오래전부터 이러한 문제를 제기해 왔다. 그러나 이 가설을 접한 역사학자들의 반응은 냉소적이었다. 발해는 926년 거란의 침공에 의해 멸망했다는 것이 거란의 사서인 『요사(遼史)』에 기록되어 있고, 그것이 역사학계의 정설이기 때문이다. 『요사』는 발해가 멸망한 뒤 400년 이상 지난 1344년에 원의 탈탈(脫脫)이 편찬한 거란의 사서이다. 중국의 스물네 개 정사 중 유일하게 발해 멸망이 기록되어 있지만, 청의 역사학자 조익(趙翼)조차 "요와 금의 역사는 결락이 많다."라고 그 신뢰성에는 의문을 제기한 바 있다. 한편 이상하게도 이 엄청난 화산 분화는 중국이나 한반도, 일본, 그 어느 곳의 사서에도 기록되지 않았다.

이러한 분위기 속에서 백두산 분화 연대를 알아내기 위한 연구가 조용히 시작되었다. 매년 한 장씩 퇴적되는 호수 퇴적물에 포함된 백두산 화산재의 지층을 헤아리기도 하고, 백두산 부근의 화쇄류에 매몰된 탄화목의 나이테를 동위도상 삼림의 나이테와 비교하기도 했다. 그 나이테 하나하나의 방사성탄소 연대를 측정하여 분화 연대를 알아내는 위글매칭(wiggle matching)이라는 최신 기법도 시도되었다. 연구 결과 백두산의 분화 연대는 930~934년에 집중하고 있다. 이 연대는 『요사』에 기록된 발해 멸망 연대(926년)와 조금 어긋난다. 즉 백두산은 발해가 멸망한 이후에 대폭발을 일으켰다는 결론으로 귀결된다. 그렇다면 백두산 폭발은 발해 역사에 아무런 영향을 미치지 않았다는 것일까?

문제는 그렇게 간단하지 않다. 926년 이후에도 상당 기간 동안 발해사들이 중국에 사신으로 파견된 사례가 여러 중국 기록에 등장하며, 『고려사』에는 934년에 발해의 왕세자 대광현이 수만 명의 백성들을 이끌고 고려로 내투했다는 사실이 기록되어 있기 때문이다. 만약 발해의 왕세자 대광현이 고려로 몸을 피한 것이 934년이었다면, 그때까지 정치, 군사적 역량을 갖추고 왕조의 정통성을 지닌 발해 세력 수만 명이 발해 땅에 존재했다는 의미가 된다.

거란이 926년에 발해를 멸망시킨 것으로 기록되어 있지만, 곧이어 거란은 무슨 이유인지 발해를 지배하지 않고 그 넓은 땅을 버리고 떠나 버렸다. 또한 발해 멸망을 전후해 수십만 명에 달하는 발해 난민들이 앞다투어 고려로 들어온 이유도 알 수 없다. 사서에 나타난 발해 유민들의 기록을 종합해 보면, 한때 발해의 넓은 강역에서 사람의 모습이 그림자도 없이 사라져 버린 셈이 된다. 도대체 그곳에 무슨 일이 있었던 것일까?

발해 멸망은 『요사』나 『거란국지』 등 거란의 입장에서 서술된 사서에만 기록되어 있다. 이들 역사서들은 발해가 멸망하고 수백 년 뒤에 모두 정복자의 시각에서 편찬된 사서들이다. 곳곳에 과장된 서술이나 신빙성에 의문이 드는 내용이 있다. 그럼에도 많은 사람들이 『요사』의 기록을 맹목적으로 신뢰한다. 그로 인해 상상력이 마비된 채로 더 이상의 논의를 차단하고 있다.

인간은 거짓을 기록할 수 있지만 자연은 절대 거짓을 기록하지 않는다. 동아시아 넓은 지역에서 발견되는 백두산 화산재는 바로 백두산 대폭발의 비밀을 감추고 있는 자연의 기록이다. 우리는 『요사』에 기록된 926년이라는 연대에 사로잡혀 지금까지 큰 그림을 보지 못한 것은 아닐까? 이것은 발해와 거란의 국지적 충돌에 관한 문제가 아니다. 동아시아 문명의 붕괴라는 거시적 안목으로 바라볼 문제이다. 백두산 대폭발을 견뎌 낼 문명이란 존재할 수 없기 때문이다. 10세기에 일어난 백두산 대폭발에 의해, 발해라는 국가의 흥망이나 그곳 지배층의 교체에 관계없이, 한때 동아시아의 해동성국이라 찬탄받았던 인류 문명이 소멸했으며 넓은 범위에서 발해로 대표되는 인류 문화가 사라져 버린 것이다.

토바 카타스트로피 이론과
유전자 병목현상

인류가 지구상에 모습을 나타낸 것은 지금부터 불과 250만 년 전인 신생대 제4기이다. 신생대 제4기에도 지구상에서는 수많은 화산이 분화했으며, 이는 자연 환경과 인류에 많은 영향을 주었다.

신생대 제4기에 일어난 지구 최대의 화산 분화는 무엇인가? 단연 북미의 허클베리 리지와 인도네시아의 영기스트 토바 화산재를 뿜어낸 화산 분화이다. 둘 다 총용적으로 2500세제곱킬로미터를 넘는 화산폭발지수 8급의 슈퍼헤비급 화산 폭발의 분출물이지만, 허클베리 리지는 약 210만 년 전 옐로스톤의 분출물이며, 영기스트 토바는 불과 7만 4000년 전 인도네시아 토바 칼데라의 분출물이다. 따라서 인류가 진화하는 도중에 많은 영향을 주었던 것은 영기스트 토바임에 틀림없다.

토바 칼데라는 인도네시아 수마트라 섬 북부에 있는 세계 최대의 칼데라로 신생대 제4기에만 세 번의 초거대 분화를 일으켰다. 우선 84만 년 전에 마그마 분출량 500세제곱킬로미터, 그다음으로 50만 년 전에 마그마 분출량 60세제곱킬로미터, 그리고 마지막으로 지금부터 7만 4000년 전에 마그마 분출량 2500세제곱킬로미터를 뿜어냈다. 이 마지막 분화에서 분출된 화산재를 영기스트 토바라고 부른다. '가장 어린 토바'라는 의미이다. 토바 칼데라에서 뿜어져 나온 화쇄류는 동남아시아를 뒤덮었고, 벵골 만을 넘은 화산재는 인도, 파키스탄에 2미터, 중국 남부 지방에도 수십 센티미터 두께의 화산재 층을 퇴적시켰다.

고고인류학에서 흥미로운 주장이 제기되었다. 이 마지막 토바 대분화가 일어난 시기에 인간의 DNA 다양성이 현저하게 감소하는 유전자 병목현상이 일어났다는 것이다. 유전자 병목현상이란 생물 집단의 개체수가 갑자기 격감하여 유전자 배열이 비교적 균일화되고, 그 자손이 다시금 번식함으로써 균일한 유전자가 급속히 확산되는 것을 말한다. 인류의 개체수는 7만 4000년 전경에 급감하여 총인구수 1만 명 이하가 되어 유전자 다양성을 급속히 잃은 흔적이 있다고 한다. 그 원인이 바로 토바 화산의 대분화였다. 이것이 바로 '토바 카타스트로피 이론'이다.

이 이론은 1998년 미국 일리노이 대학교의 고고학자 스탠리 H. 앰브로즈 교수가 처음 제창했다. 즉 현재 인류는 당시 살아남은 일부 인간들의 자손이라는 것이다. 이 소수의 인간들이 각처에 이주하여 현재 인류의 선조가 되었다고 본다. 이 이론에 따르면 아메리카 인디언의 혈액형이 거의 O형인 까닭을 다음과 같이 설명할 수 있다. 토바 대분화 직후의 빙하기에 아시아 대륙에서 베링 해를 거쳐 북미 대륙으로 건너간 소수의 가족은 우연히도 O형이 많았다. 그리고 그들 모두가 아메리카 인디언의 선조가 되었기 때문에 O형의 빈도가 높아졌다는 것이다.

지금부터 7만 4000년 전에 토바 대분화에서 방출된 에너지는 TNT 1기가 톤으로, 히로시마와 나가사키에 투하한 원자폭탄 5만 개의 위력이다. 토바 카타스트로피 이론에 의하면, 대기 중으로 뿜어져 올라간 대량의 화산재가 일광을 차단하여 전 지구의 기온이 평균 5도까지 낮아진 것으로 계산되었다. 그 후에도 기후는 계속 한랭화하여 지구는 최종빙하기(7만 년 전~1만 년 전)에 돌입한다. 이 시기까지 생존했던 호모속인 호모 에르가스테르, 호모 에렉투스는 절멸했다. 토바 대분화 이후까지 살아남은 호모속은 네안데르탈인과 현세 인류뿐이다. 네안데르탈인은 최종빙하기에 절멸했고 현세 인류 역시 1만 명까지 그 숫자가 격감했다.

겨우 살아남은 현세 인류도 인구 감소에 의한 유전자 병목현상으로 그 유전적 다양성을 잃었다. 현재 인류의 숫자는 60억을 넘었지만, 유전학적으로는 그 개체수에 비해 유전적 특징이 매우 균질하다. 유전자 분석에 의하면 현재의 인류는 불과 수천 쌍이라는 매우 적은 개체에서 진화했다. 유전자 변화의 평균 속도에서 역산하여 계산한 인구의 극소 시기는 물론 토바 대분화의 시기와 일치한다.

화산 분화를 예측하는 세 가지 방법

국제화산학지구내부화학회(IAVCEI)는 1990년에 지구상에서 가장 위험한 화산 열여섯 개를 지정했다. 분화 규모와 시기뿐 아니라 주변 지역의 피해 상황 등을 종합적으로 고려해 지정했다. 수백 만 년에서 수천 만 년을 살아 숨 쉬는 화산의 수명을 감안할 때 현재도 그 위험성은 전혀 변하지 않았다고 할 수 있다. 1990년 당시 백두산의 존재가 아직 잘 알려지지 않았기 때문에 백두산이 이 열여섯 개 화산에 포함되지는 않았지만, 현재 백두산의 위험성에 대해 의심하는 화산학자는 없다.

**세인트헬렌스 화산의
분화(1980년)**

화산 연구에는 언제나 위험이 따른다. 화산학자들의 작업은 마치
지뢰밭에서의 작업과 비슷하다. 발을 잘못 디디면 섭씨 800도
화쇄류의 늪으로 빠져들고 만다. 1980년 미국 세인트헬렌스 산이
분화했을 때는 산체가 팽창하는 북측 사면을 관측하던 화산학자가
그 산체 붕괴로 발생한 60미터 높이의 암설류에 매몰되었으며,
1991년 일본 운젠 화산 분화에서는 화쇄류를 관측하기 위해
대기하던 세 명의 화산학자가 그 화쇄류에 휩쓸려 사망했다.

최근 국내 학자가 백두산이 2014~2015년 사이에 분화할 것이 라는 예측을 내놓아 큰 반향을 불러일으킨 적이 있다. 또한 어느 일본 화산학자가 20년 내에 백두산이 분화할 확률이 99퍼센트라는 예측 을 내놓기도 했다. 백두산의 화력은 아직 건재하고, 따라서 백두산이 가까운 시기 언젠가 분화한다는 것은 틀림없지만 그 시기는 쉽게 장 담할 수 없다. 화산은 가까이 하기에 너무 위험하고 예측하기에는 너 무 변덕스럽다. 개개의 화산은 모두 개성을 지니고 있으며 자신의 방 식대로 폭발할 뿐이다. 화산 폭발은 우주 왕복선의 카운트다운과는 다르다.

화산 연구에는 언제나 위험이 따른다. 화산학자들의 작업은 마 치 지뢰밭에서의 작업과 비슷하다. 발을 잘못 디디면 섭씨 800도 화 쇄류의 늪으로 빠져들고 만다. 그래서 화산을 이해하기 위해 불을 뿜 어내는 화산에 접근했다가 희생된 유명, 무명의 화산학자들이 셀 수 없이 많다. 1980년 미국 세인트헬렌스 산이 분화했을 때는 산체가 팽창하는 북측 사면을 관측하던 화산학자가 그 산체 붕괴로 발생한 60미터 높이의 암설류에 매몰되었으며, 1991년 일본 운젠 화산 분화 에서는 화쇄류를 관측하기 위해 대기하던 세 명의 화산학자가 그 화 쇄류에 휩쓸려 사망했다. 또한 1993년 콜롬비아 갈레라스 화산이 갑 자기 분화해 분화구 내에서 화산가스를 채취하던 과학자 아홉 명이 목숨을 잃었다.

화산학자들이 이와 같은 위험을 무릅쓰는 이유는 산체 변형, 화 산성 지진, 그리고 화산가스 분출량 등의 자료를 종합해 화산 분화를 예측할 수 있기 때문이다. 즉 화산 분화를 예측하기 위해서는 다음과 같은 과정이 선행되어야 한다.

첫째, 산체 변형의 정도를 측정한다. 화산은 지하 마그마가 상승하면서 풍선처럼 부푸는데, 이 산체 변형의 정도를 고도계나 인공위성의 측지 시스템 또는 경사계로 직접 측정한다. 산체 변형 전문가들은 경사계의 시준 중심점의 기포 움직임을 통해 화산이 숨 쉬는 것을 본다. 사람이 가슴으로 숨을 쉬듯 어떤 힘에 의해 일순 산체가 크게 들어 올려지고 또다시 본래로 되돌아가는 것이다. 1980년 미국 세인트헬렌스 화산이 분화하기 직전에는 산체가 하루 1미터씩, 두 달 동안에 약 60미터 팽창했다.

둘째, 화산성 지진을 판독한다. 화산은 지진계에 자신의 필적을 남긴다. 따라서 지진학자들은 지진계에 화산성 지진이 기록되기 시작하면, 화산이 "노래하기 시작한다."라고 표현한다. 화산의 미동은 마그마가 상승하고 있다는 것을 직접적으로 나타낸다. 이러한 마그마의 이동을 통해 지진학자들은 변곡점, 즉 화산의 분화 시기를 찾는다.

셋째, 이산화황 등 화산가스 분출량의 추이를 조사해 분화 시기를 예측한다. 이산화황은 바로 마그마의 체취이며, 이 이산화황의 양이 증가하고 있다면 작열한 마그마의 붉은 혓바닥이 지표 가까이에 근접하고 있다는 뜻이다. 헬기나 글라이더에 장착된 코스펙이라는 상관분광계를 이용해 이 이산화황을 측정한다.

프랑스의 위대한 화산학자 아룬 타지에프는 화산학자가 화산을 조사하는 최초의 과학자가 되면 안 된다고 말했다. 그 역시 화산학자였지만, 이제 막 분화하려는 화산의 분화 시기를 예측하는 데 화산학자는 별 도움이 안 된다는 역설적인 이야기이다. 화산의 분화 시기를 예측하기 위해서는 경사계를 다룰 수 있는 측지 전문가, 화산성 지진과 미동을 판독할 수 있는 지진 전문가, 그리고 코스펙이라 불리는 상관분광계를 다룰 수 있는 화산 기체 전문가가 필요하다. 그리고 마지막으로 이 모든 기기에 정통하고 그 결과를 종합할 수 있는, 그리고 그 화산이 과거 어떤 분화를 일으켰는지 숙지하고 있는 화산학자가 필요한 것이다.

일반적으로 화산은 인간이나 자연에 엄청난 피해만 주는 악역으로 알려져 있다. 그러나 반드시 그렇지만은 않다. 화산은 지구 내부의 원소를 지표에 운반해 준다. 그 원소가 지구 대기를 구성하고 원시 해양을 만들었다. 그리고 그 바다 속에서 생명이 탄생하고 변천해 왔던 것이다. 이와 같이 화산은 지구 자체의 움직임이자 현상이며 지구의 근원적 존재라 할 수 있다. 또한 화산 역시 자연의 일부이며 인간이 발을 딛고 서 있는 엄연한 대지의 일부이다. 태풍이 할퀴고 간 뒤에 풍부한 물과 맑은 하늘을 제공하듯 화산에 의해 새로운 대지가 만들어지고 화산재는 비옥한 토양의 모태가 된다. 그 토양 위에서 생명체가 생명을 영위해 가는 것이다.

때로 화산재는 아득하게 멀리 떨어진 곳의 지층 속에서 발견되어 화산학자들을 환호하게 하고, 그 화산재는 정밀한 시간의 눈금을 제공하여 역사학이나 고고학 연구에 공헌한다. 백두산이나 울릉도, 한라산은 모두 과거 1만 년 이내에 활동했던 화산들이다. 여전히 우리는 화산과 공존하고 있다. 이를 떠올리며 자연에 대한 경외심을 품고 화산에 더 많은 관심을 갖기를 바라는 마음이다.

외계 생명체의 발견은
진보인가 재앙인가

이명현
세티코리아 조직위원회 사무국장

몇 년 전에, 명왕성 근처를 지나 지구를 향해 돌진하고 있다는 우주선 세 대가 찍힌 사진이 인터넷에 떠돈 적이 있다. 그 사진에는 명왕성이라고 설명한 작은 점 근처에 손톱만 한 물체 세 개가 흐릿하게 찍혀 있었다. 외계인이 타고 오는 우주선이라는 것이었다. 얼마 후면 지구에 도달할 것이라는 그 우주선들의 크기는 몇 킬로미터 정도라고 했다. 하지만 그 정도 거리에서는 태양도 점으로밖에 보이지 않는다. 그렇다면 그 우주선은 도대체 얼마나 커야 손톱만 하게 보일 것인가? 명왕성을 탐사하기 위해서 2006년에 발사된 뉴호라이즌 호는 2015년이 되어야 명왕성 근처에 도달할 예정이다. 금방 달려올 수 있는 거리가 아니다. 당연히 그 사진은 가짜다. 공간적으로나 시간적으로 전혀 이치에 맞지 않는다.

실상이 이러함에도 불구하고 이런 소동은 비슷한 내용으로 반복해서 일어나고 있다. 우주라는 시공간이 우리의 뇌가 감당하기에는 너무 커서 감각적으로 상상하기가 어렵기 때문일 것이다. 덧붙여 자기중심적으로 생각하도록 진화된 인간의 사고 체계가 자연스럽게 반영되어 '인간다운' 모습과 행태를 보이는 외계인상이 정립되었을 것이다. 과학자들은 이런 크기의 시공간을 다루고 관점을 바꿔 가면서 사고하는 데 상대적으로 익숙하지만 상당 부분은 과학적 훈련 덕분일 것이다. 이런 괴리 현상은 외계생명체 탐색에도 그대로 반영되어 있다. 일반인들은 외계인의 발견이나 그들의 지구 방문을 바라지만, 현대 과학자들이 더 개연성 있다고 생각하며 기대하고 있는 것은 지구 밖 어느 곳에서 살아 있는 작은 미생물이나 박테리아의 존재를 확인하는 것이다.

지구 밖에서도 생명체가 존재하는가

외계 생명체를 연구하는 우주생물학은 지난 반세기 동안 엄청난 발전을 거듭해 왔지만 일반인들이 기대하는 외계인을 찾는 일은 여전히 요원하다. 외계 생명체 연구에서 가장 중요한 화두는 아직도 '발견' 그 자체이다. 그동안 과학적으로 외계 생명체를 탐색해 온 사람들은 생명체가 존재할 수 있는 환경 조건을 갖춘 천체를 찾는 일에 집중해 왔다. 우리가 알고 있는 우주 속 생명체는 지구 생명체밖에 없기 때문에 자연스럽게 지구 생명체의 생존 조건과 특성을 객관화하는 작업이 진행되었다. 지구 생명체와 유사한 생명체가 존재할 가장 중요한 조건은 생명체의 재료가 되는 유기화합물, 에너지원, 그리고 액체 상태의 물로 정리할 수 있을 것이다. 이런 조건을 갖춘 천체를 찾아보고, 그곳에 실제로 생명체가 존재하는지를 확인하는 것이 과학적 외계생명체 탐색의 패러다임이다.

현재 화성 표면에는 액체 상태의 물이 존재하지 않는 것으로 파악되고 있다. 하지만 화성 표면 곳곳에는 과거에 물이 흘렀던 사실을 알려 주는 숱한 흔적들이 남아 있다. 화성의 극지방에는 빙하가 현존하고 있으며 진눈깨비도 내리고 있다. 파헤쳐진 땅속에서는 얼음이 발견되기도 했다. 화성 표면 아래 땅속에는 액체 상태의 물이 존재할 것으로 추정되고 있다. 최근, 과학자들은 분광 관측을 통해 화성에 막대한 양의 메탄가스가 존재한다는 사실을 알아냈다. 메탄가스는 주로 화산 활동 과정에서나 가축들의 뱃속에서 소화 작용을 돕는 박테리아의 활동에 의해 생성된다. 현재 화성에는 화산 활동이 미미하기 때문에, 이 메탄가스의 주요한 공급원은 살아 있는 박테리아일 가능성이 제기되었다. 이런 정황 증거를 바탕으로 과학자들은 화성에도 한때 물이 흘렀고 생명체가 존재했을 가능성을 제기하고 있다. 더 나아가 현재 화성 땅속에 액체 상태의 물이 존재하고 메탄가스를 생성하는 살아 있는 박테리아나 미생물이 존재할 가능성을 조심스럽게 이야기하기 시작했다. 외계 생명체의 발견이 임박했다는 희망을 품고 있는 것이다.

미국 나사의 큐리오시티는 2012년 8월 6일 화성의 게일 분화구에 착륙해 활동 중인 로봇 로버의 이름이다. 다양한 가시광선 및 적외선 카메라를 장착했을 뿐만 아니라 생명체의 존재 여부를 확인하기 위한 X-선 분광기와 각종 분석 장비도 장착하고 있다. 광반응을 일으키는 레이저를 발사할 수 있으며 로봇팔로 암석을 뚫거나 채취할 수 있다. 큐리오시티는 화성의 기후 정보도 수집할 예정이지만 그 주된 임무는 생명체의 존재 가능성에 대한 정보를 수집하고 분석하는 일이다. 2012년 9월 27일, 큐리오시티는 화성 표면에 과거에 물이 흘렀다는 가장 강력한 증거를 발견했다. 지구의 강바닥에서 발견되는 형태와 거의 똑같은 모습으로 모래와 자갈이 뒤엉킨 암석을 발견한 것이다.

큐리오시티는 2년 동안 활동할 예정이다. 이 기간 동안 화성에서 생명체의 흔적을 찾을 수 있을지 기대와 관심이 집중되고 있다. 2016년에는 유럽우주국 주관으로 2미터 깊이까지 땅을 팔 수 있는 굴착기를 장착한 화성 탐사선 엑소마스 호가 발사될 예정이다. 역시 땅속에 존재하는 액체 상태의 물과 뒤엉킨 진흙 속에 살고 있을지 모르는 생명체를 발견하려는 목적에서다. 당분간 화성에서의 생명체 탐색은 계속될 것이다. 과학자들은 지금까지 발견된 여러 증거들을 바탕으로 외계 생명체의 존재를 거의 확신하고 있는 듯하다. 발견은 시간 문제라는 것이다. 다만 일반인들이 바라는 화성인이 아니라 박테리아나 미생물이기는 하지만 말이다. 지능을 갖춘 외계인인 화성인은 존재할 가능성이 거의 없다는 결론에도 도달한 것 같다.

바다가 존재하는
또 다른 행성

외계 생명체 탐색의 또 다른 프런티어에 나사의 케플러 우주망원경이 있다. 태양에 여덟 개의 행성이 있듯이 다른 별들에도 행성이 있

케플러 우주망원경이 발견한 케플러 47 행성계

케플러 우주망원경은 지구와 비슷한 특성과 환경 조건을 갖춘 외계 행성을 찾을 목적으로 2009년 3월 6일에 발사되었다. 백조자리 근처 좁은 하늘 영역에서 별들을 반복적으로 모니터링했는데, 그 결과는 놀라웠다. 2012년 2월, 16개월 동안의 관측 자료를 분석해 발표했는데 2321개의 외계 행성 후보를 발견한 것이다. 더 놀라운 것은 지구와 비슷한 특성을 보이는 유사 지구 '후보'가 246개나 된다는 점이다.

5부 삶은 재앙을 통과하는
긴 여정이다

을 것이다. 이런 외계 행성들 중에는 지구와 비슷한 환경과 특성을 지닌 행성들도 있을 것이다. 환경 조건과 특성이 비슷하다면 그런 행성들에서도 지구에서와 마찬가지로 생명체가 탄생했을 개연성이 높다. 그중 일부 행성에서는 탄생한 생명체가 진화에 진화를 거듭해 지구에 살고 있는 우리 같은 지적인 생명체의 모습으로 존재하고 있을지도 모를 일이다.

케플러 우주망원경은 지구와 비슷한 특성과 환경 조건을 갖춘 외계 행성을 찾을 목적으로 2009년 3월 6일에 발사되었다. 백조자리 근처 좁은 하늘 영역에서 별들을 반복적으로 모니터링했는데, 그 결과는 놀라웠다. 2012년 2월, 16개월 동안의 관측 자료를 분석해 발표했는데 2321개의 외계 행성 후보를 발견한 것이다. 더 놀라운 것은 지구와 비슷한 특성을 보이는 유사 지구 '후보'가 246개나 된다는 점이다. 케플러 우주망원경 계획을 처음 수립할 당시 3년 반 동안의 관측을 통해 수십 개 정도의 유사 지구를 발견할 것으로 기대했던 것과 비교하면 놀라운 결과라고 할 것이다. 이 결과를 우리 은하 전체로 확대하면 유사 지구의 수가 500억 개는 될 것으로 추정되고 있다.

이들 유사 지구 후보들 중에서 더욱 관심을 기울여 찾고 있는 외계 행성은 표면에 액체 상태의 물, 즉 바다가 존재할 수 있을 정도로 자신이 속한 별에서 적당한 거리에 떨어져 있는 행성이다. 크기와 질량뿐 아니라 모항성에서 떨어진 거리도 지구와 비슷한, 그야말로 쌍둥이 지구를 찾자는 것이다. 유사 지구 후보들 중 케플러 20e와 20f는 크기가 지구와 거의 같은 유사 지구로 이미 확정되었다. 하지만 표면에 액체 상태의 물이 존재할 정도로 모항성에서 적당한 거리에 위치하지는 않은 것으로 알려져 있다. 이 조건까지 만족하는 쌍둥이 지구를 발견하기 위해 탐색은 계속되고 있다.

지금까지의 케플러 우주망원경 관측 결과를 바탕으로 추론해 본다면 생명체가 존재할 가능성이 있는 유사 지구는 예상과 달리 흔히 존재하는 듯하다. 그렇다면 외계 생명체의 존재도 희귀한 현상이 아니라고 잠정적으로 결론 내릴 수 있으리라. 유사 지구 중 일부에서만 지적생명체가 발현했다고 하더라도 그 수는 여전히 많기 때문에 외계 지적생명체, 즉 외계인의 존재도 희귀한 현상이 아니라고 결론 지을 수 있을 것이다. 케플러 우주망원경의 탐색은 계속되고 있고 후속 분광 관측으로 유사 지구의 대기와 바다를 확인하려는 작업도 이어지고 있다. 지구를 꼭 닮은 유사 지구의 발견은 곧 외계 생명체의 존재를 담보하는 것이기 때문이다.

외계 행성에서 보내는 인공 전파신호

1959년 이래로 외계 지적생명체 탐색(SETI) 프로젝트의 패러다임은 외계 행성에서 오는 인공적인 전파신호를 포착하는 것이었다. 어떤 행성에 지적생명체가 존재한다면 우리처럼 과학기술문명이 건설되었을 것이고, 그 결과 텔레비전이나 라디오 같은 인공 전파신호가 만들어졌을 것이다. 의도적으로 자신들의 존재를 알리기 위해서 전파신호를 쏘아 올렸을 수도 있다. 우리도 1974년 아레시보 전파망원경을 사용해서 외계인들에게 보내는 지구인의 메시지를 송신한 이후 여러 차례에 걸쳐서 전파 메시지를 쏘아 보내고 있다. 전파망원경을 사용해서 외계 지적생명체가 보냈을 인공 전파신호를 포착해서 외계 지적생명체의 존재를 확인하겠다는 것이다.

케플러 우주망원경이 유사 지구 후보를 발견하면서 SETI 프로젝트도 큰 전환기를 맞이했다. 2011년 2월 케플러 우주망원경 연구팀의 1차 발표 때 밝혀진 유사 지구 후보 중 쉰네 개를 미국 캘리포니아 주 북부에 위치한 앨런 텔레스코프 어레이(ATA)를 사용해서 집중적으로 관측하기 시작했다. ATA는 6미터짜리 전파망원경 마흔두 대로 구성되어 있는 SETI 프로젝트 전용 시스템이다. 지구와 물리적 조건이 비슷한 유사 지구 후보들에서 오는 전파신호를 집중적으로 관측하고 분석해서 인위적인 전파신호가 있는지 확인하려는 것이다. 생명체가 존재할 개연성이 높은 유사 지구 후보를 특정해서 관측하기 때문에 인공 신호를 포착할 확률도 올라갈 것으로 기대하고 있다. 아직까지는 관측 자료가 많지 않아서 통계적으로 의미 있는 신호는 포착하지 못했다. SETI 연구소의 세스 쇼스탁 박사는 2035년쯤 통계적으로 유의미한 인공 전파신호를 포착할 수 있으리라고 추정하고 있다.

외계 생명체가 가져올 재앙

외계 생명체의 발견은 그것이 미생물일지라도 과학적으로 큰 의미가 있을 것이다. 단 하나만 존재하는 것과 하나 더 존재하는 것 사이에는 엄청난 차이가 있다. 보편성을 향한 디딤돌이 되기 때문이다. 하지만 외계 생명체의 발견이 임박하자 우려의 목소리도 강하게 터져 나왔다. 예를 들면 외계의 미생물이나 박테리아가 지구로 유입되었을 때 지구 생명체를 감염시켜 치명적인 타격을 줄 수 있다는 주장이 대표적이다. 하지만 현재 시점에서 우주탐사선들이 작업을 수행하고 지구로 귀환하는 경우가 많지 않기 때문에 이 문제는 아직 심각하게 받아들여지지 않고 있다. 오히려 우리가 보낸 우주탐사선에 지구의 미생물이 묻어 가서 화성을 오염시켰을 가능성을 더 신경 쓰고 있는 형편이다. 우주탐사선의 멸균 처리 과정을 강화해야 한다는 목소리가 높지만 우주 탐사 사업의 특성상 공개적인 검증은 요원한 상황이다.

외계 지적생명체 탐색 프로젝트의 위험성을 처음 체계적으로 지적한 사람은 노벨 물리학상을 받은 천문학자 마틴 라일이었다. SETI 프로젝트와 외계인에게 메시지를 보내는 작업(METI 프로젝트)에 대한 우려의 밑바탕에는 외계인들이 호전적일 수 있다는 두려움이 깔려 있다. 그들에게 우리의 존재를 알려서 좋을 것이 없으니 조용히 숨어서 지내자는 것이다. 하지만 대부분의 과학자들은 오랫동안 문명을 유지할 수 있었던 외계인이라면 멸종의 위험을 극복한 지혜가 있을 것이며 호전성과는 거리가 있을 것으로 생각하는 경향이 있다.

SETI와 METI 프로젝트에 반대하는 측의 주장은 몇 가지 유형으로 나타난다. 먼저 그들은 외계 지적생명체의 존재를 확인했을 때 생길 수 있는 문화적 충격을 우려한다. 외계인의 존재가 인공 전파신호를 통해서 확인된다면 종교적 가치관의 대혼란과 문화적 정체성에 큰 충격이 오리라는 것이다. 하지만 이 부분은 별로 설득력이 없어 보인다. 인류는 늘 새로운 현상이나 환경과 마주치며 적응하는 과정에서 진화해 왔기 때문이다. 더구나 직접 외계인을 접촉한 것도 아닌 전파신호의 포착이 가져올 파장은 그렇게 크지 않을 것이다. 일부 광신도들의 도발은 있겠지만 전 지구적인 혼란은 예상하기 어렵다. 외계인들이 보내온 전파신호 자체가 컴퓨터 바이러스일 가능성도 제기되고 있다. 물론 이런 주장의 바탕에는 외계인이 호전적이고 적대적이라는 가정이 깔려 있다. 하지만 외계인들이 우리가 사용하고 있는 컴퓨터와 인터넷 시스템의 프로토콜을 세세하게 숙지해서 컴퓨터 바이러스를 코딩해서 보냈을 개연성은 거의 없어 보인다.

가장 우려스러운 것은 외계인들이 지구를 침공할 가능성이다. 우리들 앞에 실제로 모습을 드러내는 외계 지적생명체라면 우리보다 발달된 과학기술문명을 갖추었을 가능성이 높다. 우주여행을 통해서 이동했을 것이고 우리들의 존재를 명확하게 파악했을 것이기 때문이다. 하지만 외계인이 실제로 지구로 올 수 있을지는 의문이다. 지구에서 가장 가까운 다른 행성계까지 가는 데 빛의 속도로 4년이 넘게 걸린다. 현재 우리가 지닌 우주선의 성능으로는 5만~7만 년 정도가 걸린다. 물론 과학기술문명이 더 발달한 외계인들이 있다면 그들의 우주선 성능은 더 좋겠지만 그렇다고 몇 년 만에 찾아올 수 있는 거리는 아니다. 설사 호전적인 외계인들이 지구를 침공하기로 마음먹는다고 하더라도 실행까지는 어쩌면 우리 문명의 시간을 넘어서는 길고 긴 세월이 필요할 것이다.

일부 과학자들은 SETI와 METI 프로젝트 결과 인류가 처하게될 위험성을 지속적으로 경고하고 있다. 하지만 대부분의 과학자들은 현실적으로 우리가 그런 재앙을 맞이할 가능성은 거의 없다고 생각하는 듯하다. 이제 막 새로운 창이 열리고 있는 외계 생명체 탐색과정에서 이런저런 우려의 목소리를 발전적으로 귀담아 들을 필요는 있을 것이다.

길모퉁이를
돌았더니

김미월
소설가

몽고메리의 소설 『빨강 머리 앤』에서 앤은 말한다. 인생에는 수많은 길모퉁이가 있고 그 너머에 무엇이 있을지는 알 수 없지만 분명 가장 좋은 것이 있으리라 믿는다고. 무릇 길모퉁이의 매력이란 그 뒤에 무엇이 기다릴지 모른다는 데 있지 않겠느냐고.

앤의 말마따나 우리의 삶은 길모퉁이의 연속이다. 그것을 돌았을 때 거기 무엇이 있을지 모른다는 점이 일면 설렘을 주기도 한다. 그러나 만약 우리를 기다리고 있는 것이 죽음의 문이라면? 인생의 마지막 하루라면?

내일 지구가 멸망한다면 오늘 무엇을 할 것인지 나는 가끔 상상해 보곤 한다. 이는 사실 케케묵은 질문이다. 대답도 뻔하다. 그러나 묻고 답하는 과정에서 생애 전체를 통틀어 가장 절실하고도 진실

5부 삶은 재앙을 통과하는
긴 여정이다

한 욕망이 무엇인지를 헤아려 보게 된다는 사실은 흥미롭다. 욕망은 죽음이 아니라 삶에 속한 것인데 그것을 죽음 앞에서야 비로소 풀어 낸다니 이는 비극이면서 희극이 아니겠는가.

나는 갑자기 맞닥뜨린 재난 앞에서 우왕좌왕하는 사람들의 마지막 하루에 대한 비극이면서 희극인 소설, 아니, 비극도 아니고 희극도 아닌 소설을 써 보고 싶었다.

길모퉁이를 돌았다. 그랬더니 거기에 내일 지구가 멸망한다는 플래카드가 펼쳐져 있었다. 자, 그렇다면 이제 무엇을 할 것인가.

죽는 것보다
더 무서운 일

광고도 없고, 아침 드라마도 없고, 만화영화나 요리 프로그램도 없었다. 모든 채널이 오로지 뉴스 속보만을 내보내고 있었다.

오늘 새벽부터 각 방송사가 일제히 외신을 앞세워 긴급 보도한 바에 따르면 태양계 외부 행성들 중 하나가 지구를 향해 돌진해 오고 있다고 했다. 지구와 충돌하기까지 남은 시간은 최초 보도 시각을 기준으로 약 스물네 시간. 나사를 비롯한 세계 각국의 우주 관련 연구소와 정부 기관이 실시간으로 모든 지구 근접체를 관찰해 왔다면서 행성인지 소행성인지 뭔지가 지구를 산산조각 내기 스물네 시간 전에야 그 사실을 세상에 알리다니, 당최 말이 안 되는 일이었다. 하지만 말이 안 된다고 항변할 시간도 없었다.

휴대폰 벨이 울렸다. 시골집에서 걸려 온 전화였다.

"테레비 봤냐?"

"네. 봤어요."

지구 멸망 하루 전이어서일까. 나도 모르게 존댓말이 나왔다. 어색할 법도 한데 아버지는 그것에 대해 아무 말도 하지 않았다.

"힘든데 예까지 내려올 것 없다."

"네?"

"느 엄마 생각도 그렇고. 우리가 서울로 올라가마."

하마터면 왜요 하고 물을 뻔했다. 아버지는 어째서 최후의 날을 가족이 오순도순 모여서 보내야 한다고 생각한 것일까. 평소에 그리 가정적인 사람도 아니었으면서.

"점심 먹고 바로 출발하면 저녁 전에는 도착할 거다."

"엄마는요?"

"고추 따러 밭에 나갔다."

오늘 같은 날 고추를 딴다니. 기가 찼지만 순순히 네 하고 전화를 끊었다.

아무 일이 없었다면, 그러니까 내일 지구가 멸망하지 않는다면, 나는 공과 함께 주말마다 종로에서 열리는 면접 스터디에 갈 예정이었다. 우리는 대학 동기들 중 취업을 못한 유이한 인물들이었다. 오늘은 모의 인성 면접이 있는 날이고 마침 그와 내가 심층 인터뷰를 할 차례였다. 그러나 스터디가 예정대로 진행될까. 아니, 진행된다 해도 이제 와 면접 준비가 무슨 소용인가. 내일이면 모든 게 끝인데 준비라니, 정리를 할 시간도 없는데.

텔레비전 볼륨을 다시 높였다. 검은색 정장 차림의 앵커가 아직 방화나 약탈, 공공재 파손이나 폭동 등 우려할 만한 범죄는 일어나지 않고 있다고 했다. 마지막까지 인간으로서의 품위와 질서를 지키려는 고귀한 시민 정신의 승리 아니겠느냐고 묻는 목소리가 우스꽝스러울 만큼 비장했다. 채널을 돌렸다. 화면에 백악관 전경이 비치고 있었다. 거긴 아직 밤이었다. 오바마 대통령이 수많은 카메라 앞에서 열변을 토하는데 화면에 한글 자막이 없어서 무슨 말인지 알아들을 수가 없었다.

어느새 11시였다. 화장대 앞에 앉았다. 선크림 뚜껑을 열다가 멈칫했다. 내일 지구가 멸망하는데 자외선은 차단해서 무엇하랴. 뚜껑을 손에 쥔 채 망연자실해 있는데 등 뒤에서 문자메시지 수신음이 들렸다.

"고객님의 금월 무료 통화 시간이 구십오 분 남았습니다."

문득 얼마 전에 이십사 개월 할부로 구입한 스마트폰의 기기 대금을 더 이상 갚지 않아도 되겠구나 하는 생각이 들었다.

현관문 앞에 서 있는 것은 우체국 택배 기사였다.

"옆집에 아무도 없는 것 같은데, 택배 좀 맡아 주세요."

나는 내가 말귀를 제대로 알아들었는지 의심하느라 눈을 끔벅거렸다.

"내일 다시 올 순 없으니 부탁 좀 할게요."

안 되겠다고, 옆집에 누가 사는지도 모르는 데다 나도 지금 외출하는 길이라고 대꾸하려 했다. 그러나 그가 더 빨랐다. 내 발치에 택배 상자를 던지듯 내려놓고 순식간에 멀어져 가는 그의 뒷모습을 나는 멀거니 바라보았다. 맞는 말이었다. 내일 다시 올 수는 없었다. 상자를 들어 올렸다. 그는 지금 어떤 생각으로 택배를 배달하는 것일까. 직업 정신일까. 일종의 사명감일까. 상자는 크기에 비해 퍽

가벼웠다. 송장을 살펴보았다. "오늘만 특가, 한방 생리대 6개월분 19,900원." 내일 지구가 멸망하리라는 것을 미리 알았다면 옆집 여자는 생리대를 한꺼번에 육 개월치나 구입하는 짓 같은 것은 하지 않았을 것이다.

그럼 무엇을 할까. 내일 지구가 멸망한다면 오늘 무엇을 해야 할까. 이런 생각을 안 해 본 것은 아니다. 대학 신입생 때였을 것이다. 교양과목에 '글쓰기 특강'이라는 수업이 있었다. 우리와 같은 학생이라 해도 믿을 만큼 앳되어 보이던 강사는 수업 시간에 어마어마한 양의 유인물을 나눠 주고 특이한 과제를 내는 것으로 제 열정과 의욕을 펼쳐 보이고는 했다. 유서 쓰기, 시집 읽고 시인에게 이메일 보내기, 유행가 가사로 이야기 지어 내기 등등. 내일 지구가 멸망한다면 무엇을 할 것인지 쓰라는 것도 과제 중 하나였다.

내일 지구가 멸망한다. 나는 짝사랑하는 남자에게 고백을 하러 가기로 결심한다. 그러나 그에게 가려면 버스를 타야 하는데 불행히도 운행 중인 버스가 없다. 버스 운전사들도 운전대를 팽개치고 각자 사랑하는 이에게 갔기 때문이다. 딱 한 대의 버스만이 정상 운행을 하고 있다. 그 운전사는 얼마 전 실연을 당했고 가족도 없어서 홀로 지구가 멸망하는 순간까지 버스를 몰겠다고 한다. 다만 문제가 있다. 그 버스를 타려는 이가 너무 많다는 것이다. 누가 버스를 탈지 분란이 일자 운전사가 제안한다. 모두들 자신이 왜 버스를 꼭 타야 하는지 이유를 말한 다음 가장 절실한 이유를 가진 사람 순서대로 버스에 태우자는 것이다. 그리하여 이야기 배틀이 펼쳐진다. 참가자들이 사연을 구구절절 이야기하는 동안 해가 지고 밤이 온다. 달이 뜨고 마침내 내차례가 된다. 나는 내가 그 남자를 얼마나 사랑하는지 이야기하기 시

5부 삶은 재앙을 통과하는
긴 여정이다

작한다.

　당시 썼던 글의 내용을 나는 아직도 기억하고 있다. 과제를 제출한 다음 수업 시간에 강사는 나를 호명했다. 강단으로 나와서 과제를 발표하라는 것이었다. 수강생들이 박수를 쳐 댔지만 나는 진땀을 흘렸다. 짝사랑하는 남자에 대한 마음을 묘사한 대목을 읽을 때는 말을 더듬기까지 했다. 그도 그럴 것이, 그 남자가 바로 그 강의실에 앉아 있었기 때문이다. 글에 남자 이름이 등장하지는 않았다. 그래도 그는 알아들었을 거라고 나는 생각했다.

　어쨌거나 상상과 현실은 실로 얼마나 판이한가. 지구 종말이 현실로 다가왔건만 나는 짝사랑하는 남자에게 고백하러 가기는커녕 면접 스터디를 하러 가고 있었다. 스터디가 정말 열릴 것이라 믿기 때문이 아니었다. 갔다가 허탕을 치더라도 생의 마지막 날을 방구석에서 텔레비전과 함께 보내는 것보다는 낫지 않겠느냐는 공의 말에 동감해서였다.

　앵커가 말한 그대로였다. 거리는 여느 때와 크게 다르지 않았다. 지하철도 버스도 모두 정상적으로 운행되고 있었다. 간혹 무단 횡단을 하는 보행자들이나 불법 유턴을 하는 승용차들이 눈에 띄었지만 그건 지구 종말이 아니어도 흔히 있는 일들이었다.

　물론 색다른 풍경도 있었다. 백화점은 주말 대목인데 출입구를 아예 봉쇄했다. 반면 소규모 슈퍼마켓은 필요한 물건을 가져가라는 안내문을 출입문에 붙여 놓았다. 행인들에게 갓 구운 빵을 나눠 주는 빵집이 있는가 하면 아이스크림을 그냥 퍼 주는 아이스크림 가게도 있었다. 노숙자 행색인 사내 둘이 편의점 파라솔 아래 마주 앉아 소주를 박스째 쌓아 놓고 마시는 모습은 심지어 평화로워 보이기까지 했다. 지구 종말을 다룬 영화에서처럼 묻지 마 살인이라든가 강간, 방화, 죄수들의 집단 탈옥, 폭탄 테러 같은 극적인 사건들은 일어나지 않았다. 막상 저지르려고 하면 다 부질없게 느껴지기 때문일 거라고 나는 생각했다.

종로행 버스 안은 한산했다. 승객 가운데 누구도 입을 열지 않았다. 너무 조용해서 마치 종로가 아니라 저승 가는 버스 같았다. 기사가 라디오를 틀었다. 종말 관련 뉴스가 나올 줄 알았는데 음악이 흘러나오다 멎었다.

"오늘은 특별히 두 시간 내내 여러분의 신청 곡과 함께할게요."

디제이의 목소리가 귀에 익었다. 섹스 비디오 유출 파문으로 한때 연예계에서 퇴출당했던 여자 가수였다. 이번에 재기하면서 라디오 프로그램 디제이를 맡았다는 기사를 읽은 기억이 났다. 그런데 그녀 이름이 기억나지 않았다. 휴대폰으로 검색해 볼까 하다가 그만두었다. 그걸 알아서 무엇하랴. 다 부질없는 짓이었다.

그러니까 내일 지구가 멸망한다는 건 그런 것이었다. 내일 죽는다는 게 문제가 아니라, 죽기 전까지 매 순간 모든 생각 모든 행동이 부질없어진다는 것이 문제였다. 아직 살아 있는데도 세상에 의미 있는 일이 하나도 없다는 것, 그게 죽는 것보다 더 무서운 일이었다.

광화문에서 종로 방향으로 차가 몹시 막혔다. 전경 버스 수십 대가 광화문 광장을 둘러싸고 있었다.

"100퍼센트 틀어 드린다니까요? 음악 좀 신청해 주세요, 네?"

디제이의 말투는 애원에 가까웠다. 하긴 누가 오늘 같은 날 라디오를 들으며 음악을 신청하겠는가. 교통 정체가 점점 심해졌다.

5부 삶은 재앙을 통과하는
긴 여정이다

"청취자 여러분, 그거 아세요? 인류가 멸종한 후에도, 모든 문명이 사라진 후에도, 인간이 남긴 텔레비전과 라디오 방송의 전파는 영원히 우주를 떠돌아다닌다고 합니다. 그러니까 지금 들으시는 노래, 지금 저의 멘트, 이것들은 사라지지 않는 거예요. 영원히 우주를 떠도……."

디제이가 말끝을 흐렸다. 잠시 흐느끼는 소리가 나더니 설마 하는 사이 통곡으로 이어졌다. 방송 사고였다. 마이크가 뭔가에 부딪히는 소음이 나고 곧바로 음악이 흘러나왔다. 모든 인류가 세상을 떠난 후에도 언제까지나 영원히 이 우주를 떠돌아다닐 음악이.

나는 광화문에서 하차했다. 걸어가는 게 더 빠를 것 같았다. 광화문 광장 한곳에 사람들이 모인 것이 보였다. 세종 대왕 동상 앞에서 한 남자가 드링크제를 팔고 있었다.

"한 병에 만 원! 고통 없는 죽음이 단돈 만 원!"

죽을 때 고통스러울지 어떨지 그것까지는 생각해 보지 않았는데, 남자는 죽기 직전에 이 음료를 마시면 잠자는 듯 평온하게 죽을 수 있다고 했다. 좌판에는 박카스 병에서 스티커만 떼어 낸 것처럼 보이는 갈색 병들이 진열되어 있었다. 구경하던 사람들 중 누군가가 소리쳤다.

"그냥 나눠 주지, 뭘 팔아? 인제 돈 벌어서 어디다 쓰게?"

"아따, 뭘 모르는 말씀이십니다. 저승길에도 노자는 필요한 법이지요."

남자는 약장수답게 언변이 좋았다. 중절모를 쓴 노인이 좌판 앞에 쪼그려 앉더니 약병을 햇빛에 요리조리 비춰 보았다.

"이게 뭐로 만든 건가?"

"어르신, 제가 설마 오늘 같은 날 몸에 해로운 걸 팔겠습니까?"

남자는 고대 중국 황실에서부터 전해 내려온 신비의 명약이 어쩌고 불로장생의 비밀이 저쩌고 하면서도 끝까지 성분은 말해 주지 않았다.

"한 병만 주세요."

선뜻 지갑을 연 사람은 나였다. 어차피 죽는데 고통이 있으면 어떻고 없으면 또 어떤가. 나는 그냥 뭔가를 사 보고 싶었다. 아직도 화폐가 통용되는지 확인해 보고 싶었다고 할까. 물건을 사는 이가 나타나니 도리어 구경할 맛이 반감되었는지 사람들이 하나둘 자리를 떴다. 이윽고 좌판 앞에는 나 혼자 남았다.

"아저씨, 이거 성분이 뭐예요?"

"응, 그냥 박카스야."

남자는 물건을 샀으니 특별히 말해 준다며 허허 웃었다. 결국 사기였다.

"그런데 돈은 받아서 뭐하시려고요? 어차피 못 쓸 텐데."

"흥, 난 안 속아."

남자는 전부 음모라고 했다. 신문 기사도 텔레비전 뉴스도 믿지 않는다고 했다. 멀쩡한 세상이 어떻게 하루아침에 사라질 수 있느냐는 것이었다. 하다못해 비가 오기 전에는 먹구름이 끼고 임신하기 전에는 태몽을 꾸게 마련인데, 아무런 징조도 없이 지구가 통째로 사라질 수는 없다고 그는 말했다.

정말 아무 징조도 없었을까. 설령 있었다 한들 내가 알아차릴 수는 있었을까.

보신각 앞에 다다랐다. 인도 곳곳에 오늘 자 조간신문이 쌓여 있는 것이 보였다. 그중에는 오늘 새벽 긴급 뉴스가 터지기 전에 발행된 것인지 1면 중앙에 "초복 특수에도 닭고기 값 폭락" 기사가 실린 것도 있었다.

징조가 있었을지도 모른다. 그러나 징조가 징조였음을 깨닫게 되는 것은 대개 사건이 터진 후다. 아무 일도 일어나지 않았다면 그것이 징조인 줄도 몰랐을 사소한 징조들. 나는 취업을 준비하고 있었고, 주말이면 스터디 멤버들과 맥주를 마셨고, 한 달에 한 번 시골집에 다녀왔다. 특별한 일이라고는 없었다. 어제 일기예보에도 없던 폭우가 쏟아진 것이 문제였을까. 오늘 아침 유난히 일찍 잠에서 깬 것이 징조였을까. 아무리 생각해도 모를 일이었다.

공과 나는 정확히 제 시간에 면접 장소에 도착했다. 예상대로 그곳에는 아무도 없었다. 공이 밤새 인터뷰 연습을 했다며 한숨을 쉬었다. 그의 식구들은 모두 휴거를 준비하러 교회 신도들과 함께 산으로 올라갔다고 했다. 우리는 면접용 정장을 입고 구두를 신은 채 종로를 걸었다. 동대문 방향으로도 도로 정체가 극심했다. 아니나 다를까, 전화를 걸어 보니 내 부모님도 고속도로에서 한 시간째 꼼짝달싹 못하고 있었다. 전국 어디나 도로 사정이 비슷한 모양이었다. 나는 아버지에게 평소대로 말했다.

"과속하지 말고 천천히 오세요."

"빨리 가야지 그게 무슨 소리냐?"

"아……."

생각해 보니 우리에게는 시간이 없었다. 내일 지구가 멸망한다는 거대한 사실을 실감하게 되는 것은 의외로 이렇게나 작고 보잘것

없는 순간들이었다.

공이 턱짓으로 광화문 사거리 빌딩 쪽을 가리켰다. 그곳 대형
전광판에 이명박 대통령의 얼굴이 비치고 있었다. 대국민 연설을 시
작하겠다는 안내 방송이 흘러나왔다.

"존경하는 국민 여러분."

스피커가 어디에 있는지 몰라도 목소리가 머리 위에서 들리
니 꼭 그가 벌써 하늘나라에 가 있는 것 같았다. 나는 그가 서울 시장
이었던 시절 전과가 있는 만큼 이번에는 지구를 하느님께 바치겠다
고 하면 어쩌나 걱정이었다. 본인은 자랑스러운 대한민국 국민으로
서⋯⋯ 국민 여러분을 존경하고 사랑하며⋯⋯ 어떤 고난과 역경 속
에서도⋯⋯. 그가 갑자기 손수건을 꺼냈다.

"국민 여러분, 죄송합니다."

손수건으로 눈가를 찍는 폼이 아무래도 눈물을 흘리는 것 같았
다. 눈물이야 흘릴 수 있지만 지구가 멸망하는 것은 그의 잘못이 아니
었다. 죄송할 필요가 없는 일에 죄송해하니 왠지 맥이 빠졌다.

걷다 보니 시청 방향이었다. 공이 휴대폰을 들여다보더니 사람
들이 지금 시청 광장으로 몰려가고 있다고 했다. 트위터 사용자들이
모두 시청으로 모이자는 메시지를 퍼뜨리고 있다는 것이었다.

"시청 광장에 모여서 뭘 하려고?"

"글쎄. 아무것도 안 하고 죽긴 좀 억울하니까."

그는 이렇게 될 줄 알았으면 취업 준비 같은 건 때려치우고 여
행이나 다닐걸, 여자들이랑 섹스나 실컷 할걸, 하더니 불쑥 물었다.

"지금 세상에서 제일 억울한 사람이 누군지 알아?"

"음⋯⋯ 부자?"

5부 삶은 재앙을 통과하는
긴 여정이다

"내일 치아 교정 끝나는 사람."

나는 소리 내어 웃었다. 그는 계속 주워섬겼다. 내일 제대하는 군인, 내일 대학에 합격하는 수험생, 내일 데뷔하는 연예인, 내일 아기를 낳는 산모, 내일 태어나는 아기……. 가장 억울한 사람은 현재 가진 게 많은 사람이 아니라 기다릴 미래가 있는 사람들이었다.

나의 미래. 내가 앞으로 영원히 갖지 못할 그것을 머릿속으로 떠올려 보았다. 어차피 갖지 못할 것이라서인지 상상이 되지 않았다. 그게 억울했다. 미래를 가질 수 없다는 것보다 그것을 구체적으로 그려 볼 수 없다는 것이.

"몇 시간 남았냐?"

"열두 시간?"

내가 대답해 놓고도 믿을 수가 없었다. 정말일까. 정말 열두 시간 후에 지구가 멸망할까.

문득 궁금했다. 공은 기억하고 있을까. 오래전 수업 시간에 내가 발표했던 작문을. 그는 알아들었을까. 우리는 말없이 계속 걸었다. 정말이지 아무 일도 일어날 것 같지 않은 오후였다.

내일 지구가
멸망한다면…

내일 지구가 멸망한다면 나 또한 오늘 꼭 하고 싶은 일이 있다. 하지만 한편으로는 내일 지구가 멸망하는데 오늘 뭔가를 한다는 게 과연 어떤 의미가 있을까 회의가 들기도 한다.

어쩌면 진짜 재난은 이것일지도 모른다. 언젠가 도래할 수도 있는 지구 멸망 같은 것이 아니라, 아직 멸망의 순간이 닥치지도 않았는데 모든 일에 일찌감치 회의를 갖는 것, 삶에 아무 의욕도 느끼지 못하는 것, 곧 멸망한다 해도 어쨌거나 지금 이 순간은 멀쩡하게 살아 있다는 사실을 인식하지도 못하고 그것을 충분히 누리지도 못한다는 것, 그러니까 아직 다가오지 않은 죽음의 비극 앞에서 미리 발동하는 생기 없는 삶의 비극 말이다.

5부   삶은 재앙을 통과하는
긴 여정이다

6부

그리고,
생은
계속된다

노년에 칸트는 후페란트가 쓴 『장수식품학』
을 읽고 있었다. 푸코가 전하는 바에 따르면 이 책을 읽을 무렵 칸트
는 이런 생각을 했다. "노령의 칸트는 스스로 놀라며 다음과 같은 의
문을 던진다. 초월적 사유의 섬세함을 더 이상 되찾을 수는 없지만,
모든 질병을 세심하게 예방하도록 스스로를 통제하는 것처럼 보이는
이 노령은 무엇을 의미하는가? 이것은 삶의 연장인가, 아니면 삶의
완성인가? 우리의 의지와는 상관없이, 시간은 흐르고 삶의 끝은 다가
온다." 시간의 흐름을 어쩔 수는 없다. 그래서 노년은 우리 의지와 상
관 없는 우리 안의 타자 같다. 그러나 또한 파멸이 아닌, 모든 것이 평
온하게 흘러가는 이 노년의 시간은 축복이 아니던가? 그것은 시간의
평화가 가져다 준 놀라운 청춘이다. 청춘과 평화를 한꺼번에 누리는
지복으로 삶은 흘러 들어가는 것이다. 이 6부에서 우리는 노년에 들
어서는 인생과 세계를 성찰한다. 노년, 웰다잉, 여가, 비아그라, 불멸,
종말론이 그 성찰의 주제들이다. 유르스나르가 쓴 『하드리아누스 황
제의 회상록』은 노년에 이른 황제의 심경을 이렇게 쓰고 있다. "한순
간만 더, 아마 우리가 다시는 못 볼 물건들을, 친근한 산천을, 함께 바
라보자." 이 눈길만이 발견할 수 있는 세상의 빛이 있으며, 이 빛 아래
서 우리는 저 주제들을 비춰 보고 싶었다.

6부   그리고, 생은
계속된다

늙어 간다는 것은
무엇인가

서동욱
서강대 철학과 교수

한 세기 전의 떠들썩한 오락물인 리하르트 슈트라우스의 오페라 「장미의 기사」(1911)는 청춘의 사랑에 관한 찬가이기도 하지만, 젊은이들의 사랑에 자리를 내주고 조용히 물러가는, 늙어 가는 사람의 이야기이기도 하다. 아름다운 원수(元首) 부인은 거울 앞에 앉아 미용사가 머리를 만져 주는 동안 자신이 늙었다는 것을 발견한다. 후고 폰 호프만슈탈이 슈트라우스의 음악에 어울리는 더할 나위 없이 코믹하고 품격 있는 대본을 썼는데, 마리아 테레지아 시대 빈의 이 경쾌하고 우아한 분위기는 거울 앞에 선 원수 부인의 대사를 더욱 쓸쓸하게 만든다. "사랑하는 히폴리테, 오늘 나를 늙은 할망구로 만들었구나." 여기에 호프만슈탈이 다음과 같은 지문을 붙인다. "깜짝 놀라 미용사는 머리 모양을 바꾸기 시작한다. 원수 부인의 얼굴은 슬픈 기색으로 젖어 있다." 이제는 젊은 애인도 떠나보내야 하지 않을까? 그도 자기 짝을 찾게 말이야. 마지막에 부인은 자기 또래의 어린 사랑을 찾은 젊은 애인을 보며 이렇게 노래한다. "저기 젊은이가 있고 여기 내가 서 있네. 그리고 낯선 소녀도 함께." 원치도 않았는데 노년은 찾아온다. 세대가 바뀌고 사랑의 자리는 젊은이들의 자리가 되며 나는 그림자처럼 뒤에 서서 사라지고 있구나. 노년은 노을 속에 우두커니 서 있는 그림자 같은 것인가?

노화는 시간의 물리적 흐름이 아니다

그리스인들의 서사시 『오뒷세이아』의 이야기를 잘 알 것이다. 이것은 20년 만의 귀향(천병희 옮김, 16권, 206행 참조)에 관한 이야기다. 다르게 말하면 20년 동안의 모험, 그러니까 인생의 황금기를 관통하는 경력에 종지부를 찍은 한 인간의 이야기다.

모험이 끝나자 인간에겐 무슨 일이 일어나는가? 표면적으로는 여신 아테네가 변신술을 써서 오뒷세우스의 모습을 바꾸는데, 이 변신술 일화가 진정으로 전하고 싶었던 것은 무엇일까? 바로 모험에서 은퇴한 자에게 일어나는 '노화'이다. "그녀[아테네]는 그의 고운 살갗을 나긋나긋한 사지 위에서 쪼그라들게 했고 그의 머리에서 그의 금발을 없애 버렸으며 그의 사지를 온통 늙은 노인의 살갗으로 덮었으며 전에는 더없이 형형하던 그의 두 눈도 흐리게 만들었다."(13권, 430-433행) 모험의 종말, 그러니까 '은퇴'는 이렇게 인간을 갑자기 늙게 만든다. 재미있게도 알퐁스 도데와 관련해서 줄리언 반스는 그의 소설『플로베르의 앵무새』(신재실 옮김)에서 이와 유사한 이야기를 기록하고 있다. "알퐁스 도데는 '45세 장년에서 금방 65세 노인이 되어' 관절염에 걸리고……." 그러니 노년이 왔다고 모험을 끝내는 것보다는 노년을 소진시키는 것이 낫다. "노년에 아무것도 하지 않는 것보다 노년을 낭비하는 것이 더 낫다."

늙는다는 것은 생물학적인 과정보다는 바로 모험의 종말의 결과인 것이다. 늙은이가 된 오뒷세우스가 자신의 재산을 찬탈하는 구혼자들과 싸울 시점이 다가오자, 오뒷세우스의 정신이라고도 할 만한 아테네 여신이 이렇게 말한다. "나는 싸우기를 열망하고 있다."(16권, 171행) 그러자 놀라운 일이 벌어진다. 저 한마디와 함께 모험에서 은퇴한 자는 다시 생사를 가르는 미지의 모험에 뛰어들게 되며, 젊어지기 시작한다! "그녀는 그의 가슴 주위에 깨끗한 겉옷과 윗옷을 걸쳐 주고 그의 체격과 젊음을 늘려 주었다. 그의 살갗은 다시 가무스름해졌고 그의 두 볼은 팽팽해졌으며 그의 턱 주위에는 턱수염이 짙게 나 있었다."(16권, 173행)

이러한『오뒷세이아』의 이야기는 신화의 터무니없음에 대한 증언이 아니라, 노화는 생리적, 물리적 현상으로 다루기에는 불충분하다는 것을 알리고 있다. 아테네의 손길이 닿은 듯 어떤 이는 육체의 과정을 잊으면서 늙거나 다시 젊어지는 것이다. 나이와 상관없이, 더 기대할 것 없이 소진된 삶은 갑자기 늙어 버리는데, 가령 이상의 소설『종생기』의 최후 장면이 이를 잘 보여 준다. 만 26세와 30개월을 맞이하는 젊은이가 말한다. "자네는 노옹일세. 무릎이 귀를 넘는 해골일세." 이상의 노화는 노령에 대한 키케로의 다음과 같은 지혜로운 처신에 의식적으로 맞서면서, 저 '해골' 속으로 인생을 던져 넣고 싶

363

은 욕망을 숨기지 못한다는 점에서 무시무시한 것이다. "노년은, 인생이란 연극의 마지막 장인 만큼 거기서 기진맥진해지는 것은 피해야 하네."(키케로, 천병희 옮김, 『노년에 관하여』) 이상의 노옹은 기진맥진해지며, 이런 방식으로 자기 삶과 시대의 절망적인 정서를 그려낸다. 미셸 투르니에의 경우에도, 소설 『방드르디, 태평양의 끝』(김화영 옮김)에서 주인공 로빈슨은 나이와 상관없이 갑자기 늙는다. "그는 갑자기 늙은이가 되어 버린 것이었다. 그는 또 늙은이에게 고독보다 더한 저주는 없다는 것도 깨달았다."

　이러한 노화, 또는 나이와 함께 찾아오지 않는 늙음이라는 점에서 조로라 부를 수 있는 것은 단지 개인에게만 일어나지 않는다. 문화 전체가 함께 늙어 가기도 한다. 자크 데리다는 『다른 곳』(김다은, 이혜지 옮김)에서 젊은 유럽인의 노화에 대해 이렇게 말한다. "우리는 새벽부터 늙고 지친 채로 일어나는 젊은이들이다. 우리는 이미 지쳐 버렸다. …… 우리와 같이 젊은 노유럽인들은 어떤 고갈 상태에서부터 재출발해야 하는가? 우리는 처음부터 다시 시작해야 하는가?" 이렇게 노화는 시간의 물리적 흐름과 멀찍이 떨어져, 젊은이들에게도 즐겨 찾아온다.

노화, 주체 안에
들어서는 이질성

노인의 복지에 관한 제도는 고대인들의 관심사가 아니지만, 그런 복지에 대한 관심의 싹은 가지고 있었던 듯하다. 은퇴한 고대의 노인들은 오늘날에 비유하자면 연금과 같은 혜택을 누리기도 했다. 『일리아스』(호메로스, 천병희 옮김)에서 벌어지는 파트로클로스의 장례식을 기념하는 경기에서 아킬레우스는 노인 네스토르에게 경기에 참여하지 않았는데도 상을 무상으로 주며 이렇게 말한다. "내 그대에게 이 상품을 그냥 드리겠소. 힘겨운 노령이 그대를 짓누르고 있어 그대는 권투나 레슬링 시합에 참가하지 않을 것이며 투창이나 달리기 시합에도 들어가지 않으실 테니 말이오."(23권, 620-623행) 그리고 은퇴한 노인들의 당연한 권리로서 휴식 역시 존중받는다. 『오뒷세이아』에서 낯선 손님으로 변장하고서 늙은 아버지에게 다가간 오뒷세우스는 이렇게 말한다. "오히려 그대는 왕과 같소이다. 목욕하고 잘 먹고 나서 부드러운 침상에서 잠자는 그런 사람과도 같단 말이오. 사실 그것은 노인들의 당연한 권리이기도 하지요."(24권, 253-255행) 은퇴한 노인을 위한 그리스적 복지가 존재하는 것이다.

노년에 대한 이러한 사회적 배려의 중요성은 더 말할 필요가 없다. 그러나 이와 별도로, 정말 관건이 되는 것은 주체가 자신의 노년을 어떻게 배려할 수 있는가 하는 것이다. 주체를 노화의 관점에서 바라보는 일, 바로 '늙어 가는 주체'의 개념이 필요하다. 앞서 보았듯 노화가 물리적 시간의 흐름과 거리를 가지는 것이라면, 우리는 노년이라 불리는 때가 도래했을 때 청춘의 모습으로 그 시간의 부름에 응답할 수 있을 것이다. 더 많이 경험하여 청춘의 고삐를 노련한 조련사처럼 더 잘 틀어줄 수 있을 것이다. 그러나 이런 일은 '역설적'이게도, 노화는 언제든 이루어지며 지혜로운 경험이 그것을 다 통제할 수 없다는, 주체의 수동성에 대한 체험을 통해 비로소 전망해 볼 수 있다. 노화가 우리를 엄습해서 지배하고 억누를 때야 비로소 우리는 노년을 청춘으로 만끽할 수 있는 우리의 소질을 시험해 볼 수 있다. 그야

6부   그리고, 생은
계속된다

말로 '역설'인 것이다. 그 전에는 젊음의 힘과 오만이 있다.

그러면 힘과 오만이 승리하여 인생 전체를 가져 버리면 되는 것이 아닌가? 그렇지 않다. 인생에서 노화의 가르침은 우리가 우리 자신을 근본적으로 어찌해 볼 수 없다는 것이다. 병에 걸린 몸은 스스로를 간호하고 돌보고 조심함을 통해 회복될 수 있다. 크고 작은 마음의 상처 역시 어루만질 수 있을 것이다. 그러나 노화는 다른 것으로 대체해서 갚을 수 없는 빚처럼 우리에게 파고든다.

에마누엘 레비나스는 『존재와 다르게 또는 본질 저편』에서 노화에 대해 이렇게 이야기한다. "주체의 주체성은 모욕과 상처와 병과 노쇠함에 노출된, 이른바 육체적 고통일 수 있는 신체성 속에 모이는 역경이다." 요컨대 노화는 나 안에, 주체 안에 들어와 있는 근본적으로 이질적인 것, 바로 타자성이다. "바로 능동이 아닌 타자에 대한 수동성은…… 피로이고, 그것의 지속은 노화인 신체성의 형태 속에 있다." 바로 우리의 의지 또는 능력을 근본적으로 제한하는 타자적인 것(이질적인 것)과의 관계 속에서만 우리의 삶이 성립한다. 주체의 능력이란 이렇게 노화에 수동적으로 노출된 삶 위에 실려 흘러가며 잠시 반짝거리는, 변덕스러워 믿을 수 없는 햇빛의 각도 같은 것일 뿐이다.

늙은 팔스타프의 웃음, 노년과의 화해

이런 노화라는 타자성에 수동적으로 개방되어 있는 것이 주체라는 것을 알 때만 주체는 비로소 노년과 화해할 수 있으리라. 이 노년과의 화해는 노령의 칸트가 신기해하며 몰두해 왔던 바이기도 한데, 푸코는 『칸트 인간학에 대한 안내(Introduction à l'Anthropologie)』에서 그러한 칸트의 모습에 대해 이렇게 쓰고 있다. "칸트가 『인간학』을 작성할 무렵에 쓴 편지는, 칸트가 노령의 나이 때문에 이제는 흐름을 놓쳤다고 느꼈던 비판철학의 문제보다, 어떤 의문에 대한 문제에 실제로 더 몰두하였음을 보여 준다. 즉 노령의 칸트는 스스로 놀라며 다음과 같은 의문을 던진다. 초월적 사유의 섬세함을 더 이상 되찾을 수는 없지만, 모든 질병을 세심하게 예방하도록 스스로를 통제하는 것처럼 보이는 이 노령은 무엇을 의미하는가? 이것은 삶의 연장인가 아니면 삶의 완성인가? 이러한 노령의 나이가 가지는 이성은 삶의 불확실한 시간들을 제어함을 의미하는가? 우리의 의지와는 상관없이, 시간은 흐르고 삶의 끝은 다가온다. 억제할 수 없는 시간의 흐름을 지혜의 평온한 지배 아래로 가져오는 이성의 능동적 종합을 통해서, 이러한 시간의 흐름을 피하거나 제어할 수 있는가?" 늙어 감으로 흐르는 시간을 제어하거나 피하면서, 그것이 오히려 평온함 아래 복종하도록 할 수 있는가? 들뢰즈 역시 이러한 지복으로 이루어진 노년의 시간에 관심을 가졌다. "노년은 지고한 자유를, 그러니까 삶과 죽음 사이에 있는 은총의 한 순간을 향유하게 되는 순수한 필연성을 가져다주기도 한다."(들뢰즈·가타리, 『철학이란 무엇인가?』)

아마도 예술가들의 말년 작품은 주체가 노년과 화해하여 저런 평온함 내지 은총을 얻는 모습을 가장 잘 보여 주고 있는 것 같다. 에드워드 사이드는 『말년의 양식에 관하여』(장호연 옮김)에서 예술 작품을 통해 표현되는 말년의 평온함에 대해 이렇게 말한다. "우리는 몇몇 말년의 작품에서 공인된 연륜과 지혜를 만나는데, 이런 작품들은 특별한 성숙의 기운, 평범한 현실이 기적적으로 변용된 화해와 평온

**아일랜드 시인, 일흔두 살의
윌리엄 버틀러 예이츠**

키케로는 노년과 화해한 주체의 즐거움에 대해 이렇게 이야기하고
있다. "노년이 내게는 가벼우며, 짐이 되지 않을 뿐 아니라
즐겁기까지 한 것이네." 노년이라는 타자를 자기의 방 한 칸을
영원히 차지한 손님처럼 영접할 때만, 주체는 하나의 역설을
이루어 청춘과 그 즐거움을 다시 얻게 된다. 그리하여 이제 주체는
젊은이들이 가진 어리석은 청춘을 안타깝게 여기는 것이다. 어떤
의미에서 노년에 대한 찬가라고 할 수 있는 예이츠의 「비잔티움
항해」는 이렇게 노래한다. "모두들 감각적 음악에 사로잡혀 / 나이
먹지 않는 지성의 기념비를 쳐다보지 않는구나." 바로 노년 속에
"영혼 자신의 장엄한 기념비들"이 줄지어 서 있는데 말이다.

함의 기운을 드러낸다." 가령 그것은 베르디의 마지막 작품 「팔스타프」에서 속임수를 당해도 결국 모든 사람들과 관대한 유쾌함 속에서 삶을 즐기는 팔스타프가 보여 주는 것이 아닐까? 인생과 화해하는 이 놀라운 작품의 마지막 합창은 이렇다. "세상 전부가 농담이고 사내들이란 타고난 어릿광대. 사내들의 맛이 간 머릿속에서 두뇌는 진창을 구른다네. 우린 모두 바보라서 모두 다른 이를 바라보며 바보라고 웃잖아. 어쨌든 마지막으로 웃는 자가 가장 즐거운 자." 이토록 여유 있고 유쾌하며, 남과 경쟁하기보다는 너그러우며, 비하 없이 겸손하게 말년을 받아들이는 최후의 노래는 없을 것이다.

예술 작품뿐 아니다. 키케로 역시 『노년에 관하여』에서 노년과 화해한 주체의 즐거움에 대해 이렇게 이야기하고 있다. "노년이 내게는 가벼우며, 짐이 되지 않을 뿐 아니라 즐겁기까지 한 것이네." 만일 주체가 자기 안의 타자인 노년을 주체의 힘으로 제압하려고 한다면 주체는 노년을 바로 짐으로 떠안게 된다. 노년이라는 타자를 자기의 방 한 칸을 영원히 차지한 손님처럼 영접할 때만, 그러니까 천부의 수동성이 주체의 능동성의 심층에 자리 잡은 조건이라는 사실에 도달할 때만, 주체는 하나의 역설을 이루어 청춘과 그 즐거움을 다시 얻게 되는 것이다.

그리하여 이제 주체는 젊은이들이 가진 어리석은 청춘을 안타깝게 여기기에 이른다. 어떤 의미에서 노년에 대한 찬가라고 할 수 있는 예이츠의 「비잔티움 항해」는 이렇게 노래한다. "모두들 감각적 음악에 사로잡혀 / 나이 먹지 않는 지성의 기념비를 쳐다보지 않는구나." 바로 노년 속에 "영혼 자신의 장엄한 기념비들"이 줄지어 서 있는데 말이다.

진정한 여가의 기원과
사회의 여가적 재구성

남해경
한국여가아카데미 대표
김영래
경기개발연구원 초빙연구원

1960년대 들어 미국을 중심으로 서유럽 사회에서는 여가 사회, 여가 민주주의라는 말이 회자되기 시작하였다. 생산력의 증대와 민주주의의 성장을 바탕으로 부가 대중적으로 확산되고, 여가를 귀족의 사치 행각 정도로 여겼던 인식이 바뀌면서 '여가'가 대중적인 용어가 되기 시작하였고 이후 전 세계적인 현상이 되었으니, 소위 여가와 풍요의 시대가 도래한 것이다.(남해경, 김영래, 『여가와 풍요의 역설』, 한울아카데미, 2012) 그러나 반세기가 지난 지금, 다음과 같이 묻고 싶다. 소위 '여가와 풍요의 시대'에 우리는 과연 행복한가? 우리의 삶 속에 녹아 있는 여가의 개념은 무엇이며, 진정한 의미의 여가란 무엇인가?

여가와 경제의 분리와
여가 중심적으로 세상 보기

먼저, 오늘날 우리 삶의 기본 구조로 작용하고 있는 여가와 경제의 분리가 역사적으로 어떠한 과정을 밟아 왔는지 살펴봐야 한다. 이 역사를 살펴보면 오늘날 우리에게 주어진 현실의 가능성과 한계를 모두 읽을 수 있기 때문이다. 본래 삶에서 여가와 노동은 서로 분리되어 있지 않고 상호 의존적인 동거 관계였다. 여가와 경제가 분리되는 과정에서 크게 세 가지 물결이 있었다고 할 수 있다.

그 첫 번째 물결은 산업자본주의와 도시화의 전개에 따른 것이었다. 즉, 도시의 공장을 중심으로 노동 및 생산이 삶에서 떨어져 나오고 그에 따라 여가 또한 삶에서 분리되어 도시로 이동함으로써 공간적으로 노동 및 생산과 분리되었던 시기다. 여가는 노동과 상호 의존하는 동거 관계였다가, 현실적으로 노동에 의지하는 동시에 이상/이념적으로는 대립하는 양가적 관계를 갖게 되었다.

두 번째 물결은 공장 노동 관리의 방식으로 이루어졌는데, 대량 생산 체제의 자동화를 통해 생산성을 향상하고, 노동운동 방지를 위해 노동 과정을 합리화하고 탈정치화하는 것이 목표였다. 노동 관리를 통하여 더욱더 순수한 경제적 생산의 장이 확보되어 갈수록, 스트레스 해소 및 재충전이라는 일차원적 여가의 순수성도 심화되게 되었다. 이와 같이 여가의 대중화와 여가 민주주의는 값비싼 대가를 치르며 등장했는데, 노동 통제에 대한 보상은 오직 생산성 향상 범위 내에서 결과된 임금 인상이나 근로조건 개선 등의 방식으로만 가능했고 이는 여가 시간의 증가 및 여가 조건 개선의 의미가 있었다.

세 번째 물결은 거시적인 차원에서 전개되었다. 냉전 종식 이후 정보 통신 혁명, 지식산업, 문화 산업 등 여가 산업, 서비스업 등 후기 자본주의가 전면화되고, 자본가와 기업가의 세계관을 중심으로 세계 질서의 원리적 재편을 지향한 신자유주의가 등장하면서 여가와 경제의 분리가 단지 노동 과정뿐 아니라 삶과 지구 전체의 수준에서 확대되고 심화된 것으로, 이때 양자의 역사적 분리의 관성은 마침내 절정에 올랐다. 다른 맥락에서 이는 도구적 이성의 완성을 의미하는 근대 문명 합리화 과정의 최종 단계라 할 수 있다. 이 시기에 인공지능 등을 활용한 자동화를 바탕으로 생산성이 고도로 발달함에 따라 노동 시간을 대폭 단축할 수 있었는데, 이는 잠재적 실업의 가능성이 높아짐과 동시에 물적인 차원에서 여가 사회의 잠재적 기초가 마련되었음을 양가적으로 의미하는 것이었다.

이러한 여가와 경제(노동/생산) 분리 과정의 '합리화'가 절정에 다다름에 따라 이제 삶에서 순수한 형태의 여가와 경제가 각각 현실화되었고, 생활 세계는 '식민화'되어 뼈만 남은 채 단지 생물학적 필요 충족의 영역으로 전락하였다.

그런데 이러한 분리의 완성이 주는 함의는 무엇일까? 그것은 자본주의 생산력만 증가시킨 것이 아니라 동시에 대중의 여가적 보상 심리와 체제의 여가 수용 잠재력도 증가시켜 왔다는 점에 있다. 이러한 적대적 공존의 상호 강화 과정을 통하여 여가와 경제(생산/효율성)는 각각 중심적인 지위를 확보하였다. 심지어 여가와 경제의 중심성은 사실상 사회 구성의 원리 수준으로 고양되었다고 해도 과언이 아니다. 그 결과 경제가 중심 영역으로 관철된 만큼, 여가 또한 사람들의 관심과 에너지가 집중되고 대중이 '웰빙'의 이상적인 삶을 꿈꾸게 하는 핵심 영역으로 발전하였다. 나아가 여가와 경제, 양자는 여가 경제의 비중 증가 속에서 적대적 상호 의존 관계를 심화함으로써 21세기의 삶을 지배하는 양대 축으로서의 지위를 한층 공고히 할 수 있었다.

문제는 여가가 객관적으로 중심적 지위를 확보했음에도 불구하고 여가 인식과 여가 실제는 바람직한 모습을 보여 주지 못하고 있다는 점이다. 먼저 여가 인식의 경우, 생산 패러다임에 종속되어 그 중심적 지위를 제대로 인식하지 못하였다. 그리고 여가 실제의 경우, 여가와 경제의 분리가 가져온 스트레스 해소형이거나 재충전을 위한 휴식형이거나 쾌락형과 같은 일차원적 형태에 머무르고 있다. 이러한 여가 인식의 협소함과 여가 실제의 왜곡이 지불한 대가는 매우 컸다. 여가와 경제의 분리가 완성되어 가면서 우리는 삶의 원초적 모습을 망각했고, 삶의 파편화로 인한 소외 속에서 도덕적 이상을 상실했으며, 공동체적 일체감 및 유대감이 증발했다. 오늘날 우리가 목격하고 있는 그 종착역은 바로 소유적 개인주의와 사회적 무관심으로의 도피이며, 자아도취와 쾌락에의 의탁이다.

이러한 상황에서 사회 구성 원리로서 여가는 어떻게 자리매김하여야 하며 어떠한 역할을 수행하여야 하는가? 여가와 경제의 분리를 통해 경제와 함께 여가가 확보한 현실적인 중심성과 웰빙에 쏟아진 사람들의 열정과 관심을 바탕으로, 우리는 역사적인 자기 성찰을 통하여 여가 자신의 분리 및 전개의 시원이 된 원초적 공동체가 그 과정에서 망각한 것을 회상하고, 겪은 상처를 치유하며, 상실한 것을 회복하여야 한다. 다른 한편 현재에 드러난 여가 실제의 비진정성을 극복하며, 궁극적으로는 진정한 여가 이상을 바탕으로 도구적 이성에 찌든 현실의 삶을 진정한 의미에서 '여가적으로' 재구성할 수 있어야 한다. 말하자면 우리에게는 개인을 넘어 공동체의 차원에서 여가를 사유하면서 사회정의에 대한 이해를 '여가적으로' 갱신함으로써 여가 사회의 잠재력을 삶 속에서 실현하는 의미 있는 과제가 주어져 있는 셈이다.

직업의 궁극적인 목표는 여가라고 갈파한 아리스토텔레스의 생각은 여가의 의미와 중심성을 간명하게 보여 준 것이며 현대인의 상식에도 잘 부합하는 언명이다. 저 말은 담담한 직관 속에서 이상적인 삶에 대한 통찰을 담고 있는데, 21세기에 들어선 지금 여가가 사람들의 꿈과 이상을 담고 있을 뿐만 아니라 현실적 범주로서 경제와 함께 사회 구성 원리로 고양되어 있다는 점에서 그의 말은 단순히 당위적인 천명을 넘어서며, 사회의 여가적 재구성은 단지 희망 사항이 아니라 보다 현실적인 목표로 다가와 있다고 할 수 있다.

반면 그러한 역할을 수행함 직한 문화 영역은 게임과 카지노, 리조트, 레포츠 등 문화 산업 형태로 일차원적 여가의 소비처로 전락하였다. 새로운 미래 창출을 지향하는 창의와 의지가 합류하는 신선한 이상을 상실하였으며, 경제와 여가 범주의 식민지로 전락한 채 욕망의 배설구이자 소비 시장으로 변질되었다. 이제 문화는 기껏해야 사적이고 자폐화된 보잘것없는 대중 개개인의 꿈이 북적대는 영역에 지나지 않는다. 여가는 이제 뭇 대중의 것으로 전락한 문화 영역을 대신하여 바람직한 삶과 의미, 가치, 유대, 아름답고 자유로운 인간관계로까지 자신을 확장하고, 자정 능력을 상실한 문명과 사회의 여가적 재구성의 과제를 넘겨받아야 하는데, 이는 진정한 여가에 대한 앎을 통하여 웰빙의 진정한 의미에 대한 자각으로부터 피어날 수 있다.

소크라테스의 '내적인 대화'
아리스토텔레스의 '에우다이모니아'

아리스토텔레스는 "인간은 관조(contemplation)에서 지복의 여가 상태에 있다."라고 하였다. 그러나 이 말의 진정한 뜻은 아직 밝혀지지 않았다. 그는 그러한 최고의 여가 상태를 "에우다이모니아(eu-daimonia)"라고 하였는데, 우리는 그것이 무엇을 의미하는지 깨닫지 못하고 있는 것이다. 에우다이모니아는 문자적으로 보면 '선한 영혼(good daimon, good god)'을 뜻하는데, 해나 아렌트가 '행복(happiness)'이 아니라 '지복의 여가 상태(the blessed state of well-being)'로 번역하고 그 의미에 대해 약간의 설명을 붙이고 있을 뿐이다.

여기서 이해를 돕기 위하여 다이몬(daimon)에 대하여 간단히 언급하자면, 이는 크리스천 전통에 악마 혹은 천사로 간주되다가 후일 악마로 정착되었던 대몬(daemon)의 기원에 해당하는 것인데 고대 그리스 시대에는 반드시 부정적인 의미로 이해되지는 않았다. 다이몬은 신 혹은 영혼이나 우리 식으로 천지신명이라 할 때의 신명(神明) 혹은 귀신(鬼神) 혹은 혼신(魂神)으로 번역할 수 있다. 오늘날 우리가 알고 있는 의미는 고대 그리스의 원형에서 신비주의가 제거된 가운데 형이상학 및 기독교적인 변형을 거친 것이라 할 수 있다.

진정한 여가의 기원을 탐색하기 위해서는 아리스토텔레스의 이 말의 뜻을 깊이 고찰할 필요가 있다. 그런데 에우다이모니아의 비밀은 소크라테스의 격언 "너 자신을 알라."에 농축돼 있다. 이 격언의 의미는 자주 왜곡되어 왔지만, 진정한 의미는 소크라테스의 "자기 자신과의 내적인 대화(the inner dialogue between me and myself)"에 담겨 있다. 이 표현은 아렌트가 『정신의 삶(The Life of the Mind)』에서 생각(thinking)을 다루는 가운데 비로소 등장한다. 아렌트는 생각은 대화 형태로 진행되며, 자신의 행위(action)처럼 생각(thinking) 또한 자기 발생성(spontaneity)의 예측 불가능성(unpredictability)을 갖는다고 보았다. 이 "자기 자신과의 내적인 대화"에서 '나(me)'는 세속적 자아를 말하고, '나 자신(myself)'은 초월적 자아를 말한다. 우리가 흔히 말하는 자아는 전자를 말하는 것이므로 어렵지 않지만 초월적 자아로서의 '나 자신'이 무엇을 뜻하는지를 알아야 한다.

　"너 자신을 알라."라고 하였을 때 '너 자신'은 바로 여기서의 '나 자신(myself)'에 해당한다. 그것은 '자기 자신'을 말하는데, 우리는 일상적 삶 속에서 이 자기 자신을 늘 동반하고 다닌다. 그런데 이 자기 자신은 세상에 거(居)할 때에는 은둔하지만 돌아와 홀로 생각에 잠길 때에는 자신을 드러내는 존재다. 그리하여 고독하게 생각할 때에 우리는 이 자기 자신의 도움으로 생각하게 되며, 이때 생각(thinking)은 둘 사이의 대화 방식으로 이루어진다고 보는 것이 아렌트의 해석이다. 말하자면 사람은 세상에 나아가면 타인과 상호작용을 하지만, 돌아오면 일정한 조건 하에서 자기 자신과 대화적 상호작용을 하는 존재인 셈이다.

　이렇게 볼 때 인간의 세속적 자아는 바로 이 내면 속의 자기 자신(myself)과 세상의 상식(common sense) 사이에 처하여 있는 셈이다. 즉 인간은 자기 자신과 세상의 상식 사이에서 갈등하는 존재라고 할 수 있다. 양자의 관계는 조화롭거나, 자기 자신(myself)에 근거하여 살거나, 세상에 맞추어 살거나 하는 세 유형으로 나누어 볼 수 있다. 가장 바람직한 것은 양자가 일치하는 경우이다. 그러나 나머지 두 가지는 양자의 갈등과 대립 속에서 살아가는 것을 의미한다. 자기 자신 (myself)에 충실한 것은 양심(conscience)에 따라 사는 것이고, 상식에 따르는 것은 세상에 순응(conform)하면서 살아가는 것이다. 양자가 일치할 때에는 아무 문제가 없지만, 양자가 불일치하는 두 가지 경우는 문제가 된다.

소크라테스는 자기 자신과의 대화를 즐겼고, 그 자기 자신을 신 (god)으로 간주하고 자기 자신의 신을 미다이모니아(mi-daimonia)라고 불렀는데 바로 이 미다이모니아가 아리스토텔레스에게서 에우다이모니아로 계승되어 나타난 것이라 짐작할 수 있고, 그것이 아렌트에 의해 '지복의 여가 상태(the blessed state of well-being)'로 번역된 것임을 이해할 수 있다. 이상의 논의를 통해 아리스토텔레스의 에우다이모니아의 소크라테스적 기원 및 그 의미에 대해 알 수 있었는데 그 말의 현대적 번역이 바로 '지복의 여가 상태'인 것이다.

그럼 왜 이것을 여가(well-being)로 해석하였을까? 바로 정체성 (identity)의 문제와 직결되어 있기 때문이다. 인간은 바쁜 일상을 사는 와중에도 기본적으로 생각하고 결정함으로써 자신의 정체성을 가꾸며 살아가는 존재이다. 그런데 일상 속에서의 생각은 단지 목적 합리성에 경도된 기능적 사고에 지나지 않지만, 퇴거하여 홀로 있을 때의 생각은 자기 자신의 내적인 대화가 이루어지는 자유롭고 진지한 순간이다. 문제는 이때 자기 자신이 자신을 은밀하게 드러냄으로써 자신이 둘이 된다는 점에 있다. 이때 양자가 일치하지 않으면 자기 자신(myself)과 나(me)는 갈등상태에 놓이게 되기 때문이다. 그것은 윤리적으로 양심의 문제에 빠지는 것이고, 심리적으로 자기 정체성 (self-identity)의 문제에 빠지는 것이다. 이 양자의 모순과 대립과 갈등은 일종의 내전이나 다름없고, 마음은 늘 부자유스럽고 불행감을 느끼게 된다. 이러한 상황에서 소크라테스는 자기 자신(myself)에 충실한 삶을 강조한 것이고, 아리스토텔레스는 바로 이 소크라테스적 의미의 자기 자신, 곧 신을 '선한 영혼(good god)'이라는 의미에서 "에우다이모니아"라고 하였을 것이라 짐작할 수 있다.

그럼 왜 아리스토텔레스는 "관조(contemplation)에서 지복의 여가 상태"라고 한 것일까? 그것은 소크라테스의 경험이 플라톤에 의하여 형이상학적 모델로 재단되면서 소크라테스의 경험은 그 순수한 형태를 잃어버리고 저 관조 모델로 대체되었기 때문이다. 말하자면 아리스토텔레스가 말한 저 관조라는 말은 사실상 소크라테스의 "자기 자신과의 내적인 대화"로서의 생각(thinking)을 말하는 것이므로, 자기 자신과의 내적 대화에서 현현된 자기 자신과의 만남과 자기 자신에 대한 진실함을 지향하는 내밀한 대화는 지복적 여가 상태가 될 수 있다. 여기서 '지복의(blessed)'라는 말은 저 '나 자신(myself)'이 세속적 존재가 아니라 신(god)으로서 초월적 존재이기 때문에 가능하다. 이러한 비밀의 해명은 소크라테스의 미다이모니아와 아리스토텔레스의 에우다이모니아가 공유하는 '다이몬'에 의하여 가능했으며, 마침내 아리스토텔레스의 저 말에 담긴 진정한 여가적 의미가 드러날 수 있었다. 그것은 정체성의 위기와 갈등으로부터 벗어나 자기 자신과 진정한 내면적 관계를 수립하는 일이 주는 자유와 기쁨과 즐거움을 말하는 것으로, 삶의 행복을 결정하는 데 있어 가장 근원적인 중요성을 띠는 것이다.

그런데 우리는 여기서 이러한 해석을 아리스토텔레스의 여가에 대한 일반적인 이해 속에서 이해할 수 있어야 한다. 우선 아리스토텔레스는 여가를 노동의 반대로 생각하지 않았다. 그에 따르면 고대 그리스의 여가는 '스콜레(schole)'인데, '바쁘지 않은 상태'를 의미했다. 그런데 바쁘지 않다는 것은 단지 물리적인 것만을 의미하지 않는다. 즉 몸이 바쁘지 않더라도 마음이 다른 무엇에 사로잡혀 있으면 여가 상태가 아닌 것이다. 이는 소크라테스적 맥락에서 세상은 늘 바쁘고 소용돌이치는 곳인 반면, 일에서 물러나 홀로 있을 때는 바쁘지 않고 방해받지 않기 때문에 자기 자신과의 은밀한 내면적 조우가 가능해져 최고의 여가 상태를 경험한다는 뜻이다.

그런데 아리스토텔레스는 여가를 단지 개인적인 차원에서만 사유한 것은 아니다. 오히려 그는 개인은 여가 없이 살 수 있는 반면, 여가를 가장 필요로 하는 것은 공동체라고 한 바 있다. 스콜레의 맥락에서 이 말을 음미할 때 그것은 공동체는 마음의 여유가 있을 때 자라날 수 있다는 의미이다. 그것은 두 가지로 생각할 수 있는데, 개인이 여가를 통하여 자신의 잠재력을 실현할 때 공동체도 이를 바탕으로 발전할 수 있다는 해석이 하나이고, 공동체는 스콜레가 없는 한 아무도 돌보지 않을 것이라는 해석이 또 하나이다. 에우다이모니아도 스콜레 속에서 가능한 것이라 할 수 있으니 아리스토텔레스의 여가 사상 속에서 에우다이모니아가 이해될 수 있다.

이렇게 볼 때 고대 그리스의 여가는 마음이 바쁘지 않은 상태라는 일반적 의미와 함께 자기 자신(myself, daimon, god)과의 조우라는 축복 및 자기 자신에 충실한 진실한 삶을 사는 기쁨, 그리고 자기 자신과의 일치를 통한 자기 정체성의 안정이 주는 즐거움이 복합되어 있는 개념일 뿐만 아니라 그 공동체적 의의까지도 담고 있는 개념이라 할 수 있다. 요컨대 고대 그리스에서는 여가의 의의를 결국 스콜레

속에서의 '진정한 마음의 자유'와 함께 진정한 자아와의 합일의 기쁨과 즐거움에서 찾았다고 할 수 있다. 이에 도달하면 여가 상태에 놓이지만, 그렇지 못하면 늘 마음이 바쁘고 불안하고 정신적 자기 분열 상태에서 부초와 같은 불행한 삶에 놓이며 공동체 또한 성장을 기대할수 없게 된다. 우리는 자신과 밀착된 상태에서 이루어지는 내면적인 대화로서의 생각에 의해 도달하게 되는 여가적 상태를 성찰적 진정성(reflective authenticity)이라 하고, 그로부터 실현되는 여가를 성찰적여가라 부르고자 한다. 그리고 성찰적 여가가 주는 자유를 기존의 자유 개념과 구분하여 여가적 자유라 이름 짓고자 한다.

'관광'의 의미 변화
관국지광, 풍류, 일차원적 관광

소크라테스의 내적인 대화가 사유의 차원에서 진정한 여가의 기원을 보여 준다면, 관광의 본래적 의미는 행위와 문화의 차원에서 진정한 여가의 공적 면모를 보여 준다고 할 수 있다. 관광은 본래 관국지광(觀國之光)에서 나온 말이다. 우리가 아는 사적인 경치 관광이나 행락이 아니라 나라의 빼어남을 본다는 정치적이고 공적인 의미로서 심지어 성스러운 감상 행위를 뜻했다. 그런 의미에서 그것은 한때 예악형정(禮樂刑政)을 중심으로 나라의 빼어남에 대한 경연을 펼치는 장으로서 과거(科擧)를 뜻하기도 했다.

이때 관국지광의 대상은 정치적인 빼어남과 함께, 풍류의 전통에서 볼 수 있는 바와 같이 속세에서 벗어나 심신을 수련하는 방편으로서 대자연에 대한 음미를 포함하였다. 그러나 그것은 음양오행과

풍수지리처럼 우주 대자연에 대한 거시적인 세계관을 배경으로 한 것이라는 점에서, 오늘날 경치 관광과도 달랐지만, 고대 그리스식의 정치 참여와도 달랐고 오늘날의 진정성 있는 실존적 관광과도 그 의미 자체가 달랐다.

관국지광이라는 용어가 관광(tourism)으로 정착되고 그 감상 행위가 제도화됨에 따라 그 사용의 외연이 축소되었을 때에도 그 전통은, 자제군관 자격으로 청국을 방문하여 청국 문물의 빼어남을 감상한 박지원의 『열하일기』나 근대 문명 최고의 상품 경연장 '나고야 박람회'에 참석한 후에 쓴 유길준의 견문기인 『관광약기(觀光略記)』에서 보는 바와 같이 구한말까지도 여전히 살아 있었다. 그러나 근대 서유럽 문명의 등장 및 세속화의 물결로 인하여 그러한 공적 의미는 서서히 탈각되고, 단지 진정성을 결여한 근대 대중 관광 현상에 붙은 '투어리즘'의 번역어로 새로운 출발을 하게 된 것이다. 이제 관광은 전통적인 세계관을 상실한 채 단지 탈신비화된 경치 관광이나 행락과 같은 감각적 차원의 즐거움을 추구하는 행위로 이해되기 시작하였다.

여가적 자유가 제공하는 깊은 행복감
공동체와 사회정의와 여가적 재구성

우리말에 "속 편한 게 최고."라는 말이 있다. 내 양심에 맞게 행동하지 않아서 생기는 마음속 갈등이 없어야 사는 게 편하고 즐거울 수 있음을 뜻하는 것이리라. 그런데 이는 다름 아닌 저 성찰적 여가를 가리키는 것 아닐까? 또 한편으로 이익을 양보하더라도 세상의 욕망에 흔들리지 않고 자신의 내면을 지키며 살아가는 것이 가치 있는 삶이라는 생각에도 닿아 있다. 그러한 마음의 자유를 근본적으로 향유하는 길은 바로 성찰적 여가에 있다는 것을 알았다. 동시에 여가의 본질은 행복에 있는 것이 아니라 바로 마음의 자유와 자기 자신과의 대화가 주는 기쁨과 즐거움에 있다는 것을 알 수 있다. 세상의 행복이 여가를 제공하는 것은 아니지만 여가적 자유는 행복을 제공할 수 있다는 점에서 행복과 구분되는 여가적 자유의 즐거움이 갖는 독자적 의의를 이해할 수 있다.

성찰적 여가가 주는 여가적 자유 외에 우리는 어디서 마음의 자유를 찾을 수 있을까? 생각의 차원에서 성찰적 여가는 삶의 여가적 자유를 결정하는 가장 근원적인 조건이었고, 이제 세상 속 존재의 차원에서 마음의 자유를 제공하는 여가의 차원을 살펴보아야 한다. 그것은 그 자체로 마음의 자유를 제공할 뿐만 아니라 성찰적 여가를 잠재적 불안과 갈등으로부터 보호할 것이다. 첫째, 개인의 행위 차원에서 도구적 이성에 휘둘리지 않고 발길 닿는 대로, 생각 닿는 대로 말하고 행동하는 것은 우리에게 여가적 즐거움을 선사해 줄 수 있다. 둘째, 공존적 차원에서 타인에게 배려의 태도로 대하는 것은 그러지 않을 때보다 여가적 자유와 진한 행복감을 느끼게 해 줄 수 있다. 셋째, 대화적 상호작용 차원에서 차 한 잔을 앞에 두고 시작도 끝도 모른 채 자유로이 대화하는 것은 여가적 자유를 느끼게 해 준다. 넷째, 공동체 차원에서 자기가 속한 공동체의 문화에 참여하여 이를 함께 향유하는 것도 세상에 대한 불안감에서 벗어나게 하고 공동체 놀이의 즐거움을 선사함으로써 여가적 자유를 느끼게 해 줄 수 있다. 이들은 "속 편한 게 최고."라는 지혜의 견지에서 삶의 경험과 추체험을 통하여 해석된 것이다. 성찰적 여가가 주는 여가적 자유도 마찬가지였지만, 내면의 영역을 넘어 외부에서 마음의 자유가 주는 기쁨과 즐거움이 가능한 삶의 국면에는 어떤 차원이 있는지 조명해 본 것이다.

문제는 단지 마음의 차원만으로는 여가적 자유가 보장되지 않는다는 데 있다. 마음의 자유의 우선성을 전제할 때, 여가적 자유는 우리 삶을 옥죄는 사회 현실을 개혁하는 데에서 제고될 수 있다. 우리 삶에서 여가적 자유를 앗아 가는 각종 제도들과 경제적·문화적 현실을 제거하는 것이 공동체의 여가적 재구성이다. 이런 각도에서 조명되는 사회정의는 물질 지향적인 복지적 사회정의와 구분하여 여가적/실존적 사회정의라 부를 수 있다. 한편으로 본원적 여가인 성찰적 여가를 생활화하여 가장 깊은 여가적 자유를 향유하고, 다른 한편으로 여가적 자유를 가능하게 하는 제 차원의 여가적 자유를 활성화하고, 또 다른 한편으로 여가적 자유를 억압하는 사회 현실을 여가적 자유의 관점에서 재구성하는 것은 진정한 여가의 이상을 회복하고 왜곡된 여가 이해 및 실제를 바로잡으며 바람직한 여가 사회를 위한 제도적 수립을 도모하는 것으로, 이상 사회를 향한 여가적 루트라 할 수 있을 것이다.

우리는 문명과 사회뿐만 아니라 개인의 삶에 대해서도 여가적 재구성을 생각할 수 있다. 과중한 학업 부담 및 경쟁 구조에 시달리는 학생부터, 안정적인 삶에 대한 걱정과 죽음에 대한 두려움과 사랑하는 사람들로부터 잊힐 것이라는 번민과 삶의 의미 상실의 공허감에 시달리는 노인까지 개인의 폭은 다양하다. 여가적 재구성은 인간적인 삶을 가능하게 해 주고 삶을 의미 있게 해 줄 수 있다. 삶과 죽음 사이에서 인생의 유한함을 절감하는 노후 세대에게는 현실의 압박에서 벗어나 자기 자신에게 진실한 진정성의 삶이 주는 여가적 자유와 평정이 최고의 여가일 것이다.

문명과 사회에 대한 여가적 재구성과 개인의 삶에 대한 여가적 재구성은 상호 상승 관계에 있다. 성찰적 여가와 여가적 자유가 구성 원리로 스며든 새로운 문명과 사회의 모습을 즐겁게 상상해 본다. 좀 더 상세한 논의는 별도 지면으로 미루어 둔다.

노년기에 만나는
한 알의 알약

심봉석
이화여대 의과대학 비뇨기과 교수

"인생에서 섹스는 중요하다." 29개국 40세 이상 남녀 2만 6000여 명을 대상으로 섹스에 관한 생각을 조사한 결과, 남성의 80퍼센트와 여성의 60퍼센트가 이렇게 응답했다. 특히 우리나라 사람들 중 약 90퍼센트가 섹스를 삶의 중요한 부분으로 생각하고 있었고, 실제 65세 이상 한국인들 가운데 70퍼센트가 성생활을 하고 있다고 했다.

사람들의 성적 욕구는 평생 지속된다. 나이가 들어 신체 기능이 떨어져도 정서적인 욕구는 그대로 남아 있다. 사람들의 삶은 평생이 하나의 과정이다. 중년을 넘어 노년에 이르기까지 성공적으로 늙어가는 데 가장 중요한 것은 정신적인 안정감이고, 행복한 성생활이야말로 무엇보다 중요한 요인이다.

남자의 성 능력은 20대에 최고조에 달해서 40대부터 감퇴하고,

여자는 30대에 최고조에 달해 50대에 들어 감퇴한다. 하지만 성적 관심은 평생 지속된다. 중년 이후의 성생활은 상대방에 대한 친밀감의 표현이며, 신체적 만족과 정신적 안정을 주고 호르몬 분비를 도와 건강한 노년에 중요한 역할을 한다.

만족스러운 성생활,
건강하고 풍요로운 노년기를 위하여

우리나라는 2000년에 이미 고령화 사회로 접어들었고 2030년에는 노인 인구가 1000만 명을 넘어설 예정이다. 단순히 노년 인구가 증가할 뿐 아니라 의학이 발달하면서 육체적으로 건강하고 활동력이 왕성한 고령 인구가 늘어났고, 정서적 관심에 그치지 않고 실제 성행위를 할 수도 있게 되었다. 하지만 이러한 현상에도 불구하고 아직 우리 사회는 노년의 성에 관대하지 못하다.

그러다 보니 사회적으로 노인들의 성이 감춰지고 이는 노년기의 성 일탈로 이어지는데, 노인들이 많이 모이는 종묘 공원 등에 박카스 아줌마가 등장하고 노인 전용 콜라텍이 성행하는 것이 그 사례이다. 건강보험심사평가원에 따르면 65세 이상 인구 가운데 성 매개 감염 환자가 매년 증가하고 있다. 이는 의학적 도움에 힘입어 성 능력을 회복한 고령 남성이 불건전한 성행위를 시도했기 때문이고 현대 남성 의학이 낳은 새로운 사회현상이다.

젊었을 때는 성생활에서 충동적이고 순간적인 쾌감을 추구하지만, 중년 이후에는 성적 교류를 통해 정서적 친밀감을 추구한다. 따라서 노년기에 심리적으로 안정되고 건강하고 행복한 삶을 유지하는

데 성생활이 중요한 역할을 한다. 반대로 불만족스러운 성생활은 우울증이나 신경증을 일으키고 신체 건강에도 나쁜 영향을 준다.

실제로 한 조사에 의하면 65세 이상 노인 다섯 명 가운데 한 명이 월평균 1.37회의 성생활을 지속하고 있으며, 성생활을 하고 있는 노인들이 그러지 못하는 노인들보다 삶의 만족도가 더 높다고 한다. 또한 스스로 건강 상태가 좋다고 응답한 사람들이 성관계 시에 만족도가 더 높은 것으로 밝혀져 성생활과 건강 상태가 서로 밀접한 상관관계를 보였다.

시대가 바뀌고 개방적인 분위기가 되었다고는 하지만 아직도 성에 관한 인식은 폐쇄적이다. 더욱이 노인의 성은 주책으로 치부되어 부정되고 있는 실정이다. 하지만 노년기에도 젊은 시절과 마찬가지로 정상적인 성적 욕구가 있다. 부부가 해로하는 경우 이러한 성적 욕구를 발산할 수 있지만 그렇지 못한 경우는 문제가 된다. 통계청 인구센서스 결과에 따르면 65세 이상 인구 가운데 절반 가까이가 배우자 없는 독신이다. 재혼을 하거나 새로운 이성을 사귀어야 하는데도 사회적 통념과 체면 때문에 그러지 못하고 있어 상실감이 커지고 건강을 해치기도 한다. 더구나 2000년대 전까지 중년 이후의 발기부전은 나이 들면 당연히 받아들여야 하는 숙명적 현상으로 치부됐고, 수치심과 노년기 성에 대한 사회적 냉대 때문에 그것이 '질병'이라는 생각을 할 수조차 없었다. 노년기에는 성생활이 필요하지 않다고 생각하고 성 자체를 잊어버리려는 경향이 있었다.

그러나 노년기일수록 만족스러운 성생활을 해야 삶이 풍요로워지고 건강해진다. 고령화 사회에 접어든 지금은 노년층의 성적 에너지와 열정을 자연스럽게 받아들이고 관심을 갖는 사회적 변화가 필요하다.

파란 알약의 등장,
성의 혁명이 시작되다

현대 의학의 역사를 바꾸어 놓은 위대한 약이 두 가지 있다. 바로 페니실린과 비아그라. 두 약의 공통점은 전혀 상관없는 연구에서 우연히 발견되어 인류 역사에 큰 공헌을 하였다는 점이다.

1928년 스코틀랜드의 미생물학자 알렉산더 플레밍은 오염된 배양접시에 피어난 푸른곰팡이에서 박테리아를 죽이는 기능을 발견하였다. 이 푸른곰팡이에서 추출된 페니실린은 최초의 항생제로 인류의 수명 연장에 크게 기여하였다.

그로부터 칠십여 년 후에 두 번째 인류 최고의 약이 등장한다. 1990년대 초, 미국 제약 회사 화이자 연구소에서 협심증 치료를 위해 실데나필이라는 화합물을 개발하여 임상 시험을 시작하였는데, 전혀 예상치 못한 부작용이 나타났다. 피실험자 상당수의 음경이 발기되는 현상이 일어났고, 화이자는 발기부전 치료로 연구 개발 방향을 바꾸었다. 그리하여 1998년 3월, 비아그라®라는 알약이 처음 출시되었다. 20세기 최후의 위대한 발명품으로 여겨지는 '마법의 파란 알약'은 이렇게 세상에 등장하였다.

국내에서는 1999년 9월부터 비아그라가 시판되었는데, 당시 대한의사협회는 "심각한 윤리적 폐해"가 우려된다는 이유로 발매 연기를 요청하기도 하였다. 이후 타다라필(시알리스®), 바데나필(레비트라®), 유데나필(자이데나®), 미로데나필(엠빅스®), 아바나필(제피드®) 등 다른 발기 유발제들이 개발되어 판매되고 있다.

비아그라의 등장은 발기부전에 대한 의학적 인식뿐만 아니라 성 문화 전반에 걸쳐 지대한 영향을 끼쳤다. 신의 저주라는 발기부전을 관리하고 치료할 수 있는 질병으로 인식시키고, 건강한 성생활을 이끌어 삶의 질을 향상하는 데 기여했으며, 성에 대한 개념을 변화시키는 등 사회·문화 전반에 큰 변화를 일으켰다.

사실 발기 유발제의 작용 기전은 단순하고 피동적이다. 음경이 발기하는 데는 GMP와 PDE5라는 두 가지 효소가 관여하는데, 성적으로 흥분하면 GMP가 분비되어 발기를 일으키고, 성적 자극이 사라지면 PDE5가 GMP를 분해해서 발기를 풀리게 한다. 발기 유발제는 분해 효소인 PDE5의 작용을 억제하여 GMP가 계속 작용하도록 해서 발기를 일으키게 한다. 즉 발기 유발제는 음경에 직접 작용하여 발기를 일으키는 것이 아니라 발기가 풀리지 않도록 유지하는 약으로, 정확한 명칭은 'PDE5 억제제'이다. 즉 본인의 절박한 노력에 의해서만 효과를 보는 약이 발기 유발제이다.

그럼에도 불구하고 비아그라를 복용한 남성들과 배우자들의 평가는 모든 면에서 호의적이다. 화이자 제약이 자체로 실시한 조사에 의하면 비아그라를 복용한 남성 가운데 95퍼센트가 치료에 만족했다고 답했으며, 배우자 역시 98퍼센트의 높은 만족도를 보였다고한다. 발기부전을 치료할 방법이 거의 없어 성생활을 포기하다시피한 부부들에게 쉽고 효과적으로 발기를 일으키는 비아그라는 새로운 성생활의 시작을 알리는 희망의 약이었다.

발기 유발제가 등장한 이후 섹스에 대한 담론이 공개적으로 벌어지고 성생활이 자연스러운 우리 삶의 한 부분으로 인정받았다. 특히 노년기의 성에 대해서도 긍정적이고 적극적인 태도를 보이게 되었다. 성행위는 남자와 여자가 함께 만족하는 것이고 건전하게 쾌락을 주며 소통하는 것이라는 개념이 받아들여졌다. 과거에는 음식이 단지 생존하기 위한 수단이었으나 최근에는 건강을 유지하는 수단으로 바뀐 것과 마찬가지다.

건강해야 섹스를 즐기고
섹스를 즐겨야 건강을 유지한다

노년기에 접어들어 신체 기능이 쇠퇴하고 사회 활동이 줄어들면 정신적 소외와 고독을 느끼게 된다. 홀로 되면 성 능력이 떨어지고 이러한 성 기능장애는 당뇨병, 고지질혈증, 고혈압 등 만성적인 성인 질환으로 나타나곤 한다. 따라서 중년 이후에 갑자기 성 기능장애가 생기면 적극적으로 대처해야 한다. 진정으로 건강하고 행복한 삶을 유지하기 위해서는 규칙적인 성생활이 필요하다. 미국 보스턴에서의 연구에 의하면 지속적으로 성생활을 하는 사람들이 심장병, 골다공증, 요실금, 전립선 질환에 걸리는 확률이 크게 낮았다고 한다.

섹스가 수명 연장에 어떤 역할을 하는지는 아직 명확하지 않다. 하지만 섹스는 효율적으로 칼로리를 소모하는 운동이며, 세포의 산소 이용률을 증가시켜 심폐기능을 강화하고, 몸에 유익한 고밀도 지단백 콜레스테롤 농도를 높이고, 통증 및 스트레스를 해소해 준다. 또 활발한 성생활은 삶의 만족감을 높이고 대인 관계를 원활하게 해 주어 정신적으로 안정감을 주기 때문에 노화 방지에 기여한다.

이렇듯 성과 건강은 필수적인 관계이다. 건강해야 성생활을 즐길 수 있고, 성생활을 즐기면 건강도 유지할 수 있다. 건강과 장수를 원한다면 지속적인 성생활이 필요하고, 그러기 위해서는 적절한 운동과 올바른 식생활로 건강을 유지해야 한다. 그럼에도 성 기능장애가 의심되면 속히 전문의의 도움을 받아 발기 유발제 등으로 교정해야 한다.

노화는 서른 살 무렵부터 시작되어 구조적 쇠퇴와 기능 저하가 서서히 진행된다. 중년에 겪는 심리적 위축까지 고려하면 건강과 성 기능을 모두 유지하기는 쉽지 않다. 그러나 꾸준히 관심을 가지고 생활 습관을 개선하고 식생활에 신경 쓴다면 노화의 급속한 진행을 늦출 수 있고 행복한 성생활도 유지할 수 있다.

중년의 성생활에서는 그 횟수나 강도보다, 상대방에 대한 존중과 정서적 친밀감을 바탕으로 이루어지는 상호 소통이 중요하다. 편안한 마음으로 성생활에 임하고, 특히 나이에 따른 성 기능 저하를 해결하기 위해 애정을 바탕으로 서로 솔직하게 이야기하는 것이 좋다. 중년기와 노년기의 성생활 장애는 대부분 나이에 따른 성 반응의 변화에 적응하지 못하는 데에서 발생하며, 그것을 숨기려 하면서 정신적 · 육체적 갈등이 시작된다. 바람직한 성생활을 위해서는 함께 계획하고 노력하여야 한다.

알약 하나가 주는 희망, 하지만 그것만으로는 부족하다

지난 십여 년 동안 비아그라는 우리 사회에 막대한 영향을 주었다. 건강한 성생활을 도와주어 새로운 성 문화를 만들었고 남성 건강과 자신감을 이끌었다. 성에 관한 관심이 거대 담론이 되었고 이제 자연스러운 생활의 한 부분이 되었다.

그러나 인공적 수단에만 의존하는 성생활에는 한계가 있을 수밖에 없다. 발기 유발제에 막연하고 무한한 기대를 걸다 보니 성행위를 정서적 교감이 아니라 육체적 결합만으로 간주하여 발기만이 남성 섹스의 전부라고 착각하는 일탈된 모습이 나타났다.

나이가 들면 성 기능은 약해질 수밖에 없다. 중년 이후에 만족스러운 성생활을 즐기려면 정신적·육체적 건강이 우선되어야 한다. 성 기능장애를 초래할 수 있는 고혈압, 당뇨병, 고지질혈증 등 만성 질환이 있는지 점검해 보고, 갱년기로 인해 남성호르몬인 테스토스테론이 저하되어 장애를 일으킬 수 있으니 반드시 남성호르몬 수치를 측정해 보아야 한다. 지나친 음주와 흡연을 삼가고 스트레스를 받지 말고 적절한 운동과 식생활을 유지하는 등 일상적으로 건강을 철저히 관리하는 것이 행복한 성생활을 유지하는 비결이다. 이렇게 하는데도 발기에 문제가 있으면 발기 유발제를 보조적으로 사용하여야 제대로 효과를 볼 수 있다.

웰다잉,
잘 죽는 것의 의미

권복규
이화여대 의학전문대학원 교수

웰빙(Well Being)에 이어 웰다잉(Well Dying)이 우리 시대의 화두다. 웰다잉이란 한마디로 '잘 죽는 것'이다. 그런데 잘 죽는 것이 과연 가능할까? 죽음이란 사실상 모든 사람들이 회피하고자 하는 것이다. 어떤 성자나 성인이라고 해도 죽음을 쉽게 받아들인 사람은 없다. 예수도 십자가 상에서 "하느님, 어찌하여 나를 버리셨나이까!" 하고 외쳤으며, 석가모니 부처도 열반에 들기 전에 각종 육신의 질병으로 괴로워했다. 죽음은 삶의 궁극적 숙제이며, 우리가 인간인 이유도 죽음을 생각하고 예견하며 죽음을 회피할 수단을 찾는 데서 기인한다.

모든 종교와 철학은 '인간은 필멸의 존재'라는 전제에서 출발한다. 이를 극복하기 위해 인간은 자식을 낳거나, 영원히 남을 명성을 추구하거나, 죽음 뒤에 올 피안의 세계를 상정하거나, 육신의 죽음과

6부 그리고, 생은
계속된다

부활을 신봉하거나, 혹은 삶도 죽음도 아닌 초월의 세계를 지향하였다. 죽는 것이 그리 쉽다면, 아니 좋다면 웰다잉이란 말이 왜 필요하겠는가. 죽음은 모든 이가 피하고자 하는 것이지만, 또 모든 이가 맞을 수밖에 없는 궁극의 운명이기도 하다. 죽음의 순간은 인간이 자신의 존재를 다 걸어서 해결해야만 하는 '진실의 순간'이다. '잘(well)' 죽는 정도로는 부족한 것이다.

그럼에도 웰다잉이란 말이 현대를 살아가는 사람들에게 어떤 호소력을 띤다면 그것은 현재 죽음의 모습이 가히 바람직하지 않다는 문제의식에서 출발한다. 현대의 죽음의 모습이란 무엇인가? 그것은 대부분의 사람들에게 병실의 '차가운 침대(사실상 병실의 온도는 그리 차갑지 않다. 사랑하는 사람들과의 단절이 차갑게 느껴질 뿐이다.)'에서 온갖 기계에 연결되고, 몸에 나 있는 구멍이란 구멍에는 각종 기구와 관들이 삽입되며, 온갖 의학적 처치로 힘들게 죽음의 순간을 연장하다가 결국 숨이 멎게 되는 것을 뜻한다. 예전처럼 사랑하는 가족들에게 둘러싸여 하고 싶은 말을 한 마디씩 남기고 모든 여한이 없는 편안한 상태에서 사랑하는 사람의 손을 붙들고 임종을 맞이하지 못한다는 것이다.

돌아가시는 분이 연세도 원만하고 자식들도 다 장성하여 가족을 이루었고, 세상에 해야 할 일을 다 한 상태라면, 그리고 크게 고생하지 않고 돌아가셨다면 이를 '호상(好喪)'이라 부르고 오히려 그렇게 가신 분을 부러워하기도 하였다. 현대적으로 들리는 웰다잉의 이면에는 이런 호상의 잔영이 여전히 어른거리고 있는지도 모른다. 어쨌든 이 글에서는 웰다잉이라는 단어가 지닌 의료상의 의미를 죽음의 의료화(medicalization), 호스피스와 완화의학(palliative medicine), 그리고 연명치료 중단이라는 화두를 중심으로 살펴보고자 한다.

죽음의 과정과
죽음의 의료화

2009년에 태어난 한국인의 기대여명은 남자 77.0세, 여자 83.8세이다. 그러나 이 숫자는 평균 수치일 뿐, 유아기에서 청년기에 이르는 동안 질병, 사고, 자살 등으로 사망하지 않는다면 성인의 수명은 사실상 80세가 훌쩍 넘어간다. 우리나라는 대부분의 국민이 90세 가까이까지 살게 되는 초고령화 사회로 이미 넘어가고 있다. 2011년 사망원인 통계로 보면 암(27.8퍼센트), 뇌혈관질환(9.9퍼센트), 심장질환(9.7퍼센트)이 대표적인 사망원인이며, 이 외에 자살, 당뇨병, 폐렴, 만성하기도질환, 간질환, 교통사고, 고혈압으로 인한 질환이 10대 사망원인에 들어간다. 이 10대 사망원인이 전체 사망의 70.9퍼센트를 차지한다. 3대 사망원인뿐만 아니라 당뇨병과 고혈압, 만성하기도질환 등도 고령층에서 자주 발병하며 대부분의 암 역시 고령자에게서 더 자주 나타난다. "99세까지 팔팔하게 살다가 이삼 일만 앓다 죽자."는 웰다잉의 구호로 널리 알려져 있는데, 사실 이렇게 되기는 쉽지 않다.

　대사성질환은 적절한 운동, 식이요법, 절주 등을 통해 상당 부분 예방이 가능하지만, 이 질환들도 유전적 요인과 관련이 있기 때문에 모든 병을 다 예방할 수는 없다. 각종 암 예방법이 나오고 있지만, 어떤 특정한 음식이나 약품도 암을 예방해 준다고 입증되지는 않았다. 이제까지 입증된 가장 확실한 암 예방법은 금연이다. 고령화 사회에서는 또한 노인성 치매로 알려진 알츠하이머 병이 문제가 된다.

65~69세 인구에서는 3.6퍼센트가 치매 환자이지만, 5세가 증가할 때마다 유병율은 두 배씩 증가하여 85세 이상 인구에서는 30.5퍼센트가 치매 환자이다. 치매는 웰다잉에서 의미 있는 변수가 되는데 치매에 걸리면 본인이 죽음을 인지하고 준비하기가 어려워지며, 가족들에게도 큰 부담이 되기 때문이다.

여전히 대부분의 한국인들은 집에서 임종을 맞기를 희망하고 있지만, 2007년의 한 조사에 따르면 모든 사망자의 60퍼센트는 병원에서 임종을 맞았으며, 본인 집에서 임종을 맞이한 비율은 26퍼센트에 불과하다. 병원 임종자의 비율은 임종환자 관리 및 영안실 사용 문제 등으로 인해 점점 더 늘어나고 있다. 병원에서 임종을 맞는 비율이 늘어날수록 웰다잉은 쉽지 않은데 다음과 같은 여러 요인 때문이다.

첫째, 의사들은 법적, 윤리적 이유로 환자를 '잃는' 것을 비극이자 직업적 패배라고 생각하는 경향이 농후하므로, 환자들이 편안하게 임종을 맞이하는 것보다는 가급적 환자의 생명을 연장하는 데 관심이 있다. 둘째, 의사가 생명연장치료(연명치료)를 고수할수록 병원에 입원하는 기간이 늘어나며 환자와 가족들이 겪는 고통도 늘어난다. 셋째, 임종 환자의 투병 기간이 길어질수록 그에 수반되는 비용과 가족의 경제적, 정신적 부담도 늘어난다. 마지막으로 병원에서 임종을 맞는 환자의 3분의 1 정도는 생애 마지막 열흘 정도를 중환자실에서 인공호흡기에 의존하여 연명치료를 받는다. 이는 편안하게 임종을 맞이하게 해 주기보다는 오히려 종료되었어야 할 생명을 무리한 수단으로 연장하는 것이다. 이렇듯 죽음의 순간까지 의사와 의료기술이 개입되는 것을 '죽음의 의료화'라고 한다. 만약 환자가 뇌사상태에 빠졌거나 장기를 기증하기로 서약하였으면 이 죽음의 의료화 과정은 더욱 복잡해지고, 미묘한 법적, 윤리적 문제를 제기하기도 한다.

출생에서 죽음에 이르는 삶의 여러 측면에 생의학 기술이 개입할 수밖에 없는 것은 현대 사회의 특징이지만, 이것이 어떤 한계를 넘어서서 과도해진다면 환자는 물론 의료인과 사회 전체에 이득보다는 해가 될 수 있다. 즉 환자는 과도한 신체적, 정신적 고통과 경제적 부담을 안게 되고, 의료인은 '무의미한' 일에 자신의 지식과 노력을 기울여야 하며, 사회 전체로서는 의료비가 폭증한다. 그러므로 웰다잉은 한편으로는 임종 단계에서 과도한 의료화를 회피하려는 노력이라고도 볼 수 있으며, 그 혜택은 임종 환자 개인에게만 해당되지 않는다.

호스피스와
연명치료 중단

죽음을 회피할 수 없다면 무의미하게 임종의 순간을 억지로 연장하기보다는 환자가 편안하게 죽음을 맞이할 수 있도록 의료적, 심리적, 영적 서비스를 제공하는 것이 바람직하다. 이를 '호스피스'라 하며, 이를 실천하는 의료를 '완화의학'이라 한다. 완화의학은 다른 의학과는 달리 환자의 건강을 회복하거나 생명을 연장하거나 기능을 재건하도록 하는 것이 아니라 임종을 맞이하는 환자가 불필요한 고통을 덜고 편안한 죽음을 맞이하도록 의료적으로 개입하는 것이다.

우리나라에는 1965년에 호스피스가 들어왔지만 여전히 전국의 호스피스 전문기관, 즉 보건복지부가 지정한 완화의학 전문기관은 2011년 현재 43곳에 불과하며 총 병상 숫자도 700여 개에 머물고 있다. 실제 호스피스 서비스를 받는 암환자의 비율도 9퍼센트에 불과하다. 그렇게 된 이유 중 하나는 말기 암환자의 3분의 1 정도가 여전히 자신이 말기 암 진단을 받은 사실을 모르고 있어서이다. 호스피스-완화의료를 받기 위해서는 우선 자신이 회복 가능성이 없는 임종의 길에 들어섰음을 인정해야 하는데 이것이 가장 어려운 단계이다. 우리나라는 임종 직전 한 달 동안에 항암제를 맞는 비율이 30퍼센트가 넘는 데 비해 외국은 10퍼센트 미만에 불과한데, "끝까지 최선을 다해 달라, 희망을 잃지 말라."는 가족 및 환자 본인의 태도가 영향을 미치기 때문이다.

웰다잉을 위한 호스피스-완화의료가 활성화되기 위해서는 가장 먼저 자신의 죽음을 진실로 수용하는 태도, 그리고 그에 대한 의료진의 판단을 신뢰하는 태도가 필요하다. 이것이 잘 안 되기 때문에 그 이후의 절차가 제대로 진행되지 않는 것이다. 호스피스-완화의료가 활성화되기 위해서는 전문 인력의 양성, 호스피스 진료에 대한 보험 급여 등 각종 제도적인 정비가 필요하지만 우선 사회적인 수요가 있어야 이것도 가능하다. 임종환자 본인들이 이러한 진료를 받을 생각이 전혀 없는데 정부가 나서서 이를 진흥할 이유가 없는 것이다. 우리나라에서는 호스피스-완화의료가 지나치게 암환자 위주로만 편성되어 있는 것도 문제이다.

이와 관련하여 우리나라에서 생긴 한 가지 재미있는 현상은 많은 사람들이 인공호흡기 치료로 대표되는 '연명치료 중단'을 긍정적으로 생각하고, 2010년부터 받기 시작한 '사전의료의향서'를 작성하였다는 사실이다. 이는 한편으로 2010년 이른바 '김 할머니 사건' 이후 가망 없는 환자 본인이 희망할 경우 연명치료 중단을 허용한다는 대법원의 판결이 미친 여파로 보인다. 연명치료 중단은 심각한 쟁점이지만 우리 국민들이 이에 대해 그리 큰 거부감이 없는 까닭은 항암치료는 일반적인 치료로 인식하는 반면, 인공호흡기는 정말 죽음 직전까지 간 상태에서 하는 특수한 치료로 인식하기 때문인 듯하다. 예컨대 전신에 암세포가 퍼져 가망이 없는 말기 암환자에게 더 이상 항암화학요법을 하지 말고 호스피스 병동으로 옮기라고 말하는 것은 매우 어려운 일인 데 비해, 이미 중환자실에서 인공호흡기를 달고 있거나 달아야 하는 환자에게 "가망 없다."라고 말하는 것은 상대적으로 쉬운 일인 것 같다.

하지만 이는 전체 치료의 맥락을 잘 이해하지 못한 데서 기인하는 현상으로, 실상 진정한 웰다잉이란 어떤 질병으로 인해 회생 가능성이 없다는 진단을 받은 경우 남은 생을 어떻게 편안하고 유익하게 보낼 것이냐의 문제이기 때문이다. 특정 치료나 기기보다는 투병과 임종의 전체적인 맥락에서 이를 평가해야 하고, 이를 위해서는 환자 본인과 가족, 그리고 의료인 간의 진솔한 대화와 소통이 무엇보다도 필요하다. 그러나 우리나라에서 실시된 여러 연구 결과는 환자 본인과 가족, 그리고 의료인 간에 너무나 많은 시각차가 있음을 보여 준다. 웰다잉을 위해서는 각 당사자 간의 솔직한 의사소통, 그리고 이를 허용하는 의료문화와 의료환경이 반드시 확립되어야 한다.

**편안한 죽음,
품위 있는 죽음**

우리나라 노인들은 유복한 죽음이란 부모 노릇을 다하여 성장한 자녀가 임종을 지켜 주고, 자녀에게 부담을 주지 않으며, 고통이 없고, 천수를 누린 죽음이라 생각한다. 또한 좋은 죽음을 맞이하기 위해서는 아프지 않고 편안하게 죽어야 하며, 가족과 좋은 관계를 유지해야 하며, 죽음에 대한 준비를 미리 하고 죽어야 한다고 생각한다. 근대 의학이 없었던 예전에는 치명적인 질병을 앓으면 몇 주, 길어야 한두 달 이내에 임종을 맞는 것이 보통이었다. 그러나 지금은 의학기술의 발전에 따라 몇 달, 몇 년을 끌 수도 있다. 죽음은 변함없는 자연의 이치이지만, 죽음의 기간과 과정은 더 이상 자연의 이치만으로 단순화할 수 없게 되었다.

죽음은 한 개인의 문제이지만, 죽어 가는 자와 남는 자 사이의 사랑과 신뢰의 문제, 그리고 의료제도를 유지하는 사회 전체의 정의의 문제가 달려 있다. 웰다잉은 이 모든 것을 고려할 수 있을 때 더욱 가치가 있을 것이다. 다행히 우리 문화는 죽음을 자연의 이치로서 겸허하게 수용하는 전통문화를 지니고 있다. 여기에 솔직함과 합리성이 덧붙여진다면 편안한 죽음, 품위 있는 죽음을 위한 단초를 마련할 수 있을 것이다.

불멸,
생명 연장의 꿈

김정한
한림대 의대 혈액종양내과 교수

"젊음이 노력으로 얻은 상이 아니듯, 늙음도 잘못으로 받은 벌이 아니다." 열일곱 풋풋한 소녀에 대한 칠십 대 늙은 시인의 애틋한 사랑을 그린 박범신의 소설 『은교』에 나오는 대사다. 젊음에 대한 동경과 늙음에 대한 안타까움을 단 한 문장으로 잘 표현하고 있다. 이처럼 인간은 누구나 보다 젊고 건강하게, 그리고 보다 오래 살고 싶어 한다. 진시황(기원전 259~210)의 불로초, 신선방약(神仙方藥)과 불로장수의 비법을 서술한 갈홍(283~343)의 『포박자(抱朴子)』, 연금술의 일력서(Elixir, 불로장생의 묘약)에 이르기까지 인간은 역사가 시작된 순간부터 죽음을 극복하고자 끊임없이 도전해 왔다. 그러나 최고의 아름다움을 뿜냈던 클레오파트라도 세월 앞에서는 속수무책이었으며, 천하를 정복했던 징기스칸이나 나폴레옹도 죽음은 정복하지 못했다.

하지만 무병장수를 향한 인간의 노력이 헛된 것은 결코 아니었다. 로마 시대에 25세에 불과하던 인간의 평균수명은 계속 늘어 이제 곧 100세 이상 살 수 있는 날도 머지않았다. 지금 우리가 누리고 있는 수명은 전적으로 눈부신 속도로 발전하는 과학 덕분이라고 해도 과언은 아닐 것이다. 특히 20세기 후반부터 발달하기 시작한 생명공학 기술은 현재 인류가 안고 있는 난제들, 즉 환경오염, 식량 부족, 에너지 고갈 등을 해결해 줄 대안이 되었을 뿐만 아니라 질병의 예방과 치료에도 지대한 영향을 발휘하고 있다. 조직 배양, 유전자 재조합이나 복제 기술, 줄기세포를 이용한 난치성 질환의 치료, 인공장기 등을 가능하게 만든 생명공학의 발달 속도로 볼 때, 이제 '불멸'의 삶을 논하는 것도 마냥 터무니없는 일은 아니다. 그렇다면 불멸의 삶을 위해 과학은 그동안 무엇을 해 왔고, 인간은 불멸을 향한 도전에서 어디까지 와 있는 것일까? 그리고 인간의 궁극적 욕망인 불멸은 정말 가능한 꿈일까?

노화는 자연현상인가, 질병인가?

무병장수 또는 불멸의 삶을 논할 때, 필자는 영국 케임브리지 대학의 노화학자 오브리 데이비드 니콜라스 드 그레이가 제일 먼저 떠오른다. 최근에 이분을 밀착 취재한 책 『과학, 죽음을 죽이다(Long for This World)』가 국내에도 소개되었다. 드 그레이는 노화는 자연 현상이 아닌 하나의 질병으로 인식해야 한다고 역설한다. 그는 노화에 간여하는 치명적 요소로 다음의 일곱 가지를 제시했다. 첫째는 인체의 분자들이 나이가 들면서 서로 뒤엉키고 뻣뻣해지는 교차결합이며, 둘째는 미토콘드리아의 기능 저하이다. 셋째는 세포 내에 축적되는 노폐물이며, 넷째는 세포들 사이에 축적되는 노폐물이다. 다섯째는 노화로 제 기능을 상실한 일부 세포들이 몸속을 떠돌아다닌다는 문제점이며, 여섯째는 일부 세포들이 사멸하면서 주변 세포들까지 오염시키고 있는 점이다. 마지막 일곱째는 세포핵의 유전자 안에 변이가 축적되어 생기는 암이다. 그는 마지막 요소인 암의 발생을 막는 방법을 제외하고, 나머지 여섯 가지는 현재 극복 가능한 단계에 거의 근접했다고 주장한다.

이러한 주장을 근거로 드 그레이는 가까운 장래에 인간의 평균 수명이 500년, 나아가 1000년까지도 늘어날 수 있다고 예측했다. 따라서 불멸을 이야기하려면 필연적으로 노화에 대하여 먼저 언급하지 않을 수 없다. 생물학적인 관점에서 보면 삶이란 몸을 이루고 있는 수많은 세포가 스스로 사멸하고 다시 재생되는 과정이다. 이 과정이 반복되면서 세포에는 유해한 변화들이 쌓이게 되고, 생체 기능은 서서히 저하된다. 이것이 바로 불멸의 최대 강적인 노화의 정체다. 앞서 다른 저자가 기술한 바와 같이 노화의 원인에 대해서는 수많은 가설이 제기되었으며, 어느 한두 가지 학설로 노화를 모두 설명할 수도 없다. 여기에서는 많은 노화학자들의 공감을 얻고 있는 두 가지 학설에 대해서만 불멸과 관련하여 간략하게 살펴보고자 한다. 하나는 생물학적인 삶이 진행되는 동안 내적, 외적인 손상인자에 의한 세포의 불가역적인 손상이 축적됨으로써 노화가 진행된다고 보는 '유해인자 손상설'이고, 다른 하나는 내적인자인 유전자에 의해 생명체의 노화가 조절된다는 '유전자 프로그램설'이다.

먼저 노화의 유해인자 손상설에 대하여 살펴보면, 이 학설의 중심에는 1956년 데넘 하먼이 주장한 '활성산소(free radical)에 의한 노화설'이 있다. 산소는 우리 몸에 에너지를 공급하지만 대사 과정 중에 부수적으로 여러 가지 활성산소가 발생하는데, 이로 인해 세포들이 산화적 손상을 입게 되고 이러한 손상이 축적되어 퇴행성 질환이 발생하는 과정이 노화라는 것이다. 활성산소는 노화뿐만 아니라 성인병과도 밀접한 관련이 있다. 구체적인 예를 들면 동맥경화증, 당뇨병, 뇌혈관 질환, 심혈관 질환의 발생과 연관이 있으며, 나아가 암의 발생과도 밀접한 관련이 있다. 또한 활성산소의 생성량은 수명과 역상관 관계를 가지며, 항산화효소량은 수명이 긴 종에서 더 높다는 것이 확인되었다. 실제로 1935년 클리브 맥케이는 흰쥐에 비타민과 미네랄 등의 필수 영양소는 그대로 두고 열량을 대략 60퍼센트 줄여 공급했을 때 평균수명이 1.5배가량 증가한다는 사실을 보고하였으며, 이는 열량의 감소로 인해 활성산소의 발생이 줄어들었기 때문으로 여겨진다.

또한 동물에게 운동을 시킨 경우 많은 양의 산소를 소비함에도 불구하고 활성산소의 발생은 줄어들 평균수명이 증가하는 것으로 확인되었다. 이러한 사실에서 노화의 속도는 산화와 항산화의 균형에 좌우된다는 사실을 추론할 수 있으며, 산화스트레스를 감소시킴으로써 평균수명의 연장이 가능하다는 기대를 갖게 한다. 실제로 항산화제를 실험동물에 투여하여 수명을 연장시켜 보려는 시도는 부분적인 성공을 거두기도 했다. 토코페롤 등의 항산화제를 실험동물에 투여한 결과 지질과산화 산물의 축적 감소 및 DNA 손상 억제에 의한 암 발생률 감소 효과를 통해 평균수명이 연장되는 결과를 확인하였다. 또한 초파리에서 두 가지 항산화효소(슈퍼옥사이드디스뮤타제, 카탈라제)를 과발현시켰을 때 평균수명과 최대 수명이 약 30퍼센트 증가하는 것으로 확인되었다. 활성산소와 노화의 관계가 밝혀지면서 폴리페놀, 비타민C, 비타민E, 베타카로틴, 오메가3 등의 항산화물질이 주목을 받고 있다. 하지만 아직 인간을 포함한 포유동물에서는 항산화물질의 수명 연장 효과가 입증되지 못하고 있으며, 성인병 예방 효과에 대한 연구에서도 상반된 결과를 보이고 있으므로 이들을 섭취하는 데는 아직 신중한 검토가 필요하다.

　다음으로 노화의 유전자 프로그램설에 대해 살펴보겠다. 이것은 인간의 발생, 성장, 성숙이 유전자에 의해 조절되듯이 성숙의 다음 단계인 노화도 유전자의 조절을 받고 있다는 학설이다. 종(種)에 따라 수명이 다르고, 같은 종 내에서도 암수에 따라 수명이 다르다는 간단한 사실만 보더라도 노화가 유전자의 조절을 받고 있다는 것은 확실하다. 또한 조로증의 하나인 베르너증후군의 원인이 DNA 헬리카제라는 효소의 결함 때문으로 밝혀진 바 있다.

　노화와 관련이 있을 것으로 추정되는 유전자는 무수히 많이 제시되었지만, 가장 주목받고 있는 유전자는 단연 텔로미어(telomere, 말단소립)와 그 합성효소인 텔로머라제(telomerase)이다. 텔로미어는 염색체의 말단에 존재하는 특정 염기 서열이 반복되는 DNA 조각으로, 염색체의 손상이나 다른 염색체와의 결합을 방지하는 기능을 가진다. 그런데 정상 세포가 분열할 때마다 이 텔로미어는 마치 태엽으로 돌아가는 시계처럼 길이가 조금씩 짧아진다. 이런 식으로 그 길이가 노화점에 이르게 되면 세포는 분열을 멈추고 사멸하게 된다. 이러한 과정이 바로 노화라고 할 수 있다. 인간이 나이를 먹을수록 텔로미어는 필연적으로 점점 짧아지고, 세포들이 분열할 수 있는 횟수도 점점 줄어드는 것이다. 세 명의 미국 과학자 일리저버스 블랙번, 캐럴 그라이더, 잭 조스택은 텔로미어와 텔로머라제를 발견하여 노화의 기전을 새롭게 규명한 공로로 2009년 노벨 생리학상을 공동 수상하였다.

　세포가 분열할 수 있는 횟수는 '헤이플릭의 한계점(Hayflick Limit)'이라고 한다. 바로 세포의 노화에 대하여 연구한 레너드 헤이플릭의 이름에서 따온 것으로, 그는 1961년 인간의 정상 세포는 대략 50~60회 분열하면 한계점에 도달한다는 내용의 논문을 발표하였다. 이는 세포의 분열 횟수, 다시 말해 텔로미어의 길이와 수명이 함수관계에 있다는 것을 시사한다. 즉 텔로미어는 바로 생명체의 '수명 시계'라 할 수 있다. 따라서 생명체마다 수명이 다른 이유도 텔로미어의 길이 차이로 설명될 수 있는 것이다. 최근 영국의 글래스고 대학 연구팀은 텔로미어의 길이를 이용하여 금화조의 수명을 예측할 수 있었다는 연구 결과를 발표했다. 아직 인간에게서는 텔로미어의 길이가 짧을수록 수명도 짧아진다는 가설이 입증된 바는 없지만, 일부 나라에서는 텔로미어의 길이를 측정하여 수명을 예측해 준다는 생명 공학 회사가 등장하고 있다. 하지만 세포분열은 면역 반응이나 염증 반응의 영향을 받을 수 있고, 그 밖에 환경과 개인의 생활양식도 수명에 영향을 미칠 수 있으므로 텔로미어의 길이만으로 수명을 정확히 예측할 수는 없다.

텔로미어,
불멸의 비밀을 담은 유전자

최근에 불멸의 생명체로 알려진 편형동물의 일종인 플라나리아의 '불멸'의 비밀이 바로 텔로미어로 밝혀졌다. 플라나리아를 유성생식 군과 무성생식 군으로 나눠 관찰했을 때, 양 군 모두 텔로머라제를 무한히 생성하는 방식으로 근육과 피부, 내장, 심지어 뇌까지 재생한다는 사실을 확인한 것이다. 즉 플라나리아는 텔로머라제를 이용하여 텔로미어를 끊임없이 생성하면서 노화를 극복해 나가기 때문에 결코 죽지 않는다는 것이다.

텔로미어가 세포의 노화와 사멸을 통제하고 있다는 사실이 밝혀진 이후, 과학자들은 텔로머라제를 이용하여 수명 시계인 텔로미어의 길이를 연장시킴으로써 인간의 수명을 연장하는 연구에 매진하고 있다. 하지만 현재까지 운동이나 오메가3가 텔로머라제의 활성화에 도움이 된다는 사실 정도만 밝혀졌을 뿐이다. 정상적으로 인간에게서는 줄기세포나 생식세포, 배아세포에서만 텔로머라제가 활동한다. 그러나 만일 체세포에서도 텔로머라제를 작동시킬 수 있다면 텔로미어의 길이가 짧아지는 것을 방지할 수 있을 것이고, 이론적으로 인간은 늙지 않고 무병장수를 누릴 수 있게 된다. 어쩌면 고대 진시황이 그토록 찾았던 불로초의 비밀이 바로 텔로머라제인지도 모른다.

그러나 현시점에서 해답이 그렇게 간단해 보이지는 않는다. 그 이유는 앞에서도 서술했듯이 노화가 전적으로 텔로미어의 길이에 의해서만 진행되는 단순한 과정이 아니기 때문이다. 텔로머라제의 활성화를 통해 텔로미어의 길이를 유지하여 세포의 사멸을 방지한

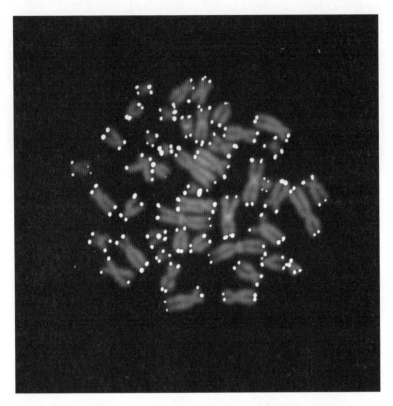

**노화와 관련하여 주목받고
있는 유전자 텔로미어**

텔로미어는 염색체의 말단에 존재하는 특정 염기 서열이 반복되는
DNA 조각으로, 염색체의 손상이나 다른 염색체와의 결합을
방지하는 기능을 가진다. 그런데 정상 세포가 분열할 때마다 이
텔로미어는 마치 태엽으로 돌아가는 시계처럼 길이가 조금씩
짧아진다. 이런 식으로 그 길이가 노화점에 이르게 되면 세포는
분열을 멈추고 사멸하게 된다. 이러한 과정이 바로 노화라고 할
수 있다. 인간이 나이를 먹을수록 텔로미어는 필연적으로 점점
짧아지고, 세포들이 분열할 수 있는 횟수도 점점 줄어드는 것이다.
세포의 분열 횟수, 다시 말해 텔로미어의 길이와 수명이
함수관계에 있다는 것을 시사한다. 즉 텔로미어는 바로 생명체의
'수명 시계'라 할 수 있다. 따라서 생명체마다 수명이 다른 이유도
테로미어의 길이 차이로 설명될 수 있는 것이다.

다 하더라도 대사가 진행되는 동안 세포 내에 축적된 활성산소나 각종 노폐물을 지속적으로 처리하고, 손상된 DNA를 복구해 낼 방법을 찾아야 한다. 그뿐만 아니라 텔로머라제를 활성화시켜 세포의 자연 사멸을 억제할 경우 암 발생이 촉진될 가능성도 있다. 그런데 이와 관련하여 최근 프랑스의 연구진이 발표한 논문이 주목을 받았다. 즉, 74~104세의 노인들에게서 채취한 체세포에 역분화 유전자와 전사인자(NANOG, LIN28)를 주입하여 유도만능줄기세포(iPS, 인공다능성줄기세포)로 역분화시키는 데 성공하였으며, 아울러 텔로미어의 길이, 산화스트레스 수준, 미토콘드리아의 활동 등 세포의 노화를 나타내는 특징들이 개선되는 것을 확인하였다. 이는 이미 노화된 체세포를 배아줄기세포 수준의 원시 상태로 되돌릴 수 있다는 것을 입증한 연구로, 한동안 잊었던 '청춘의 샘'에 대한 희망을 되살렸다.

현시점에서 텔로미어가 불멸의 열쇠라는 것은 분명해 보인다. 그러나 텔로미어는 암과도 밀접한 관련이 있다. 암은 현재 사망 원인의 1위를 차지할 만큼 불멸에 가장 큰 장애 요소이다. 암세포는 정상세포와 달리 끊임없이 무한정 분열, 증식하는 특징을 가지고 있다. 그러기 위해서는 텔로미어의 길이를 계속 유지하게 하는 기전이 있어야 하는데, 그것이 바로 텔로머라제이다. 텔로머라제는 대부분(약 85퍼센트)의 암종에서 비정상적으로 활성화되어 있다는 사실이 밝혀졌다. 1951년 자궁경부암에서 배양된 최초의 불멸의 암세포주인 헬라세포(HeLa Cell)가 당시의 열악한 조건에서도 증식할 수 있었던 이유는 바로 이 텔로머라제의 활성도가 다른 암세포에 비해 매우 높았기 때문이다. 이처럼 텔로머라제가 암세포를 무한 증식하게 하는 주요 원인으로 밝혀짐에 따라 이 효소를 억제하여 암을 치료하려는 연구

6부　그리고, 생은
계속된다

도 활발하다.

노화학자들이 세포의 텔로미어의 길이를 연장시키려는 연구에 몰두하는 동안, 아이러니컬하게도 암 연구자들은 암세포에서 텔로미어를 제거하는 방법을 찾으려고 애쓰고 있는 것이다. 이론적으로 텔로머라제 억제제를 투여하면 다시 텔로미어의 길이가 짧아져서 암세포가 사멸하게 될 것이다. 현재 이메텔스태트(Imetelstat)라는 텔로머라제 억제제가 개발되어 뇌종양, 췌장암 등에서 연구되고 있다. 그러나 이 역시 해답이 그렇게 간단해 보이지는 않는다. 텔로머라제 억제제를 투여할 경우 풍부한 텔로머라제 활성을 가진 줄기세포도 영향을 받을 수 있기 때문이다. 줄기세포는 세포가 노화되거나 복구하지 못할 정도로 손상되었을 때 새로운 세포로 대체해 주는 역할을 한다. 따라서 만일 어떤 이유에서든 줄기세포가 제 역할을 하지 못하게 된다면 우리 인체는 급속하게 노화하고 말 것이다. 따라서 과학자들은 먼저 암세포에만 선택적으로 작용하는 텔로머라제 억제제를 찾아야 할 것이다.

냉동인간은 더 이상
영화가 아니다

접근 방법이 전혀 다르긴 하지만 '냉동인간'을 통해 불멸을 꿈꾸는 사람들도 있다. 냉동인간에 대한 관심은 1946년 프랑스의 생물학자 장 로스탕이 정자를 냉동시키는 데 성공하면서 시작되었다. 이어서 1962년 미국의 물리학자 로버트 에틴거가 인체 냉동 보존술을 정립한 『냉동인간(The Prospect of Immortality)』을 출간하면서 본격적인 '냉동인간 프로젝트'가 시작되었다. 그로부터 5년 뒤인 1967년 캘리포니아 대학의 제임스 베드포드 교수는 신장암의 폐전이로 사망하면서 무료로 사체를 냉동 보존해 주겠다는 생명연장협회의 제안에 자원하여 냉동인간 1호로 기록되었다. 이후 냉동 보존은 산업화 단계를 거치면서 확대되어 알코르 생명연장재단(미국 애리조나 주 소재), 냉동보존재단(미국 미시건 주 소재) 등이 설립되었으며, 각각 100여 구 이상의 사체를 영하 196도 액체질소 통에 보관하고 있다. 그뿐만이 아니라 현재 전 세계적으로 사후 냉동 보존을 기다리는 대기자가 수천 명에 달한다고 한다. 『냉동인간』의 저자 에틴거도 2011년에 사망하면서 스스로 냉동인간이 되었다.

현재 냉동 보존 기술은 정자나 난자, 또는 배아의 냉동 보존에 응용되어 불임 치료, 줄기세포의 배양 등에 크게 기여하고 있다. 그러나 냉동인간이 부활하기 위해서는 아직 시간이 더 필요해 보인다. 거의 모든 세포는 냉동과 해동의 과정을 거치면서 심각한 손상을 입게 되는데, 현재로서는 세포 손상을 막거나 손상된 세포를 복구할 방법이 없기 때문이다. 하지만 최근에 주목을 받고 있는 나노기술(10억 분의 1에 해당하는 극소기술)을 이용하여 손상된 세포를 회복시킬 수 있다는 관측도 나오고 있다. 나노기술은 1986년 미국의 에릭 드렉슬러가 『창조의 엔진(Engines of Creation)』에서 처음 소개한 개념으로, 현재는 항암제를 극소로봇에 결합하여 정확히 암세포에 전달하는 수준까지 발전하였다. 따라서 향후 나노미터 크기의 로봇을 제작하여 세포막 안으로 들여보내 손상된 세포를 치료할 수 있다면 냉동인간의 부활은 더 이상 영화 속 장면만은 아닐 것이다.

또한 최근 국내 연구진이 유전자재조합 기술을 이용하여 북극

에서 서식하는 효모에서 발견되는 결빙방지 단백질을 대량생산하는
데 성공함으로써 냉동인간 프로젝트의 성공 가능성은 한층 더 높아
졌다. 즉 결빙 방지물질을 이용하면 세포가 얼고 녹는 과정에서 얼음
에 의해 세포가 손상되는 것을 방지할 수 있기 때문이다. 따라서 이러
한 첨단기술이 잘 접목된다면 냉동인간의 부활은 정말 시간문제일지
도 모른다.

박동을 멈추지 않는
인공심장

인간의 수명 연장이나 불멸을 이야기할 때 빠뜨려서는 안 될 분야가
또 하나 있다. 바로 인공장기이다. 2010년에 인공장기가 상용화된 미
래 사회를 배경으로 한 「리포맨(Repo Man)」이란 영화가 있었다. 각
종 질병에 시달리던 인간들은 인공장기로 건강을 회복하게 되지만,
인공장기를 개발한 회사는 사람들이 인공장기 비용을 지불하지 못할
경우 인정사정없이 장기를 도로 적출해 가는 비정한 미래의 모습을
그렸다. 첨단 의료공학의 발달 속도로 비추어 볼 때, 이 영화의 내용
이 현실이 되지 말라는 법은 없다. 이미 인공혈관이나 인공관절, 인공
고막, 인공항문, 인공피부, 나아가 인공혈액에 이르기까지 많은 인공
의료 제품들이 개발되어 환자들이 그 혜택을 누리고 있다.

인공장기는 체내 장기의 기능을 대신할 목적으로 인공적으로
만든 기기를 일컫는다. 여러 종류의 인공장기 중에서 가까운 장래에
체내에 장착하여 장기간 사용할 가능성이 가장 큰 것으로는 인공심
장을 들 수 있다. 인공심장은 심장마비, 심부전증 등으로 심장이 더

이상 기능할 수 없을 때 자연심장을 대체할 목적으로 고안되기 시작하였다. 1958년 미국 클리블랜드 클리닉 연구소의 윌렘 J. 콜프는 체내에 인공심장을 장착한 개를 90분 동안 생존시키는 데 성공함으로써 처음으로 완전 인공심장의 가능성을 입증하였다. 이어 1969년 미국 텍사스 심장연구소의 덴턴 쿨리는 도밍고 리오타가 개발한 인공심장을 최초로 인간에게 이식하여 예순네 시간 동안 생명을 유지시킴으로써 동종(同種) 심장이식술을 성공적으로 받도록 하는 데 기여하였다.

1981년에는 미국 유타 대학교의 로버트 자빅은 자신이 개발한 인공심장을 송아지에 적용하여 268일 동안 생존시켰다. 이후 연구팀은 자빅-7이라는 공기유압식 플라스틱 인공심장을 개발하였고, 드디어 1982년 윌리엄 드브리스가 이끄는 수술팀이 그것을 예순한 살의 환자 바니 클락에게 적용하여 112일 동안 생존시키는 데 성공하였다. 이후 동종 심장이식을 기다리는 환자들이 한시적인 연결 단계로서 자빅-7의 도움을 받았으며, 최장 620일까지 생존한 환자도 있었다. 그러나 자빅-7은 소형 냉장고 크기의 공기유압식펌프가 환자의 혈액을 혈관으로 짜 주는 체외이식형 인공심장으로, 혈액이 체외 장치를 통과하면서 출혈, 감염, 혈전증 등의 심각한 부작용을 초래할수 있다. 또 무엇보다 환자의 자유로운 이동이 불가능하다는 문제점이 있었다.

2001년에는 국내에서도 인공심장 이식이 시도되었다. 고려대 선경 교수팀은 말기 심부전증 환자에게 서울대 민병구 교수가 개발한 복부이식형 인공심장 '애니바드'를 이식하였다. 비록 환자는 12일간 생존하는 데 그쳤지만, 세계 최초로 좌심실과 우심실을 모두 펌프

질하는 체내구동식 인공심장을 시도했다는 데서 큰 의미를 찾을 수 있다.

같은 해에 미국에서는 아비오메드 사에 의해 드디어 체내이식형 인공심장 아비오코(Abiocor)가 개발되었다. 아비오코는 심장을 완전히 대체하며, 펌프나 전원 공급 장치 등의 보조 장치를 체외에 부착하지 않는다는 점에서 진일보한 인공심장이라 할 수 있다. 아비오코도 여전히 제어 시스템이나 에너지 전달 장치 등에서 개선할 점이 많으나, 동종 심장이식술을 기다리고 있는 위중한 심장병 환자들에게 귀중한 생명을 연장해 주고 있다. 인공심장은 현재 인간의 수명을 한시적으로 연장해 주는 수준에 머물러 있지만, 의료공학의 발달 속도로 비추어 볼 때 머지않아 영구적인 인공심장이 현실화되어 인간의 수명 연장에 크게 기여하리라 생각된다.

현대 의학의 패러다임을
통째로 바꿀 줄기세포

불멸을 향한 도전에서 최근에 가장 큰 기대를 갖게 하는 것은 단연 줄기세포이다. 줄기세포는 인체의 모든 조직을 만들어 내는 기본 세포로 뼈, 뇌, 각종 장기, 근육, 피부, 혈액 등 모든 신체기관으로 분화할 수 있는 '만능 세포'이다. 따라서 줄기세포를 치료에 이용한다면 이론적으로 인체 여러 곳의 손상된 세포를 원상태로 복원시킬 수 있게 된다. 현재 줄기세포는 불임, 화상, 퇴행성관절염, 뇌 또는 척수 손상, 백혈병, 당뇨병, 파킨슨병, 치매 등의 치료에 광범위하게 시도되고 있다. 이러한 시도들이 성공을 거둔다면 줄기세포는 현대 의학의 패러다임을 통째로 바꾸게 될 것이다. 줄기세포를 이용한 현대 의학의 시도에서 또 하나 관심을 끄는 것은 배아 단계에서 추출한 배아줄기세포를 이용한 인공장기의 생산이다. 자신의 신체에서 분리한 배아줄기세포를 이용하여 체외에서 필요한 장기를 생산하여 다시 이식하려는 시도이다. 만일 이것이 성공한다면 지금처럼 타인의 장기를 이식할 때 가장 큰 문제점인 거부반응을 해결할 수 있게 된다. 또한 장기 공여자의 부족으로 인한 이식 장기의 부족 문제도 자연스럽게 해결될 수 있다.

아직은 초보 단계에 불과하지만, 희망적인 소식도 있다. 스페인에서는 환자로부터 직접 채취하여 체외에서 배양한 줄기세포를 타인에게서 기증받은 기관지 조직에다 옮겨 심은 다음 환자에게 이식하는 방법으로 거부반응을 방지할 수 있었다고 보고하였다. 줄기세포를 이용한 동물 실험에서 다른 동물의 장기를 만드는 데 성공했다는 보고도 있다. 일본 도쿄대학 줄기세포재생의학연구소 소장인 나카우치 히로미츠 교수는 최근 한 학회에서 췌장을 만들지 못하도록 유전자를 조작해 놓은 마우스의 배아에 흰쥐의 줄기세포를 주입하는 방법으로 인슐린을 정상적으로 분비할 수 있는 흰쥐의 췌장을 가진 마우스를 만드는 데 성공했다고 발표했다.

나아가 인간의 유도만능줄기세포를 이용하여 쥐의 몸에서 인공간을 만드는 데 성공했다는 보도도 있다. 최근 일본의 한 연구팀은 유도만능줄기세포를 간세포 직전 단계까지 변형시킨 다음 혈관내피세포 및 간엽세포와 함께 수일간 배양하여 쥐의 머리에 이식하는 방법으로 직경 5미리미터 크기의 인공간을 만드는 데 성공했다. 따라서 이러한 기술을 좀 더 발전시킨다면 머지않아 동물의 몸에서 인간에게 이식 가능한 장기를 생산해 낼 수 있을 것으로 기대된다.

수명 연장에 관한
'세기의 내기'

지금까지 인간의 궁극적인 욕망인 불멸을 향한 과학의 발자취와 현주소를 살펴보았다. 지난 세기 동안 수많은 과학자들의 끊임없는 연구로 노화와 생명 연장의 비밀이 서서히 밝혀지고 있다. 아울러 생명 공학 분야의 눈부신 발전으로 이제 인간은 평균수명 100세 시대를 눈앞에 두고 있다. 하지만 무병장수를 향한 인간의 열망은 끝이 없을 것이며, 따라서 불멸을 향한 과학의 도전도 결코 멈추지 않을 것이다. 그것은 신의 영역인 생명에 대한 '도전'인 동시에, 인간을 위한 과학의 위대한 '사명'인 것이다.

끝으로 인간의 최대 수명과 관련하여 현재에도 진행 중인 '세기의 내기'를 하나 소개하면서 불멸에 대한 글을 마무리하고자 한다. 2001년 생물인구통계학자인 일리노이 대학교 스튜어트 J. 올샨스키 교수는 텍사스 대학교 노화연구팀을 이끌고 있는 스티븐 N. 어스태드 교수와 "2050년까지 150세 이상 사는 인간이 나올 것인가?"를 두고 5억 달러가 걸린 내기에 돌입했다. 가까운 미래에 획기적인 수명 연장은 불가능하다고 보는 올샨스키와 달리, 어스태드는 생의학의 비약적 발전으로 노화의 속도를 근본적으로 바꿀 수 있는 약이 개발될 것이므로 우리와 함께 2012년을 살고 있는 여자들 가운데 150세까지 살 후보가 존재한다고 믿는다. 현재까지의 최장수 공식 기록은 1997년 122세의 나이로 사망한 프랑스의 잔 루이 칼망(1875-1997)

할머니이다. 하지만 네팔의 비르 나라얀 차우다리 마즈히라는 할아버지는 출생증명서가 없어 공식 기록으로 인정받지는 못했지만 141년을 살았다고 한다. 여러분은 과연 이 '세기의 내기'에서 누가 승리할 것이라고 생각하는가?

6부   그리고, 생은
       계속된다

새 시대는 종말의
가면을 쓰고 찾아온다

서동욱
서강대 철학과 교수

종말에 대해 사유하는 것이 우리 시대의 정치철학이다. 그런데 종말론은 우리 시대의 사고방식이기 이전에도 인간의 역사에서 유행의 자리를 빼앗겨 본 적이 없다. 어쩌면 벌써 다 사그라지고 있긴 하지만 올해가 그런 유행의 최고가 되어야 할까? 비의적인 것에 대한 관심에 사로잡힌 이들은 2012년으로 끝나는 마야의 달력을 쳐다보며 그렇게 믿을지도 모른다. 그런데 인간의 역사에서 정말 요란스럽게 종말의 시간이 엄습한 적도 있었다. 종말과 새 세상에 대한 희구보다는 당장 나올 스마트폰 신제품에 대한 열망과 관심이 더 큰 오늘날에는 상상할 수 없을 정도로 요란스럽게.

사바타이 체비 이야기,
유럽에 종말이 왔다

헨리 올덴버그는 17세기 영국왕립학술원의 사무국장이었다. 학예의 수호자였던 그는 당시 네덜란드의 시골에 처박혀 있던 절친에게 유럽에 흩어져 있던 유대인들의 당혹스러운 동향에 대해 자문을 구한다. 올덴버그가 보낸 편지의 수신인은 스피노자이며, 편지는 '세계적인 위기를 가져올 법한 중요한 발표'에 대해 묻고 있다. "이 발표에 따라 2000년 이상 전 세계에 흩어져 있던 유대인들이 고향으로 돌아가려고 하고 있다. 이 문제에 대해서 스피노자 당신은 어떻게 생각하는가?"

　이 이야기의 중심에 자리 잡은 자가 사바타이 체비다. 발터 벤야민과의 우정으로도 유명한 유대 전문가 게르숌 숄렘이『사바타이 체비: 신비한 메시아』에서 체비에 대해 상세히 기록하고 있는데, 그는 터키의 한 유대인 집안에서 태어나 전통적인 유대 종교 훈련을 받은 사람이다. 재능과 카리스마와 조울증이 그의 마음 안에서 한꺼번에 소용돌이 쳤다. 이 소용돌이는 심리적 불안감이 야기하는 신비적 체험 속으로 순식간에 사람들을 끌어 모았다. 이어서 그의 신학적 견해는 랍비들의 공분을 사 고향에서의 추방이라는 징벌을 야기했으나 그의 운명은 그걸로 끝나지 않는다. 추방당한 체비는 이후 예루살렘에서 나탄이라는 젊은이를 만나는데, 이 젊은이는 가자에서 머무는 동안 어떤 신비적인 환상을 경험한다. 그러고 나서 나탄은 사바타이 체비가 메시아라고 확신하고는 이를 선포하기에 이른다. 아이러니하게도 나탄의 설득 끝에 체비도 비로소 자신이 메시아임을 알게 된다. 매우 의미심장한 1666년을 한 해 남겨 두고 있을 때의 일이다. 1666년은 「요한계시록」을 해독한 일부 학자들에 따르면 바로 재림이 이루어질 해였던 것이다.

메시아가 된 체비가 1666년 6월 18일에 구원이 이루어질 것이라고 종말의 날짜를 선포하자, 이 운명의 날을 앞둔 흥분한 유대인들은 재산을 처분하고 약속의 땅으로, 그러니까 이스라엘로 돌아갈 준비를 했다. 온 유럽이 현세의 종말이 이루어지는 1666년을 향해 돌진하며 들썩거렸다. 그런데 모든 일은 정말 어이없이 끝나 버린다. 이내 충격적인 소문이 퍼졌으니, 사바타이 체비가 술탄에게 체포되었다는 것이다. 체비가 진짜 메시아인지 시험해 보려고 한 술탄은 궁수들에게 그를 향해 활을 겨누게 했다. 화살이 날아들 것이며 체비가 진짜 메시아라면 그는 화살을 멈추게 할 수 있으리라. 그러나 체비에겐 기적도 죽음도 찾아오지 않았다. 화살이 날아오기 직전, 체비는 자신이 메시아라는 주장을 철회하고 무슬림으로 개종했기 때문이다. 이후 체비는 오스만제국의 말단 관리로 살다가 알바니아로 쫓겨나 죽는다.

헨리 올덴버그가 스피노자에게 자문을 구하는 저 편지를 보낸 것이 바로 이 1666년을 앞두고 전 유럽이 혼란에 빠져 있던 시기였다. 스피노자는 현세의 종말을 향해 광란과 함께 전진하는 유럽인들의 행렬을 보고 무엇이라 답했을까? 매우 애석하게도 올덴버그의 편지에 대한 스피노자의 답장은 오늘날 전해 내려오지 않는다. 그러나 숄렘이 생각하듯 1670년에 출간된 스피노자의 중요한 책 『신학정치론』의 한 구절이 이 사바타이 체비 소동에 대한 스피노자의 견해를 담고 있다고 추측할 수는 있다. "나는 유대인들이 언젠가 기회가 오

6부   그리고, 생은
계속된다

유대인들을 예루살렘으로 이끄는 메시아로 묘사된 사바타이 체비

종말론이 오늘날 무엇보다도 '정치적 맥락'에서 각광받으며 급진적 위반과 혁명의 가능성을 사유하는 방식으로 자리 잡은 것은 우연이 아니다. 가령 조르조 아감벤이 『호모 사케르』에서 사바타이 체비에 주목하는 것도 그런 정치적 맥락에서이다. 체비는 현실을 지배하는 성서의 완성은 오히려 성서를 위반하고 와해하는 데 있다고 생각한 것이다. 이를 우리는 보다 명확하게, 현재적 정치의 완성은 현재적 정치의 파괴를 통해 이루어진다고 바꾸어 쓸 수 있다. 이런 메시지가 그토록 빈번히 정치적 격변기에 출현했던 종말론적 사상들에서 공통적으로 메아리친다.

면(이런 것이 인간사의 변덕이다.) 그들의 독립 국가를 다시 세우고 신은 그들을 또 선택할 것이라고 주저없이 믿는다." 스피노자는 체비의 출현을, 그의 메시아 자격의 초현실적 유래와 별도로, 인간사의 예측할 수 없는 변덕이라는, 매우 우연적인(그리고 우연적이라는 자격에서 과학적인) 요인으로 이해하는 것이다.

보다 흥미롭게는, 저 이야기의 충격적인 결말이 우리의 생각 한 자락을 잡는다. 야코프 타우베스는 『바울의 정치신학』(조효원 옮김)에서 유대 메시아 체비가 이슬람으로 개종한 이 일화의 흥미로운 점을 말한다. "그 '메시아'는 비-순결(Unreinheit)의 나락으로 내려간 것이었습니다. 바로 이 세상이라는 나락으로요, 이 나락에 순결(reinheit)의 불꽃을 틔우기 위해서 말이죠." 메시아가 비순수의 나락으로 떨어지는 이야기는 예수 수난의 본질이기도 한데, 신이 수난 속에서 수동적이 되는 것은 신적 능동성에 끼어드는 비순수한 요소라는 점에서 그렇다. 메시아 이야기에서 이 '비순수', 즉 타자성의 주제가 우리를 사로잡는다. 메시아적 종말은 비순수, 즉 타자성의 개입을 통해 이루어지는 것은 아닌가가 바로 우리가 생각해 보고 싶은 점이다.

종말론은 새로운
삶에 대한 전망이다

종말론을 어떻게 보아야 할까? 가령 에마뉘엘 레비나스는 『전체성과 무한』에서 이렇게 이야기한다. "철학자들에게 종말론은 미래에 대한 주관적이고 임의적인 점괘, 믿음에 종속된 것이며, 증거 없는 계시의 결과로서, 전적으로 당연히 억견에 속한다." 이 구절은 종말론이란,

계몽이라는 인간 이성의 프로그램을 따르는 일에 퍽가 나, 미신을 향해 땡땡이치는 것이라고 비아냥거리는 것 같다. 이성의 질서 속에서 종말론은 자신이 차지할 자리를 발견하지 못하는 것이다.

그러나 이러한 사실은 종말론의 진정한 의미는 이성과 그것이 이룬 철학 바깥에서 찾아질 수 있다는 적극적인 암시를 주기도 한다. 레비나스의 구절을 조금 더 읽어 보자. "예언적 종말론의 특별한 현상은 확실히, 철학적 증거에 동화됨을 통해, 사유의 영토에서 시민의 권리를 얻으려 하지 않는다." 그것은 오히려 이성적 사유와 그것 위에 구축된 체제들 바깥을 가리켜 보이는 과제를 떠맡는다. 뒤에 보다 자세히 보겠으나, 미리 말하자면 종말론은 현실의 사악한 정치권력 구조가 합리적인 두뇌들이 고안한 여러 가지 변명으로 무장하고 있을 때, 그리고 문제 해결을 위한 합리적인 대화의 상 자체가 이미 주도적인 권한을 가진 자들을 위해 불균등하게 조절되어 있을 때, 그리하여 진정으로 모든 것의 종말과 함께 새로운 판을 희구하는 것만이 해결책일 때, 바로 미지의 바깥을 엿보게 하는 일을 해 준다.

그러므로 종말론이 오늘날 무엇보다도 '정치적 맥락'에서 각광받으며 급진적 위반과 혁명의 가능성을 사유하는 방식으로 자리 잡은 것은 우연이 아니다. 가령 조르조 아감벤이 『호모 사케르』(박진우 옮김)에서 사바타이 체비에 주목하는 것도 그런 정치적 맥락에서이다. "토라의 완성이란 그것의 위반과 일치한다. 이것이 바로 가장 급진적인 메시아주의 운동이 일말의 주저도 없이 확신하는 내용으로서, 예컨대 사바타이 체비의 메시아주의 운동은 '토라의 완성은 그것의 위반이다.'라는 구호를 내건 바 있다." 체비는 현실을 지배하는 성서의 완성은 오히려 성서를 위반하고 와해하는 데 있다고 생각한 것이다. 이를 우리는 보다 명확하게, 현재적 정치의 완성은 현재적 정치의 파괴를 통해 이루어진다고 바꾸어 쓸 수 있다. 이런 메시지가 그토록 빈번히 정치적 격변기에 출현했던 종말론적 사상들에서 공통적으로 메아리친다.

가령 여러 학자들이 집중적으로 종말론을 연구한 책인 『종말론』(맬컴 불 엮음, 이운경 옮김)은 다양한 관점에서 종말론을 조명하는데, 17세기 종말론 사상의 정치적 배경에 대해선 이렇게 이야기하고 있다. "스페인 무적함대가 패배하고, 스페인에 대항하는 네덜란드 반란군이 처음 몇몇 전투를 승리로 이끈 지 얼마 되지 않아, 여러 명의 종교 저술가들이 자신들의 천년왕국 이론들을 세우기 시작했다." 구교와 그 정치적 세력의 광범위한 몰락을 사유하고 새로운 정치의 터전을 전망하기 위한 정치사상적 장치가 17세기인 유럽인들에게는 천년왕국이었던 것이다.

이성의 역사에 맞서는
메시아적 종말론

현대 사상의 주도적 흐름 역시 종말론적 면모를 중심에 두고 있는데, 가령 미셸 푸코의 『말과 사물』에 등장한 유명한 테마 '인간의 종말' 역시 종말론의 시계(視界) 안에서 해석된다. 그러나 무엇보다 인상 깊은 것은 급진적인 정치 운동으로서 종말론이 현대 사상에 불어넣고 있는 활력이다. 현대의 대표적인 종말론 사상가 가운데 한 사람인 자크 데리다는 『마르크스의 유령들』(진태원 옮김)에서 이렇게 말한다. "어떤 메시아적 극단성이 존재하지 않는가? 곧 그 궁극적인 사건(직접적 단절, 미증유의 폭발, 때맞지 않게 일어나는 무한한 놀라움, 완수 없는 이질성)이 노동의 생산 및 모든 역사의 목적(telos)과 같은 어떤 피지스(physis)의 최종적인 종점을 매 순간 초과할 수 있는 어떤 에스카톤(eskhaton)이 존재하지 않는가?" 여기서 에스카톤은 '종말론(eschatology)'의 어원으로서 '끝'을 의미한다.

이런 종말론은 '목적론적 역사론'과는 전혀 다른 것이다. 헤겔 철학으로 대표되는 목적론적 역사론은 이성의 자기 전개 과정이다. 이 전개의 최종적인 목적은 세상 안에서 이성의 완전한 실현이다. 이성의 완전한 실현이 뜻하는 바는 이성의 타자(가령 감성적인 것, 정념적인 것 등)가 더 이상 이성의 장애물이 되지 못하는 국면이다. 즉 이성으로부터 유래한 법칙이 정치건 사회건 모든 것을 모순 없이 총괄적으로 지배할 수 있는 국면이다. 이 최종 국면이 목적론적 역사론에서는 역사의 종말로서 제시된다.

그러나 여기서 간과되고 있는 것은 무엇일까? 바로 본성상 결코 이성으로 동화될 수 없는 자의 출현이다. 가령 대화는 그 대화에 참여하는 두 타자가 공통의 이성에 동화되고 있음을 보여 준다. 둘 사이에 의견 대립이 있을 수 있다. 그러나 대립하는 의견들의 단점을 서로의 지적을 통해 보완하는 가운데 둘은 양자가 가진 이성을 통해 양자 공통의 견해에 도달할 수 있다. 이때 두 성원과 그들이 합의한 의견은 공통의 이성 아래 있는 것이고, 이를 우리는 이질적인 요소 없이 모든 것이 하나의 보편적 이성 안으로 흡수된 상태라고 일컬을 수 있다.

그러나 그야말로 공통의 이성으로 동화될 수 없는 절대적인 타자가 도래한다면? 이성은 이 이성의 타자를 배척해야 할까? 새로운 삶의 영토를 찾아 도래한 제3세계 이주민, 그들의 이런저런 욕망들을 포함하여 우리는 수많은 타자를 마주한다. 토박이들이 가지고 있었던 이성에 입각해서 사유하지 않는 이 이성의 타자들에게 이성적으로 사유하는 법을 제시하고 가르쳐야 할까? 결코 이성적인 것으로 동화되지 않는 국면이 있다면? 그러면, 배척할 것인가? 이 배척의 순간에 이성은 이성의 타자에 대한 폭력이 되며, 이성의 법은 타자가 넘어설 수 없는 장벽이 된다. 그리고 이 벽을 사이에 두고 우월한 이성의 공동체와 거기 끼지 못한 지리멸렬한 열등한 타자의 집단이 갈릴 것이다. 결국 역사는 이성의 실현으로 종말을 보는 것이 아니라, 이성과 그가 깔보는 타자와의 잠재적인 전쟁 상태가 된다.

　종말론은 이러한 이성의 목적론적 역사론의 정반대편에 선다. 목적론적 역사론이 역사의 끝 또는 완성으로 종국에 가닿는다면, 종말론은 이런 목적론적 역사의 시간 자체의 파국에서 성립한다. 요컨대 그것은 이성과는 전혀 다른, 이성의 타자의 부름이 이성적 시간을 깨트리는 데서 찾아오는 '끝', 바로 에스카톤에서 성립한다. 이것이 바로 데리다의 다음과 같은 말이 뜻하는 바이다. "발생하는 것은 시대 그 자체에 대해 발생하며, 그것은 역사의 목적론적 질서에 타격을 가한다." 갑자기 출현한 이질적인 것이 이성적 질서를 지닌 역사의 목적론을 혼란에 빠트리는 것, 그것이 바로 종말론이 이야기하는 종말의 순간이다. 그러니 이 종말은 우리가 종말에 대해 가지는 부정적인 인상과 달리 전혀 나쁜 것이 아니다. 종말론은 또한 메시아주의이기도 한데, 기존의 질서를 깨트리며 찾아오는 이 이질적인 것, 타자는 바로 메시아를 닮고 있다. 우리가 익숙한 세계와 그 세계의 전개 과정에 의문을 제기하고 새로운 국면을 도입하는 자로서 메시아 말이다. 그러니 종말론은 결국 메시아적인 타자를 환대하는 일 외에 다른 것이 아니다. 계산 가능한 이성의 자기 발전 과정의 최종적인 지점이 역사의 종말(완성)이라면, 메시아적 종말은 계산 불가능한 종말, 갑자기 도래하는 것, 계산 가능한 법칙의 세계를 종결시키는 종말, 새로운 세상의 탄생으로서 종말이다.

왜 이성의 질서에 입각한 역사의 목적론적 완성이 아니라 이런 종말론이 중요한가? 앞서 말했듯 합리적 대화와 토론의 장이 애초에 합리성의 외부, 합리성들을 통해 스스로를 변호할 수 없는 타자(외국인, 청소년, 사회적 약자 등)를 배제한 장일 때, 그리하여 더 이상 그로부터 정치가 근본적으로 새로운 국면을 열어 나갈 수 없을 때 종말론의 언어만이 낡은 세계의 전면적 전복 내지 종결에 대해 이야기를 꺼낼 수 있기 때문이다. 데리다가 말하듯 "메시아적인 것은 우리를 소환해 바로 지금 여기에서 사태의 일상적인 흐름을 중지시키게 한다."

칸트는 "모든 변화가, 그리고 이와 함께 시간 자체가 멈추는 때가 올 것이라는 관념은 상상력에 불쾌감을 준다."라고 썼다. 이런 까닭에 우리는 종말론에 대해 불편함을 느낀다. 그러나 진정한 쇄신이 파괴와 비약이라는 불편함 없이 이루어지지 않는 것이라면, 인류는 늘 문명이 낳은 모든 좋은 약들의 어두운 뒤편에 감추어져 있는 종말론이라는 독한 물약의 마개를 흥분 속에 열고 또 열지 않을까?

저자 소개

강신주

연세대학교 철학과에서 「장자철학에서의 소통의 논리」로 박사학위를 받았다. '찾아가는 인문학자'로서 전국 방방곡곡을 누비며 고통과 결핍에 시달리는 대중과 소통하고 있다. 「철학 vs. 철학: 동서양 철학의 모든 것」, 「김수영을 위하여: 우리 인문학의 자긍심」, 「철학적 시 읽기의 즐거움: 우리 시에 비친 현대 철학의 풍경」, 「상처받지 않을 권리: 욕망에 흔들리는 삶을 위한 인문학적 보고서」 등을 저술했으며, 「철학이 필요한 시간」으로 '전숙희 문학상'을 받았다.

강유정

고려대학교에서 문학 박사학위를 받았고 2005년 《조선일보》, 《동아일보》, 《경향신문》 신춘문예에 동시 당선되어 화려하게 데뷔했다. 영화와 문학을 넘나들며 그 안에 숨은 욕망을 드러내기 위해 읽고 보고 쓰는 작업을 게을리하지 않는다. EBS 「시네마 천국」, KBS 「무비무비」를 진행했으며, 지금도 열정적으로 글을 쓰고 있다. 《세계의 문학》 편집위원이자 고려대학교 연구교수로서 지금도 내일의 글을 준비 중인 그녀는 「오이디푸스의 숲」, 「사랑에 빠진 영화 영화에 빠진 사랑」, 「스무 살 영화관」 등을 저술했다.

권복규

서울대학교에서 의사학으로 의학박사학위를 받고, 현재 이화여대 의학전문대학원에서 의료윤리와 의학사를 가르치고 있다. 임상 의료윤리, 인간 대상 연구윤리뿐 아니라 한국의 전통문화와 윤리를 현대 생명윤리와 접목하는 데 관심이 많아 한국학중앙연구원 한국학대학원에서 한국철학을 공부하고 있다. 지은 책으로 「생명 윤리 이야기: 꿈꾸는 과학, 도전받는 인간」 등이 있으며, 옮긴 책으로 「웰다잉: 인생의 끝에서 만나는 지혜」 등이 있다.

김국현

서울대학교에서 생물학과 전산학을 공부하고, KAIST 대학원에서 소프트웨어를 전공했다. IBM, 마이크로소프트에서 일하다가 지금은 소셜 큐레이션 플랫폼 에디토이닷컴 (editoy.com)을 설립하여 운영하고 있다. IT 평론가로서 다양한 사회적 논점을 다룬 블로그 '김국현의 낭만IT(goodhyun.com)', 웹툰 '낭만오피스', 그리고 채널IT '생방송 스마트쇼'의 진행자로 알려져 있으며, 카이스트 김진형 교수와 함께 1회 '비트학술상' 최우수상을 받았다. 지은 책으로는 「코드 한 줄 없는 IT 이야기」, 「웹2.0 경제학」, 「웹 이후의 세계」, 「스마트워크」 등이 있다.

김미월

고려대학교 언어학과와 서울예술대학교 문예창작과를 졸업했다. 2004년 《세계일보》 신춘문예에 단편소설 「정원에 길을 묻다」가 당선되어 등단했고, "젊은 세대의 힘겨운 삶과 고뇌를 심도 있게 탐구하면서도 절망에 사로잡히지 않는 경쾌한 긍정의 세계관을 제시했다."라는 평을 받으며 장편소설 「여덟 번째 방」으로 29회 신동엽창작상을 수상했다. 발표하는 작품마다 깊이 있는 문제의식과 높은 완성도로 주목받으며 한국 문학계를 이끌어 갈 작가로 성장하고 있다. 소설집 「서울 동굴 가이드」, 「아무도 펼쳐보지 않는 책」 등이 있다.

김영래

경기대학교 관광개발학과를 졸업하고 미시건 주립대학교에서 석사를 마쳤으며, 서울대학교 환경대학원에서 박사학위를 받았다. 개발연구협의체(CODS)에서 책임연구원, MIT 객원연구원으로 활동했다. 여가, 관광, 공간, 그리고 계획을 하나의 틀 속에서 종합적으로 바라볼 수 있는 이론 체계와 방법론을 개발하는 데 관심이 있으며, 현재 경기개발연구원 초빙연구원으로 연구와 강의에 매진하고 있다. 저서로 「여가와 풍요의 역설」(공저)이 있다.

김영진

인하대학교 불문학과를 졸업하고 중앙대학교 대학원에서 영화 이론으로 박사학위를 받았다. 1992년부터 평론 활동을 시작하여 영화 주간지 《씨네21》 창간 때부터 기자로 일했다. 《필름2.0》에서 편집위원으로 재직했고, 2003년 계간 《영화언어》가 복간됐을 때는 편집장을 맡기도 했으며, 현재 명지대학교 영화뮤지컬학부 전임교수이다. 「미지의 명감독」, 「영화가 욕망하는 것들」, 「평론가 매혈기」, 「이장호 vs 배창호: 1980년대 한국영화의 최전선」과 영문판 「박찬욱」, 「이창동」, 「류승완」 등의 책을 썼다.

김정한

한림대학교 의대를 졸업하고, 성균관대학교에서 의학박사학위를 받았다. 시애틀 프레드허치슨 암연구소 연구원을 지냈고, 혈액종양내과 전문의로서 현재 한림의대 부교수 및 강남성심병원 항암센터장이다. 2011년 '보령의사수필문학상' 동상 및 미국인명정보기관(ABI) '히포크라테스 상'을 수상했으며, 마르퀴즈 후즈후, 영국 국제인명센터, 미국인명정보기관 등 세계 3대 인명사전에 모두 등재된 암 전문의이다. 「헨리에타 랙스의 불멸의 삶」을 번역하였다.

김훈기

서울대학교 동물학과를 졸업한 후 과학기술 자체보다는 과학기술과 사회의 상호작용에 관심을 갖기 시작해 과학사 및 과학철학 협동과정(석사), 고려대학교 과학기술학 협동과정(박사)에서 공부했다. 《과학동아》 기자 및 편집장, 《동아일보》 과학면 팀장, 인터넷 과학신문 《더 사이언스》 편집장을 역임했다. 현재 서울대학교 기초교육원에서 전임대우강의교수로 재직하면서 '과학과 기술 글쓰기' 과목을 맡고 있다. 생명공학, 나노기술 등 첨단 과학기술의 의미를 일반인의 입장에서 짚어 보는 일에 관심이 많다. 저널리즘과 학문의 중간 영역 어딘가에서 자신만의 글쓰기를 시도하고 있으며, 그 결과물이 「유전자가 세상을 바꾼다」, 「생명공학과 정치」, 「물리학자와 함께 떠나는 몸속 氣여행」, 「합성생명」 등이다.

남해경

중앙대학교에서 정치학 석사를 마치고, 뉴스쿨(New School For Social Research)에서

현상학, 정치학, 사회학 등을 공부했다. 한국학중앙연구원(한국학), 성균관대학교 동아시아
학술원(동아시아학)에서 박사 과정을 마치고 중앙대학교 민족통일연구소, 정치평론학회,
시대소리, 대화문화아카데미, 여가공간연구소 등에서 활동했다. 현재 한국여가아카데미
대표이며, 여가, 정치, 공공성, 국가, 역사, 사유, 소통, 대화, 진정성 등의 주제와 한나 아렌트에
관심이 많다. 저서로 『여가와 풍요의 역설』(공저)이 있다.

문용직

서강대학교 영문학과를 졸업하고 1983년 한국기원 전문기사에 입단했다. 1988년 제3기
프로신왕전에서 우승하고, 제5기 박카스 배에서 준우승했다. 서울대학교 대학원 정치학과에서
박사학위를 받았고, 예민한 감수성과 지적인 호기심을 겸비하여 '반상의 소크라테스'로
불렸다. 쓴 책으로는 과학철학의 시각에서 바둑의 본질과 역사를 밝힌 『바둑의 발견』, 설명과
비유의 차이에서 오는 바둑 발전의 변천을 다룬 『바둑의 발견 2』, 반상의 조건인 선분과
형상의 시각에서 수법을 설명한 『수법의 발견』 시리즈, 괴델의 불완전성 정리를 이용해 주역
괘변(卦變)의 모순을 밝힌 『주역의 발견』 등이 있다.

박진호

서울대학교 국문학과에서 박사학위를 받았고, (주)언어과학 부설 언어공학연구소 연구원,
(재)한국어세계화재단 연구원, 한양대학교 국문학과 조교수를 거쳐 현재 서울대학교 국문학과
부교수로 재직 중이다. 타자의 관점에서 자신을 바라보고 이해하자는 생각에서, 언어유형론과
대조언어학을 바탕으로 한 한국어 문법 연구를 지향하고 있다. 고려시대 구결 자료를 바탕으로
한 한국어 문법사 연구, 전산언어학, 계량언어학에도 관심을 가지고 있으며, 실증적인
자료에 바탕을 둔 동아시아 언어 문화 비교 연구도 장기적인 과제로 생각하고 있다. 저서로
『현대한국어 동사구문 사전』(공저), 『원문·역주 각사수교』(공저), 등이 있다.

서동욱

벨기에 루뱅 대학교에서 철학 박사학위를 받았고, 현재 서강대 철학과 교수이다. 시인이자
평론가이며, 계간 《세계의 문학》 편집위원이다. 전방위 문화 디렉터로서 「신체연구」,
「허파주체」 등의 종합 공연도 기획했다. 『철학 연습: 서동욱의 현대철학 에세이』, 『차이와 타자:
현대 철학과 비표상적 사유의 모험』, 『들뢰즈의 철학: 사상과 그 원천』, 『일상의 모험: 태어나
먹고 자고 말하고 연애하며, 죽는 것들의 구원』, 『익명의 밤』을 저술했고, 시집 『랭보가 시
쓰기를 그만둔 날』, 『우주전쟁 중에 첫사랑』을 지었다. 옮긴 책으로는 들뢰즈의 『프루스트와
기호들』, 『칸트의 비판철학』, 레비나스의 『존재에서 존재자로』 등이 있다.

서동진

연세대학교 사회학과에서 박사학위를 받고 현재 계원예술대학교에서 조교수로 재직 중이다.
자본주의에 대하여 문화와 경제의 관계에 관심을 가지고 연구를 하고 있다. 최근에는 금융화에
따른 문화의 변화를 이해하는 데 주력하고 있다. 한국비판사회학회 운영이사, 문화연구학회
총무이사, 《문화사회학》 편집이사, 광주비엔날레 저널 《Noon》 편집위원을 맡고 있기도 하다.

저서로 『자유의 의지 자기계발의 의지: 신자유주의 한국 사회에서 자기계발하는 주체의 탄생』,
『디자인 멜랑콜리아: 서동진의 디자인문화 읽기』, 『누가 성정치학을 두려워하랴』 등이 있다.

소원주

부산대학교 사범대 지구과학과를 졸업하고, 한국교원대학교에서 교육학 박사학위를 받았다.
일본 히로사키 대학에서 문부성 장학생으로 지질학을 공부했으며, 헤이안 시대 유적 발굴
작업에 참여했는데, 그때 한국인 최초로 일본에 퇴적된 백두산 화산재를 발견했다. 10세기에
일어난 백두산 대폭발에 관해 국내 최초로 논문을 썼고, 1996년, 2000년 전국과학전람회에서
백두산 화산재 연구로 각각 특상을 수상했다. 일본 삿포로한국교육원장, 울산광역시교육청
장학관 등을 역임했고, 현재 교육과학기술부로부터 오사카 금강소중고등학교(재일본
한국학교)로 파견되어 교장을 맡고 있다. 저서로 『백두산 대폭발의 비밀』이 있다.

손화철

서울대학교 철학과를 졸업하고, 루뱅 대학교에서 기술철학으로 박사학위를 받았다. 현재
한동대학교 글로벌리더십학부 철학 담당 교수이다. 현대 기술의 시대에 인간의 자리가
어디인가에 대한 물음을 두고 인문학, 공학, 기독교의 접점을 찾는 연구를 하고 있다. 저서로
『현대 기술의 빛과 그림자』 등이 있고, 『길을 묻는 테크놀로지』 등을 번역했다.

심봉석

연세대학교 의과대학을 졸업하고 비뇨기과 전공의 과정을 수련하였으며, 미국
샌프란시스코 UCSF에서 전립선 질환과 노화 방지를 연수하였다. 요로생식기감염학회
회장, 대한비뇨기과학회 정보이사 및 수련이사, 이화여대 동대문병원 기획실장과 병원장을
역임했다. 《국민일보》, 《헤럴드경제》 등에서 명의로 선정되었고, 마르퀴즈 후즈후, 영국 국제
인명센터, 미국인명정보기관 등 세계 3대 인명사전에 등재되었다. 의학 칼럼니스트이며,
KBS「비타민」, 「건강 365」 등 다수의 방송에 출연했다. 현재 이화여대 의과대학 및 목동병원
비뇨기과 교수이며, 보완통합의학 책임교수를 맡고 있다.

우석훈

프랑스 파리 10대학에서 경제학을 공부했다. 현대환경연구원, 에너지관리공단 등에서
근무했고, 유엔 기후변화협약 정책분과 의장과 기술이전분과 이사로 국제협상에 참가했다.
이후 한국생태경제연구회, 초록정치연대 등의 단체에서 활동하며, 경제와 사회, 문화와 생태의
영역을 종횡무진 넘나들며 글쓰기와 강연을 활발하게 펼치고 있다. 지은 책으로 『모피아: 돈과
마음의 전쟁』, 『88만원 세대』, 『나와 너의 사회과학』, 『문화로 먹고살기』, 『1인분 인생』, 『fta 한
스푼』, 『시민의 정부, 시민의 경제』 등이 있다.

유정수

이십 년 전에 일본으로 건너가 쓰쿠바 대학 사회공학연구과에서 석사와 박사학위를 받았다.
당시 한국에서는 거의 주목하지 않았던 폐기물 문제에 관심을 갖고 연구를 시작한 이래 쓰레기

소각 및 연료화, 용기 포장, 가전제품과 자동차 재활용, 도시 광산, 재해 폐기물 등 다양한 주제를 연구해 왔다. 타 분야와의 융합과 현장을 중시하는 연구자로, 자원, 사람, 정보, 자금의 흐름을 파악해서 폐기물 환경문제의 본질과 구조를 해명하려는 노력을 계속하고 있다. 2011년 동일본 대지진을 직접 겪은 후 피해 지역 초등학교를 돌면서 다음 세대가 알아야 할 자원 순환의 의미에 대해 메시지를 전하고 있다. 현재 도호쿠 대학에서 국제환경시스템과 자원 순환 분야를 가르치고 연구하고 있으며, 주요 저서로 『쓰레기로 보는 세상』 등이 있다.

이경미

고등학교 시절부터 객석에 앉아 무대를 동경했지만 연극배우가 되지 못하고, 대신 평론으로 그 갈증을 달래고 있다. 아직도 객석에 앉아 막이 오르기를 기다리면 가슴이 설레고, 좋은 공연 한 편이 주는 감동에서 삶의 이유를 찾는다. 독일 뒤셀도르프 대학교에서 공부하고 고려대에서 독일 현대 연극으로 박사학위를 취득했다. 연극의 전통적 경계가 허물어지면서 연극 평론이 시간이 갈수록 얼마나 거대한 통섭적 이론을 요구하는 분야인가를 절감하며 좌절과 도전을 거듭하고 있다. 현재 고려대, 동국대, 한예종 등에서 강의하고 있으며, 계간 《연극평론》 편집위원이다. 공저로 『동시대 연극비평의 방법론과 실재』, 『퍼포먼스와 연극』 등이 있다.

이동후

뉴욕 대학교의 미디어 생태학 프로그램에서 박사학위를 받고 현재 인천대학교 신문방송학과 교수로 재직하고 있다. 그동안 미디어와 문화, 혹은 언어와 문화의 관계를 전체론적 시각으로 바라보는 미디어 생태학에 관심을 기울여 왔다. 미디어 생태학적 시각이 새로운 미디어 테크놀로지의 도구적 활용이나 단편적 긍·부정론에 경도된 한국 사회에 미디어, 인간, 문화 간의 복합적인 상호작용과 매개 커뮤니케이션의 가치를 살펴볼 수 있는 통찰력을 준다고 보고 있다. 구체적으로 모바일 미디어 문화와 영상 문화를 탐구해 왔다. 저서로 『TV 이후의 텔레비전』(공저), 『SNS 혁명의 신화와 실제』(공저), 『컨버전스와 중미디어 이용』(공저) 등이 있다.

이명현

연세대학교 천문기상학과를 졸업하고 네덜란드 흐로닝언 대학교에서 천문학 박사학위를 받은 후 네덜란드 캅테인 천문학 연구소에서 연구원으로 있었다. 한국천문연구원 선임연구원과 연세대학교 연구교수를 지내고, 연세대학교 천문대 책임 연구원을 지냈다. 또한 '2009 세계 천문의 해' 한국조직위원회 운영위원 겸 문화분과 위원장으로 활동했으며, 현재 세티 코리아(SETI KOREA) 조직위원회 사무국장, 프레시안북스 상임기획위원을 맡고 있다.

이상헌

서강대학교에서 칸트 철학 연구로 박사학위를 받았다. 현재 동국대학교 교양교육원 교수이자 지식융합연구소 수석연구원이다. 주요 논문으로 「수학적 구성과 선험적 종합판단」, 「인간 뇌의 신경과학적 향상은 윤리적으로 잘못인가?」, 「칸트 도덕철학의 관점에서 바라본 포스트휴먼」 등이 있다. 『융합 시대의 기술 윤리』를 저술했으며, 『기술의 대융합』, 『인문학자, 과학기술을 탐하다』, 『따뜻한 기술』 등의 공저에 참여했다.

이원재

대학에서 경제학을 전공한 뒤 《한겨레신문》 경제부 기자로 사회생활을 시작했다. 현장 기자 시절 IMF 구제금융 사태와 닷컴 기업들의 성장과 몰락을 목격하면서 '착한 기업과 좋은 경영'의 중요성을 깨닫고, 이를 제대로 공부하기 위해 미국 MIT 슬론스쿨 MBA 과정에 입학했다. 이후 삼성경제연구소 수석연구원으로서 사회책임경영과 사회적기업을 연구하던 중, 이를 더 체계적으로 연구하고 실천할 수 있는 독립적인 싱크탱크를 만들겠다는 꿈을 안고 한겨레경제연구소를 설립해 소장을 지냈다. 최근에는 국내외 기관과 기업에서 강연과 발표를 활발히 진행하며 '착한 경제, 좋은 경영'의 꿈을 공유하고 있다. 『이상한 나라의 경제학』 등을 썼으며, MBC라디오 「손에 잡히는 경제」에 출연해 깊이 있는 경영, 경제 해설을 전하기도 했다.

이정모

연세대학교 생화학과에서 인삼 사포닌이 지질 대사에 미치는 영향을 쥐똥 분석을 통해 연구하여 석사학위를 받고, 독일 본 대학교 화학과에서 '곤충과 식물의 커뮤니케이션'을 연구했다. 안양대학교 교양학부 교수를 역임했고 현재는 서대문 자연사박물관장에 재직하면서 과학 분야 저술과 강연 활동을 통해 대중과 소통하고 있다. 『달력과 권력』, 『그리스로마 신화 사이언스』 등을 썼다.

이진숙

"평생토록 도서관에서 미술사 공부를 하면서 영원히 학생으로 늙어 가는 것"을 꿈꾸며 그림을 감상하는 것만으로도 충분히 살아가는 이유가 된다고 생각하는 미술 중독자. 서울대학교 독문학과에서 석사학위를 받고 문학을 평생의 업으로 삼으려 했으나, 모스크바 트레티야코프 미술관에서 본 그림들에 충격을 받아 미술의 세계로 뛰어들었다. 러시아 국립인문대학교 미술사학부에서 말레비치 연구로 석사학위를 받았다. 현재 월간 《톱클래스》에서 「이진숙이 만난 우리 시대 미술가」를, 《중앙SUNDAY》에서 「이진숙의 ART BOOK 깊이 읽기」를 연재하고 있다. 지은 책으로 『미술의 빅뱅: 한국의 젊은 예술가들, 새로운 감각을 열다』, 『러시아 미술사: 위대한 유토피아의 꿈』이 있다.

이태혁

2003년 브리튼토너먼트, 2004년 RCT 브리티시토너먼트 등에서 우승하며 세계적인 스타로 떠오른 천재 갬블러. 2008년 WPC 아시아투어챔피언십 심판으로 활약했으며, APTA 아시아태평양 관광학회 카지노 자문 등 다양한 활동을 하고 있다. 현재 시사와 경제, 예능 분야에서 활동하는 방송인이다. 지은 책으로 『사람의 마음이 읽힌다: 나를 숨기고 상대를 읽어내는 심리 기술』, 『사람을 읽는 기술』, 『주식 투자는 두뇌 게임이다』 등이 있다.

장대익

KAIST에서 기계공학을 전공했으나, 서울대학교 과학사 및 과학철학 협동과정에서 진화론에 매료되었다. 서울대 행동생태연구실에서 인간의 본성을 화두로 하는 '인간팀'을 이끌었고, 영국 런던정경대의 과학철학센터와 다윈세미나에서 생물철학과 진화심리학을 공부했다.

진화생물학과 발생생물학의 통섭을 꾀하는 이보디보(Evo-Devo)의 역사와 철학으로
박사학위를 받았으며, 미국 터프츠 대학교 인지연구소의 진화철학자 대니얼 데닛 교수 아래서
마음의 구조와 진화를 공부했다. 현재 서울대학교 자유전공학부 교수이며, 저서로 『다윈의
식탁』이 있고, '지식인마을 시리즈'를 기획하여 『다윈 & 페일리: 진화론도 진화한다』, 『쿤 &
포퍼: 과학에는 뭔가 특별한 것이 있다』를 썼다.

장은수

서울대학교 국문학과를 졸업한 후 민음사에 입사해 편집자를 일생의 업으로 삼았다. 현재
민음사 대표(편집인)로 일하면서 문학과 책의 미래에 대해 깊이 고민하고 있다. 한국문학번역원
이사, SBI 책임교수로 활동 중이며 문학과 인문학, 책과 출판에 대한 글을 쓰고 강연을 한다.

정영훈

서울대학교 국문학과와 같은 대학원을 졸업했다. 2004년 중앙신인문학상에 평론
「나르시시즘으로부터 타자의 윤리학으로: 김영하의 단편들」이 당선되어 등단했다.
문학은 우리가 경험하지 못한 세계 속에서 새로운 윤리적 가능성을 타진하는 실험실이라는
전제 아래, 윤리적 시험대에 올라서는 심정으로, 진지하면서도 게으르게 작품을 읽어 오고
있다. 현재 경상대학교 국문학과 교수로 재직 중이며, 계간 《세계의 문학》 편집위원으로
활동하고 있다. 주요 평론으로 「윤리의 표정」, 「윤리적 주체의 자리: 이승우의 최근 소설 읽기」
등이 있다.

정윤수

문화비평지 《계간 리뷰》 편집위원으로 활동한 이후 지금까지 현대적 삶과 문화에 대해
공부하고 글을 써 왔다. 인터넷 신문 《오마이뉴스》 논설위원 및 문화스포츠 담당 편집위원을
지냈으며, 인문예술단체 풀로엮은집 사무국장을 지냈다. 1998년 프랑스 월드컵을 전후로
축구를 포함한 스포츠 각 분야에 대한 비평과 칼럼을 쓰기 시작했다. 축구를 포함한 모든
스포츠를 비평적 해석이 필요한 현대 문화의 중요한 현상으로 보고 21세기의 다양한 모순과
욕망이 그 광기 어린 경기장 안에 농축되어 있음을 입증하고자 하였다. 2002년 한일 월드컵
직후 『축구장을 보호하라』를 출간하였다. 성공회대학교 문화대학원에서 광화문 광장에 관한
연구로 석사 학위를 받았고, 같은 학교에서 현대 문화와 예술을 공부하며 가르치고 있다.

주일우

연세대학교에서 생화학, 서울대학교에서 과학사, 그리고 케임브리지 대학교에서 환경사를
공부했다. 1996년에 창간된 문화 잡지 《이다》의 편집동인으로 참여하여 과학과 문화
사이에 관심을 가지고 글을 쓰기 시작했다. 선구적으로 뉴미디어아트를 선보였던
아트센터나비 부관장, 인문학과 예술을 연결하는 데 중요한 역할을 하고 있는 문지문화원
사이의 기획실장으로 문학, 미술, 공연을 넘나들며 활동했다. 현재는 《인문예술잡지 F》의
편집위원이며 한국다원예술아카이브를 운영하고 있다.

하지현

서울대학교 의대를 졸업하고 같은 학교 대학원에서 박사학위를 받았다. 현재 건국대학교
의학전문대학원 정신과 교수로 재직하고 있다. 각종 드라마와 만화, 장르소설을 섭렵하고
다양한 문화와 세상을 접하며 지친 도시인들을 이해하고 위로하는 방법을 찾기 위해 애쓰고
있다. 지은 책으로 『사랑하기에 결코 늦지 않았다』, 『심야 치유 식당』, 『하지현 박사의
소통&공감』, 『도시 심리학』, 『소통의 기술』, 『관계의 재구성』, 『당신의 속마음』, 『전래동화 속의
비밀 코드』, 『청소년을 위한 정신의학 에세이』 등이 있다.

한혜원

이화여자대학교 국문학과에서 『디지털 게임의 다변수적 서사 연구』로 박사학위를 받았으며,
현재 이화여대 디지털미디어학부 교수이다. 디지털 스토리텔링을 키워드로 인터랙티브드라마,
전자책, 에듀테인먼트(edutainment) 콘텐츠를 기획하고 있다. '온라인 팬픽의 서사 구조',
'전자북의 문화 인터페이스', '기능성 게임의 스토리텔링' 등을 연구하고 있으며, 이러한
연구들을 바탕으로 『아이의 마음을 훔치는 스토리텔링 전략』, 『디지털 시대의 신인류
호모나랜스』, 『디지털 게임 스토리텔링』, 『뱀파이어 연대기』 등의 책을 썼다.

현지운

철학을 전공했고 아직도 철학 공부의 마력에 빠져 '언젠간 깨닫겠지.'라는 미련을 버리지
못하고 있으나 처음 사랑에 빠진 분야는 음악이다. 어린 시절부터 부모님과 형제들의 영향으로
음악 세계를 동경해 왔다. 그 덕분에 시대를 가리지 않고 모든 장르 음악에 귀를 여는 법을
익혔다. 현재는 철학과 음악의 접점으로 미학과 친해지려고 노력 중이다. 웹진 《이즘》의 창단
멤버로 활동을 시작했고 《오이뮤직》을 비롯한 여러 잡지에서 '지운'이라는 필명으로 활동했다.
현재 다음(DAUM) 뮤직과 《백비트》에 글을 쓰고 있다.

황희선

서울대학교에서 생물학과 인류학으로 석사학위를 받았다. 지금은 영국에서 인류학을
공부하면서, 불확실성의 시대를 살아가는 방편으로서 점술, 치유, 영성 등 종교 실천이 지닌
사회적 합리성과 의미에 대해 박사 연구를 계획하고 있다. 연구공간 수유+너머 등에서 여러 해
동안 다양한 주제로 강의를 했으며, 《부커진R》, 《여/성이론》, 《과학동아》 등의 매체에 철학,
정치학, 과학, 문학, 여성주의 및 생태주의, 문화비평 등 다양한 장르의 글을 썼다.

한평생의
지식

1판 1쇄 펴냄 2012년 12월 15일
1판 5쇄 펴냄 2016년 2월 29일

편저자 서동욱·김행숙·정영훈·강유정
발행인 박근섭·박상준
펴낸곳 (주)민음사

출판등록 1966. 5. 19. 제16-490호
주소 (우편번호 06027) 서울특별시 강남구 도산대로1길 62(신사동)
강남출판문화센터 5층
대표전화 515-2000 | 팩시밀리 515-2007
홈페이지 www.minumsa.com

사진 저작권